信访工作条例
辅导读本

中央信访工作联席会议办公室
国　家　信　访　局　编

中国法制出版社
CHINA LEGAL PUBLISHING HOUSE

本书编委会

前 言

信访工作是党的群众工作的重要组成部分，是了解社情民意和为政得失的重要窗口。党的十八大以来，以习近平同志为核心的党中央高度重视信访工作，习近平总书记多次对信访工作作出重要指示批示，为做好新时代信访工作提供了根本遵循。2020年，党中央将制定“信访工作条例”列入中央党内法规制定计划，明确由国家信访局组织起草。党中央、国务院领导同志对起草工作高度重视，习近平总书记先后主持召开中央政治局常委会会议、中央政治局会议研究审议，李克强同志对条例修改提出明确要求，王沪宁同志主持中央书记处办公会议研究讨论，丁薛祥、郭声琨、肖捷同志多次作出批示并组织研究修改，对条例的起草工作给予强有力的领导和具体指导。2022年1月24日，中共中央政治局会议审议批准了《信访工作条例》。2月25日，党中央、国务院印发了《信访工作条例》，明确自5月1日起施行。条例的制定出台，对于坚持党对信访工作的全面领导，理顺信访工作体制机制，进一步规范和加强新时代信访工作，具有重要意义。

为了做好条例的学习宣传贯彻落实工作，使各地区各部门和社会各界全面准确理解条例，更好地贯彻执行条例，中央信访工作联席会议办公室、国家信访局组织参与条例起草的同志编写了《信访工作条例辅导读本》，以期为信访工作学习培训提供权威解读教材，为实践运用提供操作指南，为社会各界和人民群众了解条例提供普法读物。

本书坚持以习近平新时代中国特色社会主义思想为指导，深入贯彻习近平总书记关于加强和改进人民信访工作的重要指示精神，紧密联系信访工作实际，紧扣《信访工作条例》的规定，分为绪论、总则、信访工作体制、信访事项的提出和受理、信访事项的办理、监督和追责等6个部分，全面介绍了条例制定的重要意义、总体考虑和主要原则，聚焦讲清楚规定“是什么”、“为什么”这么规定、“怎样”落实规定，对具体条款的含义进行了深入阐释，对条例贯彻实施中的问题给予了回应，为学好用好条例提供指引。

在《信访工作条例》起草和辅导读本编写过程中，中共中央办公厅、国务院办公厅、中央纪委国家监委机关、中央组织部、中央宣传部、中央政法委、中央编办、司法部以及中共中央办公厅法规局、国务院办公厅秘书三局都给予了大力支持，对条例起草修改和辅导读本编写提供了许多政策依据和支持。

学习宣传贯彻落实《信访工作条例》，是当前和今后一个时期的一项重大政治任务。我们要自觉运用条例指导工作、推动实践，以条例的有效实施作为推动新时代信访工作高质量发展的新起点，进一步提升信访工作的系统化、制度化、规范化水平，切实担负起为民解难、为党分忧的政治责任，更好地服务党和国家工作大局、维护群众合法权益、化解信访突出问题、促进社会和谐稳定。

目　　录

绪　　论

第一章　总　　则

第二章 信访工作体制

第三章 信访事项的提出和受理

第四章 信访事项的办理

第五章　监督和追责

附　　录

深入学习领会习近平总书记重要指示精神 扎实推进《信访工作条例》学习贯彻落实工作

郭声琨

以习近平同志为核心的党中央高度重视信访工作，将制定“信访工作条例”作为健全为人民执政、靠人民执政各项制度的重要工作，列入党内法规制定计划。2022 年 1 月 24 日，中共中央政治局会议审议批准了《信访工作条例》（以下简称条例），习近平总书记主持会议并作了重要讲话，为做好新时代信访工作特别是学好用好条例指明了前进方向。我们要深入学习领会习近平总书记重要指示精神，深刻领会“两个确立”的决定性意义，增强“四个意识”、坚定“四个自信”、做到“两个维护”，不断提高政治判断力、政治领悟力、政治执行力，不折不扣抓好贯彻落实。

一、深入学习领会习近平总书记关于加强和改进人民信访工作的重要指示精神，进一步增强做好新时代信访工作的政治责任感

习近平总书记始终高度重视人民信访工作。党的十八大以来，习近平总书记对信访工作作出一系列重要指示批示，系统回答了新时代信访工作的本质属性、根本立场、功能定位、重点任务、改革方向等一系列重大理论和实践问题。强调信访工作是党的群众工作的重要组成部分，是送上门的群众工作，要把信访工作作为了解民情、集中民

智、维护民利、凝聚民心的一项重要工作，把解决信访问题的过程作为践行党的群众路线、做好群众工作的过程。要求践行以人民为中心的发展思想，坚持把人民群众的小事当作自己的大事，真诚倾听群众呼声，真实反映群众愿望，真情关心群众疾苦，千方百计为群众排忧解难。要坚持和加强党对信访工作的全面领导，系统谋划和推进信访制度改革，综合运用法律、政策、经济、行政等手段和教育、协商、疏导等办法，把群众合理合法的利益诉求解决好。

习近平总书记关于加强和改进人民信访工作的重要指示，是我们党深化对信访工作规律性认识的重大成果，是习近平新时代中国特色社会主义思想的重要组成部分，为做好新时代信访工作提供了根本遵循。我们要结合条例学习贯彻，认真学习、深刻领会，自觉用以武装头脑、指导实践、推动工作，不断开创新时代信访工作新局面。

二、深刻理解把握条例的鲜明特点，进一步增强学习贯彻的自觉性、主动性

条例是习近平总书记关于加强和改进人民信访工作的重要指示精神在法规制度层面的具体体现，是以科学理论指导新时代信访工作的顶层设计，在许多方面实现了创新发展，具有鲜明时代特点。条例坚持和加强党对信访工作的全面领导，实现了对信访工作领域的全覆盖，系统整合提升了党的十八大以来信访制度改革成果，构建起较为完整的信访工作监督体系，是新中国成立以来第一部全面规范信访工作的法规制度文件，是新时代信访制度改革的标志性成果，是在新的历史起点上推动信访工作高质量发展的纲领性文件。制定出台条例是新中国信访工作发展史上具有里程碑意义的一件大事，开启了信访工作的新篇章。

各地区各部门要从政治和全局的高度，深刻认识制定出台条例的重大意义。深刻认识到，条例是补短板、强弱项、填空白的重要制度，是健全党内法规制度体系、完善党的领导法规制度的重要安排，执行好条例是深入贯彻习近平总书记关于加强和改进人民信访工作的重要指示精神，坚持和加强党对信访工作全面领导的重要体现。深刻认识到，条例是坚持为人民执政、靠人民执政的重要制度，执行好条例是保持党和政府同人民群众密切联系，充分发挥信访工作桥梁纽带作用，更好为党和国家事业凝聚民心的重要举措。深刻认识到，条例是理顺信访工作体制机制、落实信访工作责任、加强和改进新时代信访工作的重要制度设计，执行好条例是在新的历史起点上纵深推进信访制度改革，实现信访工作高质量发展，把信访制度优势更好地转化为社会治理效能的必然要求。切实把思想和行动统一到以习近平同志为核心的党中央决策部署上来，以高度的政治自觉、思想自觉、行动自觉抓好条例的贯彻执行。

三、准确理解把握条例的核心要义和基本要求，推动新时代信访工作高质量发展

*（一）准确理解把握坚持党的领导这一最高原则，把党的领导贯彻到信访工作各方面和全过程。*要坚持以习近平新时代中国特色社会主义思想为指导，学深悟透习近平总书记关于加强和改进人民信访工作的重要指示精神，用党的创新理论最新成果指导信访工作实践。深刻理解信访工作“三个重要”的定位，坚持信访工作指导思想和目标任务不动摇，坚持信访工作五项主要原则不动摇，推动新时代信访工作在党的全面领导下高质量发展。深刻理解信访工作的政治性和人民性，牢记为民解难、为党分忧的政治责任，认真履行服务党和国家工作大

局、维护群众合法权益、化解信访突出问题、促进社会和谐稳定的职责使命。要健全完善党领导下的信访工作体制，构建“党委统一领导、政府组织落实、信访工作联席会议协调、信访部门推动、各方齐抓共管”的信访工作格局。地方各级党委要切实履行统一领导本地区信访工作的责任，统筹构建信访工作责任体系，增强领导信访工作的系统性、联动性、协同性。要把信访工作联席会议作为加强党的全面领导重要抓手，进一步充实工作力量，完善统筹协调、整体推进和督促落实的工作机制，推进联席会议实体化运作，推动县级以上联席会议机制实现全覆盖、乡镇（街道）根据工作需要建立联席会议机制，加强党委和政府信访部门建设。

（二）准确理解把握坚持人民至上这一根本要求，把了解民情、集中民智、维护民利、凝聚民心的要求落到实处。要牢固树立人民信访为人民的理念，把解决信访问题的过程作为践行党的群众路线、做好群众工作的过程，及时掌握社情民意，主动开展人民建议征集工作，真正把群众的智慧和力量转化为宝贵的执政资源。注意用好信访大数据，研判政策实施效果，及时发现苗头性、倾向性、结构性问题，为党委和政府科学决策当好参谋助手。要切实维护群众合法权益，把工作重心放在解决问题、化解矛盾上，用心用情察民情、顺民意、解民忧、聚民心，使群众切身感受到权益受到公平对待、利益得到有效维护。健全信访部门与其他职能部门的衔接机制，做到依法合理分流、主动承接办理，保障群众合理合法诉求依照法律规定和程序就能得到合理合法结果。要创新群众工作思路方法，真正把信访群众当作“自家人”，怀着深厚的感情、满腔的热情，耐心倾听诉求，认真解决问题。

（三）准确理解把握聚焦责任落实这一关键环节，真正以责任到位确保工作到位。各地区各部门要压紧压实各方信访工作责任，督促认真履责、担当尽责。各级领导干部要认真落实领导干部阅办来信和网上信访、定期接访下访、包案化解信访突出问题等制度，将信访工作同业务工作同部署、同检查、同考核，真正把该做的工作做到位，把该担的责任担起来。要落实每年考核通报信访工作情况的规定，将考核结果作为对领导班子和有关领导干部综合考核评价的重要参考，以考核推动工作责任落实。各地区各部门要坚持“属地管理、分级负责，谁主管、谁负责”，对属于职责范围内的问题，要认真及时受理办理，对涉及多个诉求、多个部门或者有争议的问题，信访工作联席会议办公室、信访部门要牵头研究协商分工方案，不能简单层层下转。各级党委和政府要健全完善专项督查机制，将疑难复杂信访问题纳入党委和政府督查部门督查范围，支持信访部门履行“三项建议”职责，督促各责任主体切实担负起责任。要发挥信访工作联席会议和信访部门的督查职责，对在信访工作中履职不力、存在严重问题的领导班子和领导干部，及时向有管理权限的机关、单位提出追究责任的建议。

*（四）准确理解把握运用法治思维和法治方式这一基本方法，依法维护群众权益、规范信访秩序。*各地区各部门要善于运用法治思维和法治方式做好信访工作，依法按政策解决信访问题，按照条例规定，按照职责范围，按照相应程序处理信访事项。各级机关、单位及其工作人员要依法履行职责，做遵规守法的表率，对符合法律规定的诉求，要依法予以支持、督促落实，积极采取调解和解等方式，推动人民调解、行政调解、司法调解联动化解矛盾纠纷。要法理情并用推动事心双解，认真落实“三到位一处理”要求，分类施策，精准用力，解决好法度之外、情理之中的问题。要依法维护信访秩序，把法治教育贯穿信访工作全过程，引导群众依法行使权利、理性表达诉求。

（五）准确理解把握抓住源头治理这一治本之策，打牢信访工作高质量发展、信访形势持续向好的基础。各地区各部门要坚持和发展新时代“枫桥经验”，推动关口前移、重心下移，把可能引发信访问题的矛盾纠纷化解在基层和萌芽状态。要认真落实党中央关于开展重大决策社会稳定风险评估工作的有关规定，把管决策必须管风险的要求体现到每项重大决策之中，最大限度地避免和减少因决策不依法、不科学、不民主引发的矛盾和问题。坚持依法行政、依法办事，坚决防止因不作为、乱作为侵害群众合法权益。要有效排查化解矛盾纠纷，充分整合基层信访、综治、公安、司法等资源力量，依托城乡社区网格化管理和服务，在日常工作中及时发现矛盾，在为民服务中有效化解矛盾。对排查发现的矛盾纠纷，要逐一落实化解责任，做到问题不累积、矛盾不升级。

四、加强组织领导，确保条例学习贯彻取得实效

各地区各部门要把学习贯彻条例作为当前和今后一个时期信访工作的重要政治任务，以钉钉子精神抓好落实。

（一）坚持高位推动，形成工作合力。地方各级党委和政府要把学习贯彻条例摆上重要议事日程，组织制定学习贯彻方案，明确重点任务和责任单位，一体推进党的机关和人大机关、行政机关、政协机关、监察机关、审判机关、检察机关以及群团组织、国有企事业单位的学习贯彻工作。中央部委要按照“系统抓、抓系统”要求，对本系统学习贯彻工作作出安排部署。各级信访工作联席会议要充分发挥统筹协调、整体推进、督促落实的职责作用，当好参谋助手，及时提出意见建议。

（二）加强教育宣传，营造浓厚氛围。各地区各部门要把条例列为各级党委（党组）理论学习中心组学习的重要内容，有计划地组织分管信

访工作的领导干部和信访干部进行专题学习。要把学习条例列入各级干部教育培训总体规划和年度计划，作为初任培训、任职培训、各级党校（行政学院）教学培训的重点内容。要把宣传条例作为“八五”普法的重要内容，推动条例进机关、进乡村、进社区、进学校、进企业、进单位。要加强舆情监测，及时回应社会各方关切，努力营造良好舆论氛围。

（三）完善配套措施，助推制度落地。各地区各部门要对标对表条例规定和要求，构建系统完善有效的配套措施和运行机制。地方党委要健全完善信访部门与政法部门、纪检监察机关、组织人事部门、巡视巡察机构的工作协同机制，确保衔接顺畅有序。要统筹研究推进信访工作地方性法规、规章以及规范性文件的立改废释纂工作，确保工作平稳过渡。各级信访工作联席会议、信访部门要加强调度和具体指导，确保业务工作按照条例要求依法规范运行，力争用两年左右时间形成系统完备的配套政策法规体系。

（四）强化督导检查，确保有效实施。各地区各部门要把实施条例纳入法治建设、平安建设的重要内容进行督导检查，将贯彻落实条例情况作为信访工作考核重要内容，以过硬的工作措施保证条例贯彻落实到位。各级信访工作联席会议办公室、信访部门要加强督促检查、调研指导、效果评估，及时研究解决新情况新问题，确保条例不折不扣地贯彻落实到位。

学好用好《信访工作条例》切实维护群众合法权益

肖　捷

2022年1月24日，习近平总书记主持召开中共中央政治局会议，审议批准了《信访工作条例》（以下简称条例）。2月25日，党中央、国务院正式印发条例并发出通知，对学习贯彻提出明确要求。我们要认真学习领会习近平总书记关于加强和改进人民信访工作的重要指示精神，认真抓好条例的学习宣传和贯彻落实工作，自觉把思想和行动统一到党中央、国务院决策部署上来，切实维护群众合法权益，推动新时代信访工作高质量发展。

一、提高政治站位，充分认识制定出台条例的重大意义

作为新时代信访制度改革的标志性成果和纲领性文件，条例的制定出台，是新中国信访工作发展史上的一件大事，对于进一步加强和改进信访工作具有重大意义。

（一）制定出台条例是坚持和加强党对信访工作领导的必然要求。党的十九大报告明确提出，“增强依法执政本领，加快形成覆盖党的领导和党的建设各方面的党内法规制度体系”。制定出台条例，是深入贯彻落实习近平总书记关于加强和改进人民信访工作的重要指示精神、健全完善新时代信访工作体制机制、实现党对信访工作领导入法入规的重要制度安排，有利于充分发挥党总揽全局、协调各方的领导核心

作用，确保信访工作始终沿着正确的政治方向前进。

（二）制定出台条例是密切党和政府同人民群众血肉联系的有力举措。我们党的根基在人民、血脉在人民、力量在人民。习近平总书记多次强调，全党必须永远保持同人民群众的血肉联系，要求真正把解决信访问题的过程作为践行党的群众路线、做好群众工作的过程。制定出台条例，是健全为人民执政、靠人民执政制度的重要安排，有利于推动各地区各有关部门认真践行以人民为中心的发展思想，更好发挥信访工作了解民情、集中民智、维护民利、凝聚民心的作用，厚植党长期执政的群众基础。

（三）制定出台条例是加强和创新社会治理的现实需要。信访工作是了解社情民意和为政得失的重要窗口。习近平总书记指出，要通过信访渠道摸清群众愿望和诉求，找到工作差距和不足，举一反三，加以改进，更好为群众服务。制定出台条例，有利于将信访制度优势更好转化为社会治理效能，充分发挥信访工作在推进社会治理现代化中的积极作用，及时发现问题和不足，协助相关部门打通“堵点”、破除“难点”、消除“盲点”，使各项政策举措更加符合实际、顺应民意，有力促进经济社会平稳健康发展。

（四）制定出台条例是实现新时代信访工作高质量发展的重要保证。党的十九大和十九届四中、五中、六中全会对“加强预防和化解社会矛盾机制建设”、“畅通和规范群众诉求表达、利益协调、权益保障通道”、“正确处理新形势下人民内部矛盾”、“完善信访制度”作出明确部署，引领信访制度改革取得了一系列理论成果、制度成果、实践成果。制定出台条例，在充分吸收总结固化近年来信访制度改革成果的基础上，进一步理顺了信访工作体制机制，优化了信访事项处理程序，有利于全面提升信访工作能力水平，更好服务党和国家工作大局。

二、坚持问题导向，推动学习贯彻条例走深走实

党的十八大以来，各地区各部门认真贯彻落实党中央、国务院决策部署，深入推进信访制度改革，着力化解信访突出矛盾，有力维护群众合法权益，全国信访总量和结构出现历史性变化，信访秩序发生根本性好转。同时也要看到，面对百年变局和世纪疫情，我国发展面临的风险挑战明显增多，信访工作任务依然艰巨繁重。要以学习贯彻条例为契机，健全完善工作制度，积极主动作为，不断巩固拓展信访工作形势平稳向好态势。

（一）健全完善信访工作制度。要对标对表条例规定，在组织领导、源头预防、畅通渠道、解决问题、多元化解、保障监督等方面，抓紧完善配套制度措施，做好与有关方面的衔接配合，确保工作平稳过渡、有序开展。要进一步细化信访工作监督的有关规定，完善信访考核指标体系，加大督查力度、创新督查形式，推动工作落实、提高工作实效。

（二）持续提升信访工作效能。要进一步畅通和规范群众诉求表达、利益协调、权益保障通道，积极开展社会矛盾纠纷排查，多措并举做好化解工作。始终把解决信访突出问题摆在重要位置，深入分析共性问题背后的政策原因，加大政策供给、督导落实和具体指导力度。严格落实首接首办责任，积极引导群众依法及时就地反映问题，最大限度地把矛盾化解在早、化解在小、化解在基层。坚持以治理重复信访、化解信访积案专项工作为载体，按照“三到位一处理”要求，全力推动解决疑难复杂信访问题。

（三）着力夯实基层基础工作。要坚持和发展新时代“枫桥经验”，牢固树立大抓基层的鲜明导向，以健全社会矛盾纠纷多元预防调处化

解综合机制为目标，把领导干部接访下访约访和群众上访结合起来，探索更多依靠基层、动员群众化解矛盾纠纷的途径和办法，调动广大基层干部积极性，在日常工作中及时发现矛盾，在为民服务中有效化解矛盾。充分发挥县级基础性作用，增强信访工作示范县的引领效应，推动更多力量向基层下沉、向引导和疏导端用力。

三、认真履职尽责，确保贯彻落实条例见行见效

各地区各部门要深刻认识新时代信访工作的新形势新特点，按照“构建党委统一领导、政府组织落实、信访工作联席会议协调、信访部门推动、各方齐抓共管的信访工作格局”要求，切实履行好各自职责，深刻领会“两个确立”的决定性意义，增强“四个意识”，坚定“四个自信”，做到“两个维护”。

（一）坚持党对信访工作的全面领导。要深入学习贯彻习近平总书记关于加强和改进人民信访工作的重要指示精神，强化政治引领，坚持用党的创新理论指导信访工作实践，切实把党的领导贯彻到信访工作各方面和全过程，确保正确政治方向，不断增强贯彻落实党中央决策部署的政治自觉、思想自觉和行动自觉。

（二）发挥政府组织落实作用。地方各级政府要认真贯彻落实上级党委和政府以及本级党委关于信访工作的部署要求，科学民主决策、依法履行职责，防止因行政行为不当引发矛盾，着力从源头上预防和减少信访问题发生。对于可能引发信访问题或影响社会稳定的苗头隐患，要迅速组织力量展开排查，及时妥善处理，努力把各类风险隐患化解在萌芽状态。

（三）加大联席会议协调力度。地方各级信访工作联席会议要加强对本地区信访工作的统筹协调、整体推进和督促落实，建立健全信访

信息分析研判、重大信访问题协调处理、联合督查等工作机制，全力推进党委和政府关于信访工作的决策部署落实落地。联席会议办公室要抓好联席会议议定事项和工作任务的督促检查、跟踪落实等工作。

（四）切实履行信访部门职责。各级信访部门要坚决扛起为民解难、为党分忧的政治责任，紧紧围绕服务党和国家工作大局、维护群众合法权益、化解信访突出问题、促进社会和谐稳定四项职责使命，认真做好受理办理信访事项、协调解决重要信访问题、及时反映社情民意、维护群众合法权益等工作，为党委和政府改进决策、完善政策发挥好参谋助手作用。

（五）形成信访工作整体合力。要坚持齐抓共管，一体推进学习贯彻条例各项工作，做到既各司其职、各负其责抓好自身职责范围内的信访工作，也通力配合、齐心协力共同推动化解信访矛盾、提升信访工作水平。同时，积极拓宽社会力量参与信访工作的制度化渠道，充分发挥群团组织、社会组织和“两代表一委员”、社会工作者等作用，及时有效化解矛盾纠纷。

绪 论

2022年1月24日，习近平总书记主持召开中央政治局会议，审议批准了《信访工作条例》。2月25日，中共中央、国务院印发通知，发布了《信访工作条例》。条例自2022年5月1日起施行。

《信访工作条例》是自新中国成立以来党中央、国务院制定出台的第一部全面规范信访工作的法规，是新时代信访制度改革的标志性成果，是在新的历史起点上推动实现信访工作高质量发展的纲领性文件。制定出台《信访工作条例》是新中国信访工作70多年发展史上具有里程碑意义的一件大事，回答了新时代信访工作重大理论和实践问题，体现了党的十八大以来信访工作取得的理论成果、制度成果、实践成果。

一、制定《信访工作条例》的时代背景和重要意义

（一）制定出台《信访工作条例》是贯彻落实习近平总书记关于加强和改进人民信访工作的重要思想，用党的创新理论指导新时代信访工作的客观需要

党的十八大以来，以习近平同志为核心的党中央高度重视信访工作，习近平总书记多次对信访工作作出重要指示批示，形成了关于加强和改进人民信访工作的重要思想。在信访工作的本质属性方面，指出信访制度是中国特色社会主义民主政治制度的有益补充，信访工作是党的群众工作的重要平台，是送上门来的群众工作；在信访工作的根本立场方面，要求把信访工作作为了解民情、集中民智、维护民利、凝聚民心的一项重要工

作；在信访工作的功能定位方面，指出信访是反映社情民意的晴雨表，要求加强对社情民意新动向的分析研判，及时提出改进工作、完善政策的建议；在信访工作的领导体制方面，强调做好信访工作是领导干部的重要政治责任，各级党委要加强对信访工作的领导；在信访工作的方式方法方面，要求善于运用法治思维和法治方式解决涉及群众切身利益的矛盾和问题，加强预防和化解社会矛盾机制建设，正确处理人民内部矛盾；在信访工作的发力重心方面，提出加强源头治理，坚持和发展新时代“枫桥经验”，运用法律、政策、经济、行政等手段和教育、调解、疏导等办法，努力将矛盾纠纷化解在基层、化解在萌芽状态；在信访工作的组织保障方面，要求各级党委关心、支持、爱护信访干部，建设一支对党忠诚可靠、恪守为民之责、善做群众工作的高素质信访工作队伍。这一系列重要论述是我们党深化对信访工作规律性认识的重大成果，是指导新时代信访工作高质量发展的强大思想武器，为做好新时代信访工作指明了前进方向，提供了根本遵循。因此，有必要制定出台一部信访工作法规，以创新理论的思想武器指导做好新时代信访工作，进一步提升党领导和开展信访工作的系统化、制度化、规范化水平，深刻领会“两个确立”的决定性意义，增强“四个意识”、坚定“四个自信”、做到“两个维护”。

（二）制定出台《信访工作条例》是系统总结我们党长期以来领导和开展信访工作经验特别是党的十八大以来信访工作制度改革成果，进一步理顺信访工作体制机制的客观需要

信访制度是中国特色社会主义民主政治制度的有益补充，具有鲜明的政治性和人民性。我们党历来高度重视信访工作，将其作为密切党和政府同人民群众血肉联系的桥梁纽带，不断加强、创新和完善。党的十八大以来，以习近平同志为核心的党中央对信访工作作出了一系列重大决策部署。党的十八大提出“建立健全党和政府主导的维护群众权益机制，完善信访制度……”；十八届三中全会强调“改革信访工作制度，实行网上受理信访制度，健全及时就地解决群众合理诉求机制。把涉法涉诉信访纳入

法治轨道解决，建立涉法涉诉信访依法终结制度”；十八届四中全会提出“把信访纳入法治化轨道，保障合理合法诉求依照法律规定和程序就能得到合理合法的结果”；十八届五中全会强调“加强和改进信访和调解工作”；十八届六中全会通过的《关于新形势下党内政治生活的若干准则》和《中国共产党党内监督条例》分别明确规定了坚持领导干部定期接待群众来访制度，要求党的各级纪律检查委员会定期分析研判信访举报情况；十九届四中全会提出“坚持和发展新时代‘枫桥经验’，畅通和规范群众诉求表达、利益协调、权益保障通道，完善信访制度，完善人民调解、行政调解、司法调解联动工作体系，健全社会心理服务体系和危机干预机制，完善社会矛盾纠纷多元预防调处化解综合机制，努力将矛盾化解在基层”；十九届五中全会提出“坚持和发展新时代‘枫桥经验’，畅通和规范群众诉求表达、利益协调、权益保障通道，完善信访制度，完善各类调解联动工作体系，构建源头防控、排查梳理、纠纷化解、应急处置的社会矛盾综合治理机制”；十九届六中全会将“完善信访制度”作为中国特色社会主义进入新时代取得的重大成就写入《中共中央关于党的百年奋斗重大成就和历史经验的决议》。

回顾总结信访工作发展历程，党领导和开展信访工作形成了很多宝贵经验。比如，党的领导是信访工作的最高原则、最大优势，必须充分发挥党总揽全局、协调各方的领导核心作用，确保信访工作始终沿着正确政治方向前进；坚持以人民为中心是信访工作的出发点和落脚点，必须及时反映群众呼声，着力化解突出问题，密切党和政府同群众的血肉联系；构建各负其责、齐抓共管的责任体系是信访工作的重要保障，必须压实责任主体的责任，形成工作合力，及时就地化解矛盾纠纷。

党的十八大以来，各地区各部门认真贯彻落实党中央决策部署，全面推进信访制度改革，采取了一系列改革举措，在实践中取得了明显效果。

一是实行网上受理信访制度。2013 年，国家信访局（国家投诉受理办公室）全面放开网上投诉受理内容。2015 年，依托互联网建设的国家信访信息系统正式投入使用，全国各级机关、单位接受的来信、来访和网上投诉事项受理办理全过程在信息系统流转，群众可以通过互联网进行投诉并在网上查询信访事项受理办理进展和结果，对信访部门和责任单位进行满意度评价，上级机关可以对下级机关办理情况进行跟踪和督办。2016年，国家信访局先后开通手机信访客户端和运行官方微信公众号。2018年，开展信访业务智能辅助系统应用建设，运用信息化智能化手段，提高信访工作质量和效率。至 2021 年年底，30 余万个单位接入国家信访信息系统，覆盖了 31 个省区市和新疆生产建设兵团的省、市、县三级信访工作机构和大部分职能部门、乡镇街道，45 个中央和国家机关也与国家信访信息系统实现了对接。实行网上受理信访制度，实现了“让数据多跑路、让群众少跑腿”，投诉事项的办理时间明显缩短，办结率和群众满意率明显提高，越来越多的群众愿意选择网上投诉，网上信访已经成为群众反映诉求的主渠道。

二是实行诉讼与信访分离制度。2013 年，中央开始推进诉讼与信访分离工作，要求把涉及民商事、行政、刑事等诉讼权利救济的信访事项从普通信访体制中分离出来，由政法部门依法处理。中央政法委以及最高法、最高检、公安部、司法部分别制定了配套文件。中央信访工作联席会议也下发专门文件，对如何做好相关工作，支持政法部门依法处理涉法涉诉信访问题提出了要求。实行诉访分离以来，越来越多的群众选择司法渠道反映和解决相关问题。

三是依法分类处理信访诉求制度。2013 年下半年开始，国家信访局会同原国务院法制办按照“系统抓、抓系统”的思路，牵头中央有关部委共同推进依法分类处理信访诉求工作，在行政体系内部进一步厘清信访途径与仲裁、行政复议等其他法定途径的界限。2016 年，37 个中央部委出台了分类处理信访诉求清单。2017 年，国家信访局出台《依法分类处理信访诉求工作规则》，大部分省份出台了细化的工作规程，并在市县层面推开了这项工作。2019 年，针对深化党和国家机构改革后部分部委职责发生变化的情况，27 个中央和国家机关重新梳理并公开了清单。积极引导群众通过法定途径依法解决问题，化解矛盾的质量不断提高，进一步保障群众合理合法诉求依照法律规定和程序得到合理合法的结果。

四是推行多元化解制度。推动社会矛盾纠纷多元预防调处化解，比如一些地方开展“访调对接”，实施信访调解司法确认，探索建立律师、专业协会、行业协会、“两代表一委员”、志愿者、社会工作者、人民团体等社会力量参与化解信访积案和矛盾纠纷的模式，在引导群众依法维护权益方面取得了较好效果，形成了解决信访问题的合力。

同时，信访工作体制机制还有一些亟待解决的问题。比如，2005 年修订实施的《信访条例》作为行政法规，覆盖面过窄，仅对行政机关信访工作作出规范，党的机关、人大机关、政协机关、监察机关、司法机关等相当一部分工作难以纳入调整范围。党领导信访工作的体制和格局还没有入法入规，还没有形成统一遵循，各信访工作主体的职责定位还不够清晰，作为党领导信访工作重要抓手的信访工作联席会议作用发挥不够充分。信访部门党政分设不够统一，信访部门的职能职责与承担的繁重任务不相匹配，基层基础比较薄弱，还有部分市县未设置独立信访部门、一些乡镇既未设置独立信访部门也无专人负责信访工作，等等。因此，有必要制定出台一部信访工作法规，系统总结我们党领导和开展信访工作的经验，实现党对信访工作的领导入法入规，实现信访工作领域全覆盖，使信访工作体制机制更加顺畅，更加符合中国国情，更加符合实际需要。

（三）制定出台《信访工作条例》是加强和改进新时代信访工作，推动信访工作高质量发展的客观需要

党的十八大以来，全国信访形势呈现出一系列积极可喜的变化。全国信访总量连年下降，信访形势持续向好的态势得到巩固；重复信访数量同比下降，联名信、联名投诉、集体访的数量降幅较大，集体访数量已经连续多年下降；信访秩序整体良好，机关、单位门前及来访接待场所滋事扰序、缠访闹访行为明显减少。但也要看到，当前和今后一个时期，我国各

类矛盾和风险仍处于易发多发期，各种可以预见和难以预见的风险因素明显增多，一些矛盾和问题加快暴露并大量通过信访渠道反映出来。主要表现在全国信访总量仍然较大，仍有不少积案没有妥善化解。劳动社保、房地产等重点领域信访问题相对集中，涉及脱贫地区后期扶持、农业基础设施建设管理、农村人居环境整治等方面的信访问题占一定比例，防范化解涉访稳定风险的挑战仍然较多。

同时，在工作层面也存在一些需要改进的地方。比如，贯彻落实“诉求合理的解决问题到位、诉求无理的思想教育到位、生活困难的帮扶救助到位、行为违法的依法处理”要求不到位；基础业务不扎实，有的信访事项办理程序空转，矛盾化解效率不高；对有权处理机关单位的监督力度不够，对不按照规定办理信访事项，造成严重后果等行为缺乏明确的责任追究机制；对扰乱信访秩序的行为，缺少必要的防范和制止措施等。因此，有必要制定出台一部信访工作法规，系统总结固化成功经验，进一步优化信访事项处理程序，加强信访工作监督，及时就地化解矛盾纠纷，推动信访工作更好地适应形势和任务需要，实现高质量发展。

（四）制定出台《信访工作条例》是贯彻落实习近平法治思想，健全党内法规制度体系，进一步提高新时代信访工作法治化水平的客观需要

党的十八大以来，以习近平同志为核心的党中央从坚持和发展中国特色社会主义的全局和战略高度定位法治、布局法治、厉行法治，创造性提出了关于全面依法治国的一系列新理念新思想新战略，形成了以“十一个坚持”为核心要义的习近平法治思想。“十一个坚持”摆在首位的就是坚持党对全面依法治国的领导，要求进一步推进党的领导入法入规，善于使党的主张通过法定程序成为国家意志、转化为法律法规，推进党的领导制度化、法治化、规范化；指出党内法规体系是中国特色社会主义法治体系的重要组成部分，要求加快形成覆盖党的领导和党的建设各方面的党内法规制度体系，加强和改善对国家政权机关的领导等。

党内法规具有强烈政治属性、鲜明价值导向、科学治理逻辑、统一规范功能，是体现党的统一意志、规范党的领导和党的建设活动、依靠党的纪律保证实施的专门规章制度。党在不同历史时期，都重视通过党内法规巩固党的领导核心地位，维护党中央权威和集中统一领导，保证全党在重大问题上的统一行动，保证人民群众自觉接受、有效贯彻落实党的路线方针政策。党的十八大以来，党中央旗帜鲜明坚持和加强党的全面领导，改革和完善坚持党的领导的体制机制，制定修订了一系列党内法规，从制度上保证党中央集中统一领导更加坚强有力，推动“两个维护”深入党心军心民心，把党的全面领导落实到治国理政的方方面面，落实到各级各类组织的活动之中。特别是在健全党的领导法规制度方面，制定出台了《中国共产党统一战线工作条例》《中国共产党政法工作条例》《中国共产党农村工作条例》《中国共产党宣传工作条例》等。信访工作是党委和政府的一项重要工作，中共中央办公厅、国务院办公厅制定下发了《关于依法处理涉法涉诉信访问题的意见》《关于创新群众工作方法解决信访突出问题的意见》《信访工作责任制实施办法》《关于进一步加强信访法治化建设的意见》《关于加强新时代网上信访工作的意见》等文件，进一步完善了信访工作党内制度规定。

按照党中央决策部署，国家信访局开展了一系列建章立制工作。2014年，印发《关于进一步规范信访事项受理办理程序 引导来访人依法逐级走访的办法》，进一步强化属地责任、引导来访人依法逐级走访，推动信访事项及时就地解决；印发《关于进一步加强初信初访办理工作的办法》，规范工作程序，压实首办责任，提高办理质量和效率；印发《信访事项办理群众满意度评价工作办法》，以群众满意度评价倒逼信访工作机构和有权处理机关落实责任、工作到位。2015 年，印发《关于进一步加强和规范联合接访工作的意见》，要求整合资源力量，按照一站式接待、一条龙办理、一揽子解决的要求，及时就地解决信访问题；印发《信访事项网上办理工作规程（试行）》，要求进一步推动信访事项网上办理工作规范化，提高工作质量、效率和公信力。2016 年，印发《信访事项简易办理办法（试行）》，要求对诉求简单明了的信访事项，简化程序，缩短时限，更加方便快捷地受理、办理；印发《关于进一步加强和规范信访事项实地督查工作的意见》，对实地督查的开展作出了具体规定，规范和提升了实地督查效能；印发《中央和国家机关信访事项受理办理工作有关规定（试行）》，强化中央和国家机关在处理信访事项中的责任，规范中央和国家机关信访事项受理办理程序。2019 年，制定信访事项《概况要素及录入规则》等八项业务规则，加强信访基础业务规范化建设，推进信访业务标准化。2020 年，制定专项工作意见，在全国开展治理重复信访、化解信访积案专项工作，着力解决重复信访量居高不下和信访积案化解不力的问题。2021 年，制定“十四五”时期信访工作发展规划，明确了信访工作的指导思想、工作目标和任务要求。

虽然信访工作党内制度规定不断健全完善，但仍缺少一部对信访工作作出全面规定的基础主干法规。对此，党中央高瞻远瞩、审时度势，将制定“信访工作条例”作为补短板、强弱项、填空白的重要制度和健全为人民执政、靠人民执政的制度作出安排，明确由国家信访局组织起草。这是健全党内法规制度体系的重大举措，有利于进一步加强党对信访工作的全面领导，进一步提高新时代信访工作法治化水平。

二、起草《信访工作条例》的主要过程

从中央政治局常委会要求制定“信访工作条例”，明确由国家信访局组织起草开始，到 2022 年 1 月 24 日中央政治局会议审议批准《信访工作条例》，起草工作历时两年，主要分为两个阶段。前一个阶段主要是立足制定党内法规，起草形成了“党的信访工作条例”草案；后一个阶段主要是以“党的信访工作条例”草案为基础，吸收融合《信访条例》主要内容，形成《信访工作条例》。

党中央、国务院领导同志对起草工作高度重视。习近平总书记主持召

开中央政治局会议审议批准了《信访工作条例》，李克强等中央领导同志对《信访工作条例》的起草修改给予了强有力的领导和指导。国家信访局党组把起草好"信访工作条例"作为一项重大政治任务，多次召开党组会议、专题会议进行研究，严格按照党内法规的制定程序和中央要求推进起草工作。整个起草过程先后进行了两次较大范围的征求意见，共征求、听取了31个省区市和新疆生产建设兵团、70个中央单位以及部分专家学者、基层干部的意见建议，累计收集意见建议646条，均进行了研究吸收，协商达成了一致意见，并就《信访工作条例》的发文形式、《信访工作条例》发布与《信访条例》停止执行的衔接等问题，与中共中央办公厅法规局、国务院办公厅、司法部进行了反复沟通协商，确保顺畅衔接、平稳过渡。融合后的《信访工作条例》体现了党的十八大以来信访工作取得的理论成果、制度成果、实践成果。

回顾整个起草过程，《信访工作条例》是党中央、国务院领导同志坚强领导、精心指导的结果，是各级机关、单位大力支持配合的结果，也是全国信访系统共同努力的结果。制定出台《信访工作条例》对于坚持党对信访工作的全面领导，理顺信访工作体制机制，进一步规范和加强新时代信访工作，具有重要意义，必将对信访工作产生重大而深远的影响，推动新时代信访工作开创新局面。

三、《信访工作条例》的基本框架和主要内容

《信访工作条例》分为总则、信访工作体制、信访事项的提出和受理、信访事项的办理、监督和追责、附则，共6章50条。

（一）阐明做好新时代信访工作的总体要求

《信访工作条例》总则一章明确了条例的制定目的和依据、适用范围，对信访工作的地位作用、指导思想、主要原则及工作要求等作出规定。一是明确将"坚持和加强党对信访工作的全面领导"放在制定目的和依据的首位，强调"保持党和政府同人民群众的密切联系"（第一条）。

二是将“各级党的机关、人大机关、行政机关、政协机关、监察机关、审判机关、检察机关以及群团组织、国有企事业单位等开展信访工作”纳入适用范围（第二条），实现信访工作领域全覆盖。三是遵循习近平总书记关于加强和改进人民信访工作的重要思想，明确了信访工作的地位作用、指导思想和主要原则（第三条至第五条），强调了信访工作要求（第六条）。

（二）确立党领导下的信访工作体制和工作格局

《信访工作条例》专设信访工作体制一章，明确党领导信访工作的体制机制，压实信访工作主体的职责任务。总体上，将新时代信访工作体制和格局明确为“党委统一领导、政府组织落实、信访工作联席会议协调、信访部门推动、各方齐抓共管”（第七条）。在党委统一领导方面，强调党中央在政治引领、工作遵循和组织保证上加强统一领导（第八条），明确地方党委领导本地区信访工作（第九条），坚持党总揽全局、协调各方的领导核心作用。在政府组织落实方面，规定各级政府履行组织各方力量及时妥善处理信访事项等四项职责（第十条）。在信访工作联席会议协调方面，中央信访工作联席会议承担统筹协调、整体推进、督促落实全国信访工作的七项具体职责，将关于中央信访工作联席会议召集人、办公室及运行机制的好做法好经验固化下来（第十一条、第十二条），同时规范地方信访工作联席会议的设置和运行（第十三条）。在信访部门推动方面，延续《信访条例》相关规定，结合国家信访局“三定”方案和工作实际，明确党委和政府信访部门具体履行七项职责，同时要求其他机关、单位明确负责信访工作的机构或者人员（第十四条）。在各方齐抓共管方面，明确各级党委和政府以外的其他机关、单位和社会力量在信访工作中负有的职责（第十五条）。同时，从信访部门建设等方面明确信访工作保障措施（第十六条）。

（三）完善信访事项处理程序

《信访工作条例》以《信访条例》关于信访事项受理办理的规定为基

础，吸纳网上信访、诉访分离、依法分类处理、矛盾纠纷多元化解等改革成果，进一步优化信访事项处理程序。一是明确信访事项提出和受理的基本要求。对信访人，明确提出信访事项可以采用的多种形式（第十七条），要求遵守提出信访事项的一般要求以及走访的特殊要求（第十九条、第二十条），规定不得有六种行为（第二十六条）；对机关、单位，要求畅通信访渠道（第十八条），实现信访事项网上流转（第二十一条），区分情况登记处理信访事项、解决受理争议、报告重大紧急信访事项和信访信息（第二十二条至第二十五条）。二是明确信访事项办理的基本程序。将习近平总书记提出的“三到位一处理”要求作为总的要求（第二十七条），明确具体办理信访事项的要求（第二十八条），区分建议意见类事项、检举控告类事项、申诉求决类事项分别规定办理方式（第二十九条至第三十一条），体现了党的机关、人大机关、行政机关、政协机关、监察机关、审判机关、检察机关等处理信访事项不同程序的要求。继续沿用《信访条例》关于处理、复查、复核的程序和期限（第三十二条、第三十四条、第三十五条、第三十六条），引入调解和解、多元化解的做法（第三十三条、第三十七条），保障解决问题的政治效果、法律效果、社会效果相统一。

（四）构建信访工作监督体系

《信访工作条例》构建起包括监督责任、监督机制、责任追究在内的较为完整的监督体系，与《中国共产党党内监督条例》《中国共产党纪律处分条例》《中华人民共和国公职人员政务处分法》《中华人民共和国治安管理处罚法》《中华人民共和国刑法》等法律法规实现有序衔接。一是强化党委和政府监督。要求党委和政府组织专项督查，信访工作联席会议及其办公室、党委和政府信访部门、党委和政府督查部门开展督查（第三十八条），每年对信访工作情况进行考核、通报（第三十九条）。二是强化信访部门监督。沿用《信访条例》相关规定，明确信访部门提出改进工作、完善政策和追究责任“三项建议”的职责（第四十条），建立信访情况报告制度（第四十一条）。三是强化责任追究。明确机关、单位的引发问题责任、登记转送交办责任、受理问题责任、处理问题责任以及其他责任（第四十二条至第四十六条）。同时，明确对信访人滋事扰序等违法行为的处理，所列违法行为均可根据《中华人民共和国治安管理处罚法》《中华人民共和国集会游行示威法》《中华人民共和国刑法》等有关法律法规予以追究（第四十七条）。

最后，附则一章规定了《信访工作条例》的解释机关、外国人等信访事项的处理和条例施行日期。根据《中国共产党党内法规制定条例》第三十四条第一款“党内法规需要进一步明确条款具体含义或者适用问题的，应当进行解释。中央党内法规由党中央或者授权有关部委解释，中央纪律检查委员会以及党中央工作机关和省、自治区、直辖市党委制定的党内法规由制定机关解释”的规定，授权国家信访局解释（第四十九条）。

四、制定《信访工作条例》的总体考虑和主要原则

《信访工作条例》制定工作坚持以习近平新时代中国特色社会主义思想为指导，深入贯彻落实习近平总书记关于加强和改进人民信访工作的重要思想，围绕做好新时代信访工作的体制机制、职责任务、处理程序、监督体系等进行顶层设计。重点把握了四项原则：一是坚持和加强党对信访工作的全面领导，明确党领导信访工作的体制机制。二是实现信访工作领域全覆盖，对各级机关、单位开展信访工作、处理信访事项，以及信访人提出信访事项作出全面规范。三是总结固化党的十八大以来信访制度改革成果，优化信访事项处理程序，更好保障群众合法权益。四是强化信访工作监督，对监督责任、监督机制和责任追究作出明确规定。这四项原则是制定《信访工作条例》的重要准绳。

（一）坚持和加强党对信访工作的全面领导，明确党领导信访工作的体制机制

中国共产党领导是中国特色社会主义最本质的特征，是中国特色社会

主义制度的最大优势。习近平总书记指出："党政军民学，东西南北中，党是领导一切的，是最高的政治领导力量。"[①] 我国的信访制度是在党的直接领导下建立起来的，是中国特色社会主义民主政治制度的有益补充，是党的群众工作的重要组成部分。坚持党的全面领导，是做好信访工作的最高原则、最大优势，是做好信访工作的根本保证，必须把坚持党的领导放在最重要、最突出、最关键的位置，充分发挥党总揽全局、协调各方的领导核心作用。针对党领导信访工作的体制和格局还没有入法入规，各信访工作主体的职责定位还不够清晰，信访工作联席会议作用发挥还不够充分等问题，《信访工作条例》对党组织和开展信访工作作出了全面、系统、整体的规定。

一是突出强调党的领导在新时代信访工作总体要求中的核心地位。《信访工作条例》总则一章系统阐明了做好新时代信访工作的总体要求，所明确的条例制定目的、适用范围和信访工作的地位作用、指导思想、主要原则及工作要求，都突出强调了党的领导的核心地位。在制定目的中，将"坚持和加强党对信访工作的全面领导"放在首位，贯穿条例始终。在适用范围中，突破《信访条例》仅适用于行政机关的局限，扩大到所有信访工作主体，实现党对信访工作的全面领导。在地位作用中，强调"信访工作是党的群众工作的重要组成部分，是党和政府了解民情、集中民智、维护民利、凝聚民心的一项重要工作，是各级机关、单位及其领导干部、工作人员接受群众监督、改进工作作风的重要途径"，体现了信访工作在党和国家工作大局中的重要地位和承担的重要任务。在指导思想中，写入贯彻落实习近平总书记关于加强和改进人民信访工作的重要思想，强调"为民解难、为党分忧的政治责任"，把"服务党和国家工作大局"作为首要职责使命。在主要原则中，把"坚持党的全面领导""把党的领导贯彻到信访工作各方面和全过程，确保正确政治方向"作为首要原

---

① 习近平：《毫不动摇坚持和加强党的全面领导》，载《求是》2021 年第 18 期。

则，将“践行党的群众路线”“党政同责、一岗双责”等要求作为其他原则的重要内容。在工作要求中，强调各级机关、单位“倾听人民群众建议、意见和要求，接受人民群众监督，为人民群众服务”，充分发挥信访工作密切党和政府同群众血肉联系的桥梁纽带作用。

二是系统界定了党领导下的信访工作体制和格局。《信访工作条例》把“坚持和加强党对信访工作的全面领导，构建党委统一领导、政府组织落实、信访工作联席会议协调、信访部门推动、各方齐抓共管的信访工作格局”作为构建党领导信访工作的体制机制的总体要求。强调党中央加强对信访工作的统一领导，履行强化政治引领，确立信访工作的政治方向和政治原则，严明政治纪律和政治规矩等三项职责。强调地方党委领导本地区信访工作，要求贯彻落实党中央关于信访工作的方针政策和决策部署，执行上级党组织关于信访工作的部署要求，统筹信访工作责任体系构建，支持和督促下级党组织做好信访工作；要求地方党委常委会定期听取信访工作汇报，分析形势，部署任务，研究重大事项，解决突出问题。强调各级政府要贯彻落实上级党委和政府以及本级党委关于信访工作的部署要求，科学民主决策、依法履行职责。强调中央信访工作联席会议在党中央、国务院领导下，履行研究分析全国信访形势，为中央决策提供参考，督促落实党中央关于信访工作的方针政策和决策部署等七项职责；研究涉及信访工作改革发展的重大问题和重要信访事项的处理意见，及时向党中央、国务院请示报告。强调地方各级信访工作联席会议在本级党委和政府领导下，负责本地区信访工作的统筹协调、整体推进、督促落实；地方党委和政府应当根据信访工作形势任务，及时调整信访工作联席会议成员单位，健全规章制度；根据工作需要，在乡镇党委和政府、街道党工委和办事处建立信访工作联席会议机制。强调党委和政府信访部门作为开展信访工作的专门机构履行职责，推动贯彻落实党委和政府以及信访工作联席会议的安排部署。强调各级党委和政府以外的其他机关、单位要做好各自职责范围内的信访工作，拓宽社会力量参与信访工作的制度化渠道。

（二）实现信访工作领域全覆盖，对各级机关、单位开展信访工作、处理信访事项，以及信访人提出信访事项作出全面规范

信访工作是各级机关、单位都在做的一项工作，既调节公权力机关、单位的内部运行，又调整公权力机关、单位与个人和其他组织之间的关系，必须构建全覆盖、统一的工作机制和工作程序，才能形成工作合力。《信访工作条例》对信访工作作出了全面规范。

一是实现信访工作主体全覆盖。从《信访条例》仅适用于行政机关，扩展到适用于各级党的机关、人大机关、行政机关、政协机关、监察机关、审判机关、检察机关以及群团组织、国有企事业单位等所有开展信访工作的主体。《信访工作条例》对各级党委如何领导信访工作，各级机关、单位如何开展信访工作、处理信访事项作出了具体设计。

二是实现信访活动主体全覆盖。信访活动反映了社会成员与各级党组织和各类公权力机关的互动关系，是社会成员通过特定形式表达意愿或要求的一种手段。信访工作通过办理群众来信来电和网上投诉、接待群众来访，为群众提出批评、建议、申诉、控告或者检举构建了一个通道，单位和个人通过信访渠道反映问题也应当遵守有关程序规定，《信访工作条例》作为全面规范信访工作的法规，有必要对此作出规定。《信访工作条例》明确信访人可以采用信息网络、书信、电话、传真、走访等形式，向各级机关、单位反映情况，提出建议、意见或者投诉请求，并对信访人提出信访事项明确了三个方面的要求：（1）要求信访人一般应当采用书面形式提出信访事项，提出信访事项应当客观真实，明确信访事项已经受理或者正在办理的，信访人在规定期限内向受理、办理机关、单位的上级机关、单位又提出同一信访事项的，上级机关、单位不予受理。（2）要求信访人采用走访形式提出信访事项的，应当到有权处理的本级或者上一级机关、单位设立或者指定的接待场所提出；多人走访提出共同的信访事项的，应当推选不超过 5 人的代表。对于走访提出涉及诉讼权利救济的信访事项，强调应当按照法律法规规定的程序向有关政法部门提出。特别强调

进一步压实属地责任，要求各级机关、单位认真接待处理群众来访，把问题解决在当地，引导信访人就地反映问题。（3）要求信访人在信访过程中应当遵守法律、法规，不得损害国家、社会、集体的利益和其他公民的合法权利，自觉维护社会公共秩序和信访秩序，不得有在机关、单位办公场所周围、公共场所非法聚集等六种行为。

同时，考虑到外国人向我国党政机关提出信访事项的情况客观存在，主要是海外华人反映本人或其国内亲属遇到的历史遗留、旧宅拆迁等涉及个人权益保障有关问题，也有一些外籍友好人士给党和国家领导人寄送贺信贺卡，为中国发展提出建议意见，还有一些在中国境内的外资企业和外国人反映投资纠纷等，这些事项也需要依法规范进行处理。《信访工作条例》沿用《信访条例》相关规定，明确对外国人、无国籍人、外国组织信访事项的处理，参照本条例执行。

三是实现信访活动内容全覆盖。信访活动具有特定的内容，主要包括：（1）建议意见类信访事项，是指对党和国家方针政策提出主张和意见，对经济、政治、文化、社会以及生态环保中的有关情况表达态度和看法；（2）检举控告类信访事项，是指对有关机关、单位及其工作人员违法违纪行为的举报；（3）申诉求决类信访事项，是指不服法院判决、裁定及公检法机关作出的决定，不服行政处罚、行政许可、行政复议、仲裁等处理，不服党纪政纪处分等，提出改变或纠正的要求，或者请求有关机关、单位依照法定职责作出处理决定。《信访工作条例》对这三类信访事项提出、受理、办理的程序和要求作出规定，强调“向各级机关、单位反映情况，提出建议、意见或者投诉请求，有关机关、单位应当依规依法处理”。

（三）总结固化党的十八大以来信访制度改革成果，优化信访事项处理程序，更好保障群众合法权益

保障群众合法权益是信访工作的出发点和落脚点。党的十八大以来，围绕及时就地解决群众合理诉求，信访制度进行了深入改革和有益探索。《信访工作条例》系统总结固化了诉访分离、分类处理、多元化解、网上

信访等改革成果，进一步优化了信访事项处理程序。

一是总结固化诉访分离的改革成果。《信访工作条例》统筹考虑政法部门独立行使职权的需要，进一步明确了诉访分离相关要求。在提出环节，第二十条第二款充分考虑司法管辖的层级规定，对于走访提出涉及诉讼权利救济的信访事项，要求信访人按照法律法规规定的程序向有关政法部门提出。在受理环节，第二十二条第二款吸收《关于依法处理涉法涉诉信访问题的意见》精神，规定各级党委和政府信访部门对收到的涉法涉诉信件，应当转送同级政法部门依法处理；对走访反映涉诉问题的信访人，应当释法明理，引导其向有关政法部门反映问题。在办理环节，第二十八条第二款将诉讼与信访分离制度作为办理信访事项的基本要求；第三十七条第二款、第三款对涉法涉诉信访事项相关信访人的司法救助以及涉法涉诉信访事项终结后信访人的疏导教育和帮扶救助也作出了安排。同时，鉴于涉及诉讼权利救济事项，政法部门的程序性告知和实体处理依照相关法律法规均有特殊要求，《信访工作条例》第二十三条第四款明确政法部门处理涉及诉讼权利救济事项的告知按照有关规定执行，又在第三十一条第一项明确政法部门应按照法律法规规定的程序处理。

二是总结固化分类处理的改革成果。《信访工作条例》将依法分类处理的原则贯穿信访事项处理全过程。总体思路是：个人和组织向各级机关、单位反映情况，提出建议、意见或者投诉请求后，信访部门和其他机关、单位按照“大口进入、分类处理”的原则，登记后甄别是否属于法定职责范围，并区分建议意见、检举控告、申诉求决等不同事项类别分类处理，按照相关法律法规分别导入不同途径处理。

对于建议意见类事项，《信访工作条例》第二十九条要求有权处理的机关、单位应当认真研究论证，对科学合理、具有现实可行性的，应当采纳或者部分采纳，并予以回复，同时规定了相应的奖励制度、人民建议征集制度等。《信访工作条例》将建议意见的办理单独作为一条，既充分考虑了各级机关、单位日常接收群众建议意见的需要，也突出体现了人大机关、政协机关等处理信访事项的程序要求。

对于检举控告类事项，《信访工作条例》第三十条第一款要求对信访人提出的检举控告类事项，纪检监察机关或者有权处理的机关、单位应当依规依纪依法接收、受理、办理和反馈。为了做好信访部门与组织（人事）部门的工作衔接，第二款规定党委和政府信访部门应当按照干部管理权限向组织（人事）部门通报反映干部问题的信访情况，重大情况向党委主要负责同志和分管组织（人事）工作的负责同志报送，组织（人事）部门应当按照干部选拔任用监督的有关规定进行办理。同时，为了更好地保障信访人的权利，第三款特别强调不得将信访人的检举、揭发材料以及有关情况透露或者转给被检举、揭发的人员或者单位。《信访工作条例》将检举控告类事项的办理单独作为一条，主要体现了纪检监察机关、组织（人事）部门处理信访事项的程序要求。

对于申诉求决类事项，《信访工作条例》按照信访工作领域全覆盖的要求，进一步扩大了适用主体，在第三十一条区分为六种情形并分别明确了办理方式：第一项规定了涉法涉诉信访事项办理程序，适用于审判机关、检察机关、公安机关；第二项规定了仲裁程序，适用于仲裁机关；第三项规定了办理党员申诉等事项的党内程序，适用于党的机关；第四项规定了办理行政复议等事项的行政程序，第五项规定了依法履职程序，均适用于行政机关；第六项规定了不属于以上情形的事项，应当听取信访人陈述事实和理由，并调查核实，出具信访处理意见书，适用于所有机关、单位对不能导入上述程序的事项进行兜底处理。对属于第六种情形的事项，信访人可以申请复查、复核。《信访工作条例》沿用了《信访条例》的程序和期限，同时强调信访人对复核意见不服，仍然以同一事实和理由提出投诉请求的，信访部门和其他机关、单位不再受理。

三是总结固化多元化解的改革成果。《信访工作条例》第三十三条明确各级机关、单位在处理申诉求决类事项过程中，可以在不违反政策法规强制性规定的情况下，在裁量权范围内，开展调解、和解。第三十七条要求各级机关、单位坚持社会矛盾纠纷多元预防调处化解，人民调解、行政调解、司法调解联动，综合运用法律、政策、经济、行政等手段和教育、协商、疏导等办法，多措并举化解矛盾纠纷，并对信访人给予社会救助、司法救助以及做好疏导教育、矛盾化解、帮扶救助等工作作出规定。

四是总结固化网上信访的改革成果。在提出形式上，《信访工作条例》第十七条将信息网络放在公民、法人或者其他组织可以采用的信访形式的首位。在畅通渠道上，《信访工作条例》第十八条要求各级机关、单位应当向社会公布网络信访渠道，在网站公布与信访工作有关的党内法规和法律等事项，要求领导干部阅办网上信访。在事项流转上，《信访工作条例》第二十一条要求各级党委和政府应当加强信访工作信息化、智能化建设，依规依法有序推进信访信息系统互联互通、信息共享，强调各级机关、单位应当及时将信访事项录入信访信息系统，使网上信访、来信、来访、来电在网上流转，方便信访人查询、评价信访事项办理情况。

《信访工作条例》在总结固化信访制度改革成果时，并不是简单照搬实践经验，而是坚持合理预见工作未来走势，适度超前设计相关机制，坚持把握各项改革成果的关联性和耦合性，加强机制系统集成，提升整体工作效能。

（四）强化信访工作监督，对监督责任、监督机制和责任追究作出明确规定

严肃的监督和必要的问责是推动《信访工作条例》落地落实的重要保障。党的十八大以来，信访工作监督在制度和实践层面都进行了积极探索。比如，中央信访工作联席会议办公室、国家信访局组织开展了一系列落实中央领导同志指示批示、贯彻执行党中央、国务院有关信访工作决策部署、具体信访案件处理等督查活动，形成了分工负责、上下联动、部门协同的督查工作格局。国家信访局与中共中央办公厅督查室、国务院办公厅督查室建立对接机制，提供群众信访反映的典型事项和问题线索等。中央信访工作联席会议办公室、国家信访局改进考核办法，引导地方和基层

把主要精力放在及时解决问题、化解矛盾上，有效促进了信访工作责任的落实。按照干部监督的有关规定，国家信访局定期向中央有关领导同志及相关部门报送反映干部问题的信访情况。根据《中国共产党巡视工作条例》规定，国家信访局支持配合巡视工作，向巡视组提供被巡视党组织领导班子及其成员的有关情况。同时，信访工作监督也存在对有权处理机关单位的监督力度不够，对扰乱信访秩序的行为缺少必要的防范和制止措施等问题。

对此，《信访工作条例》总结近年来经验做法，围绕谁来监督、怎么监督，追谁的责、怎么追责，构建起包括监督责任、监督机制、责任追究在内的较为完整的监督体系和责任追究体系。

一是强化党委和政府监督。（1）强化信访工作督查。《信访工作条例》第三十八条从党委和政府、信访工作联席会议及其办公室、党委和政府信访部门、党委和政府督查部门三个层面，对信访工作督查的主体、内容作出规定。要求党委和政府应当对开展信访工作、落实信访工作责任的情况组织专项督查；信访工作联席会议及其办公室、信访部门应当根据工作需要开展督查；党委和政府督查部门应当将疑难复杂信访问题列入督查范围，形成了完整的信访工作督查体系。（2）强化信访工作考核。《信访工作条例》第三十九条专门要求党委和政府以依规依法及时就地解决信访问题为导向，每年对信访工作情况进行考核、在适当范围内通报，注重对考核结果运用，以考核推动党委和政府监督落地，促进信访工作责任落实。特别是针对在信访工作中履职不力、存在严重问题的领导班子和领导干部，规定“由信访工作联席会议进行约谈、通报、挂牌督办，责令限期整改”，增加了约谈、挂牌督办等手段，进一步丰富了考核结果运用方式，增强了权威。

二是强化信访部门监督。（1）加强“三项建议”职责。《信访工作条例》第四十条赋予信访部门提出改进工作、完善政策和追究责任“三项建议”职责，在《信访条例》仅规定有关行政机关对信访部门提出改进工作的建议应当书面反馈情况的基础上，增加有关机关、单位对信访部门提出的完善政策、追究责任建议也要书面反馈采纳情况，进一步强化了信访部门提出“三项建议”的约束力。(2)健全信访情况报告制度。《信访工作条例》第四十一条第一款在《信访条例》关于定期提交信访情况分析报告的基础上，规定党委和政府信访部门每年向本级党委和政府、上一级党委和政府信访部门报告信访事项的数据统计、信访事项涉及领域等情况。与《信访条例》相比，将报告期限从定期明确为每年，将报告对象从本级政府扩展到本级党委和政府、上一级党委和政府信访部门。(3)完善信访部门与巡视巡察机构的对接机制。《信访工作条例》第四十一条第二款将这一做法推广到全国，规定信访部门应根据需要配合巡视巡察工作，向巡视巡察机构提供被巡视巡察地区、单位领导班子及其成员和下一级主要负责人有关信访举报、落实信访工作责任制等情况。这样既能充分发挥信访举报渠道作用，更好地为巡视巡察提供服务，也能进一步提高信访部门监督水平。

三是强化对机关、单位及其工作人员的责任追究。与信访事项产生、处理等程序相对应，《信访工作条例》分别规定了机关、单位及其工作人员引发问题责任、受理问题责任、处理问题责任，明确了信访部门登记转送交办的专门责任。特别针对少数部门、少数人员在工作中对待信访人态度恶劣、作风粗暴、吃拿卡要、谋取私利等问题，单列一条明确责任，彰显了信访工作领域正风肃纪的思想自觉和行动自觉。这些规定实现了与《中国共产党党内监督条例》《中国共产党纪律处分条例》《中华人民共和国公职人员政务处分法》《中华人民共和国刑法》等法律法规的有序衔接。

四是强化对信访人违法行为处理。《信访工作条例》第二十六条延续了《信访条例》相关规定，明确信访人在信访过程中不得有六种行为，具体包括：在机关、单位办公场所周围、公共场所非法聚集，围堵、冲击机关、单位，拦截公务车辆，或者堵塞、阻断交通；携带危险物品、管制器具；侮辱、殴打、威胁机关、单位工作人员，非法限制他人人身自由，或者毁坏财物；在信访接待场所滞留、滋事，或者将生活不能自理的人弃留在信访接待场所；煽动、串联、胁迫、以财物诱使、幕后操纵他人信访或者以信访为名借机敛财；其他扰乱公共秩序、妨害国家和公共安全的行为。“六个不得”的行为，实质是扰乱单位、公共场所、公共交通秩序等扰乱社会秩序的违法行为。《信访工作条例》第四十七条明确了信访人违反“六个不得”规定如何处理。第一款针对违反走访及维护信访秩序有关要求的信访人，规定有关机关、单位工作人员应当对其进行劝阻、批评或者教育。第二款进一步明确对信访人滋事扰序、缠访闹访情节严重，构成违反治安管理行为的，或者违反集会游行示威相关法律法规的，由公安机关依法采取必要的现场处置措施、给予治安管理处罚；构成犯罪的，依法追究刑事责任。此外，第四十七条第三款强调信访人捏造歪曲事实、诬告陷害他人，构成违反治安管理行为的，依法给予治安管理处罚；构成犯罪的，依法追究刑事责任。

第一章 总 则

总则主要规定了《信访工作条例》的制定目的、适用范围，以及信访工作的地位作用、指导思想、主要原则、工作要求等，起到统领和总括《信访工作条例》的作用。信访工作体制、信访事项的提出和受理、信访事项的办理、监督和追责等其他各章围绕总则展开，总则中的基础性、原则性规定在其他各章中都有具体的规定。

第一节 条例的制定目的和适用范围

任何法律法规的制定和实施都有其目的和适用范围。科学、精准、规范地表述《信访工作条例》的制定目的和适用范围，有利于各适用主体准确理解条例制定的出发点、立足点以及要达到的客观效果，从而更好地贯彻实施。

一、制定目的

《信访工作条例》第一条规定："为了坚持和加强党对信访工作的全面领导，做好新时代信访工作，保持党和政府同人民群众的密切联系，制定本条例。"明确了制定目的，主要有三个方面。

（一）坚持和加强党对信访工作的全面领导

中国共产党领导是中国特色社会主义最本质的特征，是中国特色社会主义制度的最大优势。党政军民学，东西南北中，党是领导一切的。党的十九大报告明确提出，“增强依法执政本领，加快形成覆盖党的领导和党的建设各方面的党内法规制度体系”。党的十九届四中全会通过的《中共中央关于坚持和完善中国特色社会主义制度 推进国家治理体系和治理能力现代化若干重大问题的决定》对坚持和完善党的领导制度体系、健全党的全面领导制度作出部署。党中央将制定《信访工作条例》作为补短板、强弱项、填空白的重要制度作出安排，首要目的就是要坚持和加强党对信访工作的全面领导。

党的领导是党和国家的根本所在、命脉所在，是全国各族人民的利益所系、命运所系。[①] 我国的信访制度是我们党领导建立的人民信访制度，其创立、发展以及不断走向完善的每一次探索、每一次进步，都是在党的领导下进行的。特别是党的十八大以来，以习近平同志为核心的党中央对完善信访制度、做好信访工作作出一系列重大决策部署，领导信访工作在及时反映社情民意、维护群众合法权益、促进社会和谐稳定方面取得了重要成就，形成了重要的理论成果、制度成果、实践成果。全面总结我们党长期以来领导和开展信访工作的经验特别是党的十八大以来信访工作制度改革成果，并将其固化为法规制度规范，实现党对信访工作领导入法入规，在法规制度层面坚持和加强党对信访工作的全面领导，是信访工作始终沿着正确政治方向前进、充分发挥职能作用的根本保证。

把“坚持和加强党对信访工作的全面领导”作为首要目的，凸显了《信访工作条例》作为党的领导法规制度的性质。2017 年，中共中央印发《关于加强党内法规制度建设的意见》强调，“完善以‘1 + 4’为基本框架的党内法规制度体系，即在党章之下分为党的组织法规制度、党的领导法规制度、党的自身建设法规制度、党的监督保障法规制度 4 大板块”，要求“完善党的领导法规制度，加强和改进党对各方面工作的领导，为党

① 《中共中央关于党的百年奋斗重大成就和历史经验的决议》，人民出版社 2021 年版，第 27 页。

发挥总揽全局、协调各方领导核心作用提供制度保证"[①]。明确"坚持和加强党对信访工作的全面领导"这一首要目的，就是要将其作为主线贯穿《信访工作条例》始终，包括"做好新时代信访工作"和"保持党和政府同人民群众的密切联系"两个方面制定目的在内的各章各条规定都要服从服务于这个首要目的，确保党在信访工作领域充分发挥总揽全局、协调各方的领导核心作用。

（二）做好新时代信访工作

党的十九大作出中国特色社会主义进入新时代的重大政治判断，明确了我国发展新的历史方位。同时提出，我国社会主要矛盾已经转化为人民日益增长的美好生活需要和不平衡不充分的发展之间的矛盾。这对党和国家各项工作提出了新的更高要求。党的十九大和十九届四中、五中、六中全会对"正确处理新形势下人民内部矛盾"，"畅通和规范群众诉求表达、利益协调、权益保障通道"，"完善信访制度"作出部署。党中央制定《信访工作条例》，就是将一系列决策部署转化为法规规范，为做好新时代信访工作提供制度遵循。

我国社会主要矛盾的变化是关系全局的历史性变化，对党和国家工作提出了许多新要求。经过改革开放 40 多年的努力，我国已经全面建成小康社会，解决了十几亿人的温饱问题，人民群众美好生活需要日益广泛，不仅对物质文化生活提出了更高要求，而且在民主、法治、公平、正义、安全、环境等方面的要求日益增长。同时，我国社会生产力水平总体上显著提高，社会生产能力在很多方面进入世界前列，更加突出的问题是发展不平衡不充分，这已经成为满足人民日益增长的美好生活需要的主要制约因素。各个领域、各个方面、各项工作都要围绕我国社会主要矛盾的变化，围绕党和国家事业发展面临的主要任务，围绕广大人民群众的愿望和期待，进行谋划和部署。群众信访是反映社情民意的晴雨表，信访工作更

---

① 《中共中央印发〈关于加强党内法规制度建设的意见〉》，载《人民日报》2017 年 6 月 26 日，第 1 版。

要顺应人民群众日益增长的美好生活需要，在“有”和“没有”的问题已经基本解决的情况下，把工作的着力点转移到“好”和“更好”的问题上来，把群众通过信访渠道反映出来的更深层次诉求解决好，把群众更高层面的权益维护好。

将“做好新时代信访工作”作为《信访工作条例》制定目的，就是从中国特色社会主义进入新时代这一我国发展新的历史方位出发，从我国社会主要矛盾发生关系全局的历史性变化出发，紧紧围绕新时代信访工作的新形势新任务新要求，通过制定条例，明确新时代信访工作的定位作用、指导思想、原则要求，进一步规范和加强新时代信访工作，以更好地回应人民群众的新期待新要求、服务党和国家工作大局，在新时代新征程上展现新气象新作为。

（三）保持党和政府同人民群众的密切联系

人民群众是我们党的力量之源和胜利之本。能否始终保持党同人民群众的血肉联系，决定着党和国家事业的盛衰兴亡。党的十八大以来，习近平总书记多次指出，党的最大政治优势是密切联系群众，党执政后的最大危险是脱离群众，反复强调全党必须永远保持同人民群众的血肉联系。党中央将制定《信访工作条例》作为健全为人民执政、靠人民执政各项制度的重要工作作出安排，就是要更好发挥信访工作的作用，始终保持党和政府同人民群众的密切联系。

密切联系群众是信访制度创立的初心和使命。毛泽东等老一辈无产阶级革命家把处理人民来信和接待人民来访作为密切联系群众的重要方式，不仅从群众的来信来访中了解群众思想、指导工作，而且十分注意团结群众，解决群众的实际问题。比如，新闻工作者范长江曾于 1938 年 1 月 3 日给毛泽东写信谈论国家重大问题，毛泽东于 2 月 15 日复信，希望大家为促进并实行共同抗战、共同建国纲领而奋斗。① 1938 年 8 月，抗日军政

① 中共中央文献研究室编：《毛泽东书信选集》，人民出版社 1983 年版，第 120—122 页。

大学第六大队第一支队政治教育干事柳夷写信反映其入党障碍问题等，毛泽东于10月30日复信表明自己的看法，并告知写信人下一步反映问题的办法及渠道。[①] 1938年，《大公报》派驻陕西榆林记者杨令德写信反映其外甥袁尘影被错误关押问题，12月14日，毛泽东复信说，其外甥已经被释放，并表示歉意。[②]

新中国成立后，信访工作成为党和政府联系人民群众的制度化渠道。1951年5月16日，毛泽东同志作出重要指示，"必须重视人民的通信，要给人民来信以恰当的处理，满足群众的正当要求，要把这件事看成是共产党和人民政府加强和人民联系的一种方法，不要采取掉以轻心置之不理的官僚主义的态度。如果人民来信很多，本人处理困难，应设立适当人数的专门机关或专门的人，处理这些信件。如果来信不多，本人或秘书能够处理，则不要另设专人"[③]。1951年6月7日，中央人民政府政务院发布《关于处理人民来信和接见人民工作的决定》[④]，开宗明义地指出"各级人民政府应该密切地联系人民群众，全心全意地为人民服务"。1957年5月28日至31日，第一次全国信访工作会议召开，中央办公厅主任杨尚昆作工作报告，国务院秘书长习仲勋作总结报告。会议指出，群众向中央机关或者省市机关提出意见和要求，不仅是领导机关同群众联系的一种方法，而且是群众的一种民主权利，做好人民来信来访工作是重要的政治任务。[⑤] 1995年、2005年的《信访条例》均将"保持各级人民政府同人民群众的密切联系"作为立法目的。这些重要指示、会议及法规文件都将处理人民来信和接待人民来访工作看作党和政府加强与人民联系的一种方法，强调了做好信访工作的必要性。

---

① 中共中央文献研究室编：《毛泽东书信选集》，人民出版社1983年版，第130—131页。

② 中共中央文献研究室编：《毛泽东书信选集》，人民出版社1983年版，第134—135页。

③ 中共中央文献研究室编：《毛泽东年谱（1949—1976）》第1卷，中央文献出版社2013年版，第342—343页。

④ 中央人民政府法制委员会编：《中央人民政府法令汇编（1951）》，法律出版社1982年版，第23—24页。

⑤ 刁杰成：《人民信访史略》，北京经济学院出版社1996年版，第100—112页。

党的十八大以来，以习近平同志为核心的党中央高度重视信访工作，把做好信访工作作为坚持群众路线、保持并密切同群众联系的重要体现，提出明确要求。习近平总书记强调，要坚持把信访工作作为了解民情、集中民智、维护民利、凝聚民心的一项重要工作，千方百计为群众排忧解难；真正把解决信访问题的过程作为践行党的群众路线、做好群众工作的过程。[①] 中共中央办公厅、国务院办公厅印发的《关于创新群众工作方法解决信访突出问题的意见》中，将“进一步密切党同人民群众的血肉联系”作为制定目的之一；在党的十八届六中全会通过的《关于新形势下党内政治生活的若干准则》中，对坚持领导干部定期接待群众来访制度作出明确规定。

《中共中央关于党的百年奋斗重大成就和历史经验的决议》全面总结党的百年奋斗重大成就和历史经验，强调“全党必须永远保持同人民群众的血肉联系，站稳人民立场，坚持人民主体地位，尊重人民首创精神，践行以人民为中心的发展思想，维护社会公平正义，着力解决发展不平衡不充分问题和人民群众急难愁盼问题，不断实现好、维护好、发展好最广大人民根本利益，团结带领全国各族人民不断为美好生活而奋斗”。将“保持党和政府同人民群众的密切联系”作为《信访工作条例》的制定目的，就是要求信访工作在实现第二个百年奋斗目标新的赶考之路上，坚守初心、牢记使命，更加自觉地贯彻党的根本宗旨和群众路线，在保持党和政府同人民群众的密切联系中发挥更大的作用，团结凝聚广大人民群众为全面建设社会主义现代化强国努力奋斗。

二、适用范围

《信访工作条例》第二条规定了适用范围，即“本条例适用于各级党的机关、人大机关、行政机关、政协机关、监察机关、审判机关、检察机

---

① 《习近平就信访工作作出重要指示强调：千方百计为群众排忧解难 不断开创信访工作新局面》，载《人民日报》2017 年 7 月 20 日，第 1 版。

关以及群团组织、国有企事业单位等开展信访工作”。

（一）明确这一适用范围的必要性

与《信访条例》相比，《信访工作条例》的适用主体从各级人民政府、县级以上人民政府工作部门，扩展到各级党的机关、人大机关、行政机关、政协机关、监察机关、审判机关、检察机关以及群团组织、国有企事业单位，实现了整个信访工作领域的全覆盖。作出这一规定，主要有以下考虑。

一是坚持和加强党对信访工作全面领导的必然要求。党的领导是全面的、系统的、整体的，必须落实到党和国家事业各领域各方面各环节；党中央集中统一领导是党的领导的最高原则，加强和维护党中央集中统一领导是全党共同的政治责任。《中国共产党党内法规制定条例》明确，党内法规是体现党的统一意志、规范党的领导和党的建设活动、依靠党的纪律保证实施的专门规章制度。同时，将党内法规的名称确定为“党章、准则、条例、规定、办法、规则、细则”，明确“条例对党的某一领域重要关系或者某一方面重要工作作出全面规定”。因此，《信访工作条例》作为对党的信访工作作出全面规定的法规，在适用范围上覆盖信访工作所有主体，既是信访工作领域坚决做到“两个维护”的必然要求，也是保证党在各级机关、单位信访工作中发挥领导作用的必然要求，确保党在信访工作中始终总揽全局、协调各方。

二是适应信访工作主体多元的现实需要。《中国共产党章程》把坚持全心全意为人民服务作为党的建设必须坚决实现的基本要求之一，并强调党在任何时候都把群众利益放在第一位，同群众同甘共苦，保持最密切的联系。《中华人民共和国宪法》第二十七条第二款规定：“一切国家机关和国家工作人员必须依靠人民的支持，经常保持同人民的密切联系，倾听人民的意见和建议，接受人民的监督，努力为人民服务。”第四十一条第一款、第二款规定：“中华人民共和国公民对于任何国家机关和国家工作人员，有提出批评和建议的权利；对于任何国家机关和国家工作人员的违法失职行为，有向有关国家机关提出申诉、控告或者检举的权利，但是不得捏造或者歪曲事实进行诬告陷害。对于公民的申诉、控告或者检举，有关国家机关必须查清事实，负责处理。任何人不得压制和打击报复。”信访工作是对人民群众提出批评和建议以及申诉、控告或者检举等活动做出回应、进行处理的工作。做好信访工作，是落实党章和宪法要求、保障公民权利的具体行动。从群众的信访情况看，既有以利益诉求为内容的申诉求决类问题，也有为了促进国民经济和社会发展、改进工作、保护社会公共利益而提出的建议意见，还有监督各级党组织、国家机关及其工作人员的检举控告，涉及国家和社会治理的方方面面、公权力行使的各个领域。因此，信访工作是所有公权力部门和组织的工作，是各级党的机关、国家机关以及群团组织、国有企事业单位都要做好的工作，而不是特定部门的专门工作。有必要将各级机关、单位均纳入条例的适用范围，使这些机关、单位的信访工作均受到条例的效力约束，遵守条例的规定。

三是统一信访工作基本遵循的重要保证。作为党和政府与人民群众互动的一项经常性工作，信访工作应当具有规范性、稳定性、公开性和程序性等特点。虽然各级党的机关、人大机关、行政机关、政协机关、监察机关、审判机关、检察机关以及群团组织、国有企事业单位等工作职责不同，接收、受理、处理信访事项的内容和具体程序也有所区别，但信访工作的领导体制、工作格局以及开展信访工作的基本原则、机制方法应当有统一的遵循。只有这样，才能打破各工作主体之间的壁垒，更好地规范信访工作行为、保障人民群众信访权利，使信访制度的功能作用得到更加充分的发挥。

（二）各级各类机关、单位的具体涵盖范围

根据有关法律法规规定，结合信访工作实际，本条例明确的各级各类机关、单位主要包括以下范围。

党的机关包括党中央及其工作机关[①]，县级以上地方各级党委及其工作机关，乡镇党委、街道党工委，村（社区）党组织，各级纪委。

人大机关包括各级人民代表大会及其常务委员会机关。

行政机关包括国务院、地方各级人民政府、县级以上各级人民政府工作部门以及上述机关的派出机关、经过授权能以自己名义行使行政权力的派出机构。

政协机关包括中国人民政治协商会议各级委员会机关。

监察机关包括各级监察委员会机关。

审判机关包括各级人民法院。

检察机关包括各级人民检察院。

群团组织是指由机构编制部门管理其机构编制的人民团体和社会团体。目前，中央一级群众团体共22家。[②]

事业单位是指国家为了社会公益目的，由国家机关举办或者其他组织利用国有资产举办的，从事教育、科技、文化、卫生等活动的社会服务组织。[③] 主要包括适用《事业单位登记管理暂行条例》以及《事业单位登记管理暂行条例实施细则》[④] 实施登记管理的事业单位。

国有企业是指国有和国有资本占控股地位或者主导地位的企业（含金融机构）。[⑤]

除上述机关、单位外，村民委员会、居民委员会等开展信访工作，可

---

① 《中国共产党工作机关条例（试行）》第二条明确，党的工作机关主要指中央和地方党的工作机关，包括办公厅（室）、职能部门、办事机构和派出机关。

② 中央机构编制委员会办公室政策法规局编著：《〈中国共产党机构编制工作条例〉释义》，党建读物出版社2020年版，第37页。

③ 《事业单位登记管理暂行条例》第二条。

④ 《事业单位登记管理暂行条例实施细则》第十三条、第十四条、第十五条分别明确了各级登记管理机关的管辖。其中，第十三条规定："国家事业单位登记管理局负责下列单位的登记管理：（一）中央直属事业单位；（二）中央国家机关各部门举办的事业单位；（三）直接或者间接使用中央财政经费的社会团体举办的事业单位；（四）中央国有资产监督管理机构履行出资人职责的企业和国有重点金融机构举办的事业单位；（五）本条上述事业单位举办的事业单位；（六）依照法律或者有关规定，应当由国家事业单位登记管理局登记管理的其他事业单位。"

⑤ 《党政主要领导干部和国有企事业单位主要领导人员经济责任审计规定》第四条第三项。

以参照条例执行。中央军事委员会可以根据条例，结合中国人民解放军和中国人民武装警察部队的实际情况，决定参照条例执行或制定专门规定。

第二节　信访工作的地位作用和指导思想

新中国成立以来，信访工作经历了从初步建立到不断发展完善的过程。尽管在不同历史时期，党和国家的工作处在不同发展阶段，广大人民群众有不同的期待和要求，信访工作的重点也有所不同，但信访工作始终在党中央的领导下，围绕践行党的宗旨，服务党和国家工作大局，在密切联系群众、维护群众合法权益、为经济社会发展创造良好环境等方面发挥着重要作用。通过制定条例，明确新时代信访工作的地位作用、指导思想，对于提高政治站位、统一思想认识、强化责任担当具有十分重要的意义。

一、信访工作的地位作用

《信访工作条例》第三条规定："信访工作是党的群众工作的重要组成部分，是党和政府了解民情、集中民智、维护民利、凝聚民心的一项重要工作，是各级机关、单位及其领导干部、工作人员接受群众监督、改进工作作风的重要途径。"（以下简称"三个重要"）信访工作"三个重要"的地位作用，是遵循习近平总书记关于加强和改进人民信访工作的重要思想、深入总结信访工作发展历史经验所作出的最新概括，深刻揭示了信访工作的政治性和人民性，阐明了信访工作所承载的政治参与、权利保障、民主监督的重要功能，体现了信访工作在党和国家工作大局中的重要地位，进一步明确了新时代信访工作的发展方向和着力点。

（一）信访工作是党的群众工作的重要组成部分

党的群众工作，是指以全体共产党员为工作者，以广大的人民群众为工作对象，以践行党的全心全意为人民服务的宗旨为原则，以贯彻落实党的正确主张为工作内容，以实现与维护人民群众的根本利益为出发点和落脚点，以正确运用党的群众路线为根本方法，以宣传群众、组织群众、服务群众为工作手段，团结和带领群众推动中国社会历史前进的工作。[①] 群众工作是贯穿党和国家工作各领域各方面的经常性工作。[②] 作为党和政府密切联系人民群众的重要渠道，信访工作一头连着党和政府，一头连着人民群众。信访是送上门来的群众工作。[③] 明确“信访工作是党的群众工作的重要组成部分”这一定位，需要着重把握以下三个方面。

第一，信访工作是党的群众工作，政治性是其根本属性。群众工作是党的重要工作，其实质就是要实现党对人民群众的政治领导和思想引导、利益实现和需要满足、力量凝聚和智慧凝聚、热情激发与衷心拥护等作用，[④] 组织动员广大群众坚定不移地跟党走。信访工作作为党的群众工作的重要组成部分，绝不能只是简单地判断是非对错，而是要把政治性摆在首要位置，把有效实现党的领导作用和党在新时代的奋斗目标作为根本任务，带着感情和责任联系群众、服务群众、宣传群众、引导群众，既把群众呼声倾听好、把实际问题解决好，更把不满情绪疏导好、把党的方针政策宣传好，解开群众的思想疙瘩，引导他们正确理解政策规定，把党的主张变成自觉行动，在党的带领下，向着共同的目标前进。

第二，信访工作的对象是人民群众，群众工作方法是其根本方法。群众工作方法就是正确运用党的“一切为了群众，一切依靠群众，从群众中来，到群众中去，把党的正确主张变为群众的自觉行动”的群众路线，坚

---

① 全国干部培训教材编审指导委员会组织编写：《做好新形势下的群众工作》，人民出版社、党建读物出版社 2015 年版，第 2 页。

② 中共中央文献研究室编：《论群众路线——重要论述摘编》，中央文献出版社、党建读物出版社 2013 年版，第 111 页。

③ 《习近平在中央党校（国家行政学院）中青年干部培训班开班式上发表重要讲话强调：筑牢理想信念根基树立践行正确政绩观 在新时代新征程上留下无悔的奋斗足迹》，载《人民日报》2022 年 3 月 2 日，第 1 版。

④ 本书编写组编：《新时代全面增强执政本领干部必读》，人民出版社、研究出版社 2018 年版，第 138 页。

持相信群众、深入群众、密切联系群众，坚持解决群众生产生活中的实际困难，坚持教育群众与服务群众相统一，等等。作为党的群众工作的重要组成部分，信访工作的对象是人民群众，内容是正确处理人民内部矛盾，目标是密切党群干群关系、把群众紧密地团结在党的周围，只有把群众工作方法贯穿工作各方面和全过程，才能取得应有效果。这就需要通过畅通信访渠道、倾听群众呼声、征求建议意见，做到密切联系群众；通过推动解决问题，为群众排忧解难，做到热心服务群众；通过宣传政策、解疑释惑、疏导情绪，做到教育引导群众；通过排查化解各种矛盾纠纷、动员社会力量参与信访工作，做到团结依靠群众。这些方法从根本上说就是用群众观点思考问题，用群众立场做好信访工作，用群众工作方法服务群众，从而真正把开展信访工作、解决信访问题的过程作为践行党的群众路线、做好群众工作的过程。

第三，信访工作是联系群众最直接的方式，在群众工作中具有独特优势。信访工作是送上门的群众工作，也是面对面的群众工作。群众对党和政府的工作有建议意见，或者有需要帮助解决的问题，通过信访渠道主动向各级机关、单位反映，是送上门来的信息资源，为及时了解社情民意提供了条件；是送上门来的工作任务，为及时解决群众急难愁盼问题提供了切入点和着力点；是送上门来的工作对象，为面对面宣传党和国家政策、传递党和政府的关心和温暖提供了方便。发挥好信访工作这种独特优势，能够更直接、更便捷地做群众工作，提高群众工作的效能。

（二）信访工作是党和政府了解民情、集中民智、维护民利、凝聚民心的一项重要工作

习近平总书记强调，各级党委、政府和领导干部要坚持把信访工作作为了解民情、集中民智、维护民利、凝聚民心的一项重要工作，千方百计为群众排忧解难。[①]（“了解民情、集中民智、维护民利、凝聚民心”，以

---

① 《习近平就信访工作作出重要指示强调：千方百计为群众排忧解难 不断开创信访工作新局面》，载《人民日报》2017年7月20日，第1版。

下简称“四民”）这深刻揭示了信访工作的人民属性，阐明了信访工作所承载的保障群众参与国家和社会治理、维护群众合法权益的重要功能。做好信访工作，关键在于把“四民”的要求落到实处。

一是了解民情，通过信访渠道了解群众所思所忧、所盼所求。习近平总书记强调：“要通过信访渠道摸清群众愿望和诉求，找到工作差距和不足，举一反三，加以改进，更好为群众服务。”[①] “知屋漏者在宇下，知政失者在草野。”党和政府制定实施的各项政策措施，是不是符合人民群众的根本利益，是不是得到有效落实，人民群众的感受最真切。信访工作是党委和政府了解社情民意和为政得失的重要窗口，既可以倾听群众呼声，及时准确了解群众意愿，促进科学民主决策，也可以从群众的意见和要求中了解各项政策制定得合不合理、各项工作执行得到不到位，分析研判公共政策和决策的实施效果，有针对性地完善政策、改进工作，更好地服务人民群众。信访工作落实“了解民情”的要求，一方面，要建立畅通的群众诉求表达机制，为群众通过法定方式提出信访事项提供便利，确保民情、民意能够顺畅上达；另一方面，要建立高效的信访信息汇集报送机制，通过对群众信访诉求进行汇集、梳理和分析，及时发现和反映群众关心的热点难点问题，真实反映社情民意，为党委和政府科学决策、完善政策、改进工作提供参考。

二是集中民智，把群众意愿转化为执政资源。习近平总书记指出，“我们的工作和决策必须以人民利益为重、以人民期盼为念”[②]。通过规范的制度程序，保障人民群众参与到国家治理中来，既是由我国国家性质所决定的，也是推进国家治理体系和治理能力现代化的必然要求。信访工作就是这样一个制度化途径，承载着保障人民群众行使民主权利、有效参与国家和社会治理的功能。对于人民群众来说，不管是哪个阶层、哪个群

---

① 《习近平在中央党校（国家行政学院）中青年干部培训班开班式上发表重要讲话强调：筑牢理想信念根基树立践行正确政绩观 在新时代新征程上留下无悔的奋斗足迹》，载《人民日报》2022 年 3 月 2 日，第 1 版。

② 《中共中央举行纪念朱德同志诞辰 130 周年座谈会 习近平发表重要讲话》，载《人民日报》2016 年 11 月 30 日，第 1 版。

体，抑或是哪个个人，都可以通过信访渠道提出涉及国家和社会治理各方面的意见、建议，表达对公共政策和涉及公共利益的决策的看法，反映法律、法规和政策等实施中存在的问题，保证了参与治理的广泛性和直接性。对于党委和政府来说，通过信访工作，可以广纳群言、广谋良策，广泛听取群众的呼声和愿望，汇集群众的真知灼见，把群众的智慧和力量转化为宝贵的执政资源。因此，信访工作充分发挥“集中民智”的作用，既是坚持人民主体地位的生动体现，也是提升社会治理水平、打造共建共治共享社会治理格局的重要方式。

三是维护民利，着力解决好人民群众最关心最直接最现实的利益问题。“治理之道，莫要于安民；安民之道，在于察其疾苦。”习近平总书记指出：“检验我们一切工作的成效，最终都要看人民是否真正得到了实惠，人民生活是否真正得到了改善，人民权益是否真正得到了保障。”[①]作为党和政府密切联系群众的桥梁和纽带，信访制度自建立以来，就承担着解决群众合理诉求、维护群众合法权益的重要功能。特别是伴随着从计划经济体制向社会主义市场经济体制转型、从传统农业社会向现代工业社会的转型，我国经历了广泛而深刻的社会变革，大量矛盾通过信访渠道反映出来。面对这些矛盾和问题，信访工作始终把解决群众合法合理利益诉求、维护群众合法权益作为工作的出发点和落脚点，在党的十一届三中全会召开后平反冤假错案、落实政策，20世纪八九十年代解决农民负担、国有企业改制问题，进入21世纪解决农村土地征收征用、城镇房屋拆迁、涉法涉诉等问题，党的十八大以来解决房地产、集资融资、脱贫攻坚、劳动社保、环境保护等领域矛盾和问题中发挥了重要作用。党的十八大以来，党中央历次全会对信访工作作出一系列决策部署，要求完善信访制度[②]、健全及时就地解决群众合理诉求机制[③]、保障合理合法诉求依照法

① 习近平：《习近平谈治国理政》，外文出版社2014年版，第28页。
② 《十八大报告辅导读本》，人民出版社2012年版，第38—39页。
③ 《中共中央关于全面深化改革若干重大问题的决定》，载《人民日报》2013年11月16日，第1版。

律规定和程序就能得到合理合法的结果[①]。由此可以看出，进入新时代，解决群众合理利益诉求、维护群众合法权益仍是信访工作的重要任务，这既是由我们党全心全意为人民服务的根本宗旨决定的，也是基于社会现实的需要和人民群众的自发选择做出的回应。当前，群众通过信访渠道反映问题的意愿仍很强烈，其中很多诉求是关乎群众切身利益的民生问题。认真对待这些诉求，千方百计解决群众最关心最直接最现实的利益问题，使群众由衷感到权利受到了公平对待、利益得到了有效维护，既是以人民为中心发展思想的生动体现，也是正确处理人民内部矛盾、为经济社会发展和人民安居乐业创造良好环境的必然要求。

四是凝聚民心，厚植党长期执政的群众基础。民心是最大的政治。人民拥护和支持是党执政的最牢固根基。[②] 群众通过信访渠道提出意见、建议和诉求，是对党和政府的信任。做好信访工作，回应好群众诉求，维护好群众利益，为群众排忧解难，就能够传递正能量，不断增强人民群众对党的信任和信心，既有现实意义，也有政治意义。如果做不好信访工作，提出的建议得不到及时回应，反映的问题得不到妥善解决，群众就会有意见，党和政府的工作就难以得到群众的理解和支持。信访工作充分发挥凝聚民心的功能作用，需要从以下三个方面入手。首先，通过信访渠道问政于民、问需于民、问计于民，依托人民建议征集等制度，认真办理建议意见类事项，在作决策、定政策时真诚倾听群众呼声、广泛征求群众意见，提出既顺应时代潮流，又充分反映民意的正确主张。其次，通过信访工作正确处理人民内部矛盾，坚持情理法相结合、解决问题与疏导教育相结合；既解决实际利益问题，也化解好群众思想上的疙瘩、情绪上的对立、理念上的冲突；让群众带着希望来、带着满意回，带着疑惑来、带着明白回，带着怨气来、带着平和回，把党和政府的温暖传递到千家万户，为党

---

① 《中共中央关于全面推进依法治国若干重大问题的决定》，载《人民日报》2014 年 10 月 29 日，第 1 版。

② 习近平：《习近平谈治国理政》，外文出版社 2014 年版，第 368 页。

和国家事业发展凝聚民心。最后，善于从群众信访中查找工作短板、检验政策效果，及时发现党中央、国务院各项决策部署特别是民生政策落实中的薄弱环节，及时发现相关政策存在的不连续、不平衡、不完善等问题，以丰富的社情民意不断推进科学民主决策、政策完善落实，让改革成果、政策措施更好地惠及广大人民群众，使群众成为发展的最大受益者。

（三）信访工作是各级机关、单位及其领导干部、工作人员接受群众监督、改进工作作风的重要途径

《中国共产党章程》第三十六条第五项规定，党的各级领导干部必须“自觉地接受党和群众的批评和监督”。《中华人民共和国宪法》第二十七条第二款规定，一切国家机关和国家工作人员必须“接受人民的监督”；第四十一条第二款规定，对于公民的申诉、控告或者检举，有关国家机关必须查清事实，负责处理。《信访工作条例》明确信访工作这一定位，是党章和宪法规定的具体落实。

第一，群众监督是党和国家监督体系的重要组成部分。党的十九大报告提出，“构建党统一指挥、全面覆盖、权威高效的监督体系，把党内监督同国家机关监督、民主监督、司法监督、群众监督、舆论监督贯通起来，增强监督合力”，为在新时代完善党和国家监督体系指明了方向。因此，群众监督是党和国家监督体系的重要组成部分。群众通过信访进行申诉、控告或者检举，是群众监督的重要方式。新中国成立初期，党中央就提出，必须认真地处理群众来信，对勇于揭发工作中的缺点和错误的人给以坚决支持。对压制批评、对批评者施行打击和报复的行为进行坚决的斗争，并应给以适当的处分。[①] 邓小平同志指出，要让群众能经常表达自己的意见；一个革命政党，就怕听不到人民的声音，最可怕的是鸦雀无声。[②]

---

① 《中共中央关于在中央一级机关中具体执行〈中共中央关于开展反对官僚主义、反对命令主义、反对违法乱纪的指示〉的决定》（1953 年 3 月 28 日），载中共中央文献研究室编：《建国以来重要文献选编》第四册，中央文献出版社 2011 年版，第 102 页。

② 邓小平：《邓小平文选》第二卷，人民出版社 1994 年版，第 144—145 页。

习近平总书记在浙江工作时曾指出，重视群众信访，接受群众监督，经常听取群众的意见、建议和批评，不仅对我们工作中的漏洞和缺陷可以起到补救和改进作用，而且还可以遏制腐败现象，保障人民民主权利在信访这一环节的落实。[①] 这些重要论述和要求深刻指出了群众信访监督是群众监督的重要内容，在党和国家监督体系中具有重要作用。

第二，群众信访监督具有独特优势。与自上而下的巡视、巡察等制度不同，群众信访监督具有自下而上、最直接、最广泛的特性。从监督主体上看，涵盖了各阶层、各领域的人民群众。从监督方式上看，群众除了直接向纪检监察部门反映外，也向党委和政府、领导同志及信访部门提出检举控告类事项；即使在建议意见类、申诉求决类事项中也直接或间接包含着群众对有关机关、单位及其领导干部、工作人员遵纪守法情况和工作作风的监督。从监督对象上看，可以涉及党的机关、人大机关、行政机关、政协机关、监察机关、审判机关、检察机关以及群团组织、国有企事业单位及其领导干部、工作人员。从监督效果上看，能够使上级掌握比较真实的情况。因此，群众信访监督是党内监督、其他监督方式重要的线索来源渠道，能够为及时发现问题、改进工作、转变作风提供依据，在与其他监督贯通融合方面具有特殊优势。坚持以党内监督为主导，推动包括群众信访监督在内的各类监督有机贯通、相互协调，必将形成更大的监督合力。

第三，充分发挥群众信访监督的作用。一方面，各级机关、单位应当注重通过信访渠道及时发现权力运行不科学、不民主、不依法问题以及党员干部违法违纪或者不作为、慢作为、乱作为问题，及时予以处理，有针对性地改进工作、促进作风转变。另一方面，加大对群众信访监督权利的保障力度，不得将检举、揭发材料以及有关情况透露或者转给被检举、揭发的人员或者单位，更不得打击报复信访群众，消除群众通过信访途径开

---

① 习近平：《干在实处 走在前列——推进浙江新发展的思考与实践》，中共中央党校出版社2006年版，第384页。

展监督的后顾之忧，切实保障信访群众的人身安全和合法权益。

信访工作“三个重要”的地位作用紧密联系、相互贯通、相互作用，是一个有机的整体。“党的群众工作的重要组成部分”昭示了信访工作的政治定位，为落实“四民”要求、接受群众监督指明了根本路线和方法；“党和政府了解民情、集中民智、维护民利、凝聚民心的一项重要工作”宣示了信访工作的人民属性，为开展群众工作、接受群众监督明确了工作的着力点和重点；“各级机关、单位及其领导干部、工作人员接受群众监督、改进工作作风的重要途径”体现了信访工作的综合作用，为开展群众工作、落实“四民”要求提供了纪律和作风保障。只有把“三个重要”的地位作用贯通起来理解、协同起来落实，才能推动新时代信访工作在服务党和国家工作大局中发挥更大的作用。

二、信访工作的指导思想

《信访工作条例》第四条规定：“信访工作坚持以马克思列宁主义、毛泽东思想、邓小平理论、‘三个代表’重要思想、科学发展观、习近平新时代中国特色社会主义思想为指导，贯彻落实习近平总书记关于加强和改进人民信访工作的重要思想，增强‘四个意识’、坚定‘四个自信’、做到‘两个维护’，牢记为民解难、为党分忧的政治责任，坚守人民情怀，坚持底线思维、法治思维，服务党和国家工作大局，维护群众合法权益，化解信访突出问题，促进社会和谐稳定。”这是深入贯彻党中央决策部署、紧密联系信访工作实际和人民群众期盼，深入总结党的十八大以来信访工作理论成果、制度成果、实践成果，对新时代信访工作指导思想作出的最新表述，指明了新时代信访工作应当坚守的政治责任、价值追求和把握的科学思想方法，明确了新时代信访工作的职责使命。

（一）高举思想旗帜

信访工作是党的群众工作的重要组成部分，是党和政府的一项重要工作，必须以党的旗帜为旗帜、以党的方向为方向、以党的意志为意志。党的十九大通过的党章修正案把习近平新时代中国特色社会主义思想确立为我们党的行动指南，实现了党的指导思想的又一次与时俱进。《信访工作条例》规定“信访工作坚持以马克思列宁主义、毛泽东思想、邓小平理论、‘三个代表’重要思想、科学发展观、习近平新时代中国特色社会主义思想为指导，贯彻落实习近平总书记关于加强和改进人民信访工作的重要思想”，是用党的最新理论成果指导信访工作实践、确保信访工作正确政治方向的必然要求。

习近平总书记关于加强和改进人民信访工作的重要思想，坚持用马克思主义立场、观点、方法认识信访制度、推进信访工作、分析信访形势、解决信访问题，坚持用系统观念和底线思维深化信访制度改革、防范化解信访矛盾风险，系统回答了新时代信访工作一系列重大理论和实践问题，充分体现了马克思主义人民观和辩证唯物主义方法论，充分彰显了中国特色社会主义制度优越性，充分宣示了我国信访制度是植根中国大地、反映人民意愿、适应时代特征、顺应发展要求的科学制度，是习近平新时代中国特色社会主义思想的重要组成部分，是我们党深化对信访工作规律性认识的重大成果，开创了党的信访工作理论新境界。《信访工作条例》将这一重要思想明确为信访工作的指导思想，为做好新时代信访工作提供了强大的思想武器和科学的行动指南。

（二）牢记政治责任

党的十九大报告指出，党的政治建设是党的根本性建设；保证全党服从中央，坚持党中央权威和集中统一领导，是党的政治建设的首要任务。《信访工作条例》规定“增强‘四个意识’、坚定‘四个自信’、做到‘两个维护’，牢记为民解难、为党分忧的政治责任”，是信访工作领域深入推进党的政治建设，做到对党忠诚、为党分忧、为党担责、为党尽责的根本要求。

习近平总书记指出：“对党忠诚，就要增强‘四个意识’、坚定‘四个自信’、做到‘两个维护’，严守党的政治纪律和政治规矩，始终在政治立场、政治方向、政治原则、政治道路上同党中央保持高度一致。”①增强“四个意识”、坚定“四个自信”、做到“两个维护”不是空洞的口号，不能只停留在口头表态上，必须切实落实在行动上。信访工作领域落实这一要求，首要是“牢记为民解难、为党分忧的政治责任”。只有始终做到心中有党、心中有民、心中有责、心中有戒，扎实做好信访工作，更好地为民解难，才能真正为党分忧。

牢记为民解难、为党分忧的政治责任，首先必须提高政治站位，深刻领会“两个确立”的决定性意义，强化服务党中央、服务党的领导核心的政治自觉，以解决信访问题、维护群众权益的实际行动，不断累积人民群众对党的信赖，更加紧密地团结在以习近平同志为核心的党中央周围，更加衷心地拥护党的领导；其次必须增强政治能力，不断提高政治判断力、政治领悟力、政治执行力，善于从政治的角度观察、分析、思考和研究信访问题，把党中央的路线方针政策贯彻好、决策部署落实好，把群众的合理合法诉求解决好、情绪疏导好、智慧力量凝聚好；最后必须强化大局观念，胸怀“国之大者”，牢牢把握党和国家事业发展的大方向、大原则、大战略，主动融入大局、服务大局，为党团结带领全国人民走好实现第二个百年奋斗目标新的赶考之路作出信访工作的应有贡献。

（三）坚守价值追求

党的根基在人民、血脉在人民、力量在人民，全心全意为人民服务是党的根本宗旨。坚持人民至上是党百年奋斗积累的宝贵历史经验之一。《信访工作条例》规定“坚守人民情怀”，是党坚持人民至上的价值追求在信访工作领域的具体体现。

信访工作坚守人民情怀，在思想上必须牢固树立人民信访为人民的工作理念。习近平总书记曾指出，“信访工作的首义，在于时刻把自己看成

① 中共中央党史和文献研究院、中央“不忘初心、牢记使命”主题教育领导小组办公室编：《习近平关于“不忘初心、牢记使命”论述摘编》，中央文献出版社、党建读物出版社2019年版，第123页。

人民中的一员，把心贴近人民”[1]。这要求在信访工作中，始终牢记共产党人的初心，牢记信访工作是为人民服务的工作；一切以群众利益为重，站稳群众立场、强化群众意识，想群众之所想，急群众之所急，解群众之所难；思想上尊重群众、感情上贴近群众、行动上深入群众、工作上依靠群众，把人民群众的小事当作自己的大事，从人民群众关心的事情做起，从让人民群众满意的事情做起；发扬“四家”精神，把群众当家人、把群众来信当家书、把群众诉求当家事、把群众工作当家业，进一步提高服务群众的主动性和自觉性。

信访工作坚守人民情怀，在行动上必须增强为群众服务的力度。畅通信访渠道，搭建及时就地反映诉求的工作平台，为群众提出信访事项提供各种便利条件，在党委和政府与人民群众之间构筑起“上情下达”和“下情上传”的桥梁纽带。认真对待群众的每一个诉求，设身处地为群众考虑，带着感情和责任千方百计为群众排忧解难，深入细致地做好思想疏导工作，理顺群众情绪，让群众感受到党和政府工作的温度，以实际行动不断密切党群干群关系。

（四）坚持科学理论思维

我们党面对着十分复杂的国内外环境，肩负着繁重的执政使命，如果缺乏科学理论思维的有力支撑，是难以战胜各种风险和困难的，也是难以不断前进的。[2] 做好信访工作，必须不断提高运用科学理论思维分析形势、解决问题、化解矛盾、抵御风险的能力和水平。《信访工作条例》规定“坚持底线思维、法治思维”，是着眼信访工作面临的形势和重点任务，作出的具体要求。

底线思维就是居安思危、增强忧患意识，宁可把形势想得更复杂一点，把挑战看得更严峻一些，做好应付最坏局面准备的思维方式。“纷繁

① 习近平：《摆脱贫困》，福建人民出版社 1992 年版，第 60 页。
② 中共中央宣传部编：《习近平新时代中国特色社会主义思想学习纲要》，学习出版社、人民出版社 2019 年版，第 244 页。

世事多元应，击鼓催征稳驭舟。”世界百年变局加速演进，国内国际环境面临深刻变化，传统安全威胁和非传统安全威胁相互交织，改革发展稳定任务艰巨繁重，前进过程中的许多矛盾和问题都可能通过信访渠道反映出来。党的十九届五中全会把“完善信访制度”纳入“统筹发展和安全，建设更高水平的平安中国”部分，作为“维护社会稳定和安全”的重点工作作出部署，体现了党中央对新形势下信访工作的新要求。落实这一部署要求，必须坚持底线思维，进一步提高政治敏锐性，不断增强研判形势的政治预见力、敏锐感知的政治洞察力、明辨是非的政治决断力，见微知著、未雨绸缪，通过信访渠道及时捕捉经济社会发展新情况新问题，解决和化解好各类苗头性、倾向性、结构性矛盾，坚决防止风险隐患造成现实危害，坚决防止经济、社会领域风险向政治安全领域传导。

法治思维是基于法治的固有特性和对法治的信念来认识事物、判断是非、解决问题的思维方式。[①] 习近平总书记指出，各级领导干部要对法律怀有敬畏之心，带头依法办事，带头遵守法律，不断提高运用法治思维和法治方式深化改革、推动发展、化解矛盾、维护稳定能力。[②] 坚持法治思维和法治方式，是全面推进依法治国的内在要求，实质是把对法治的尊崇、对法律的敬畏转化成思维方式和行为方式，做到在法治之下、而不是法治之外、更不是法治之上想问题、作决策、办事情；[③] 关键是守规则、重程序，做到法定职责必须为、法无授权不可为，尊重和保护人民权益，自觉接受监督。具体到信访工作领域，党的十八届四中全会通过的《中共中央关于全面推进依法治国若干重大问题的决定》明确，“把信访纳入法治化轨道，保障合理合法诉求依照法律规定和程序就能得到合理合法的结果”，明确了坚持法治思维、运用法治方式开展信访工作、解决群众诉求

① 本书编写组编著：《党的十八届四中全会〈决定〉学习辅导百问》，党建读物出版社、学习出版社2014年版，第183页。

② 习近平：《习近平谈治国理政》第二卷，外文出版社2017年版，第116页。

③ 习近平：《习近平谈治国理政》第二卷，外文出版社2017年版，第127页。

的基本要求。法律具有强制性、确定性、普遍性等特点，能够有效地确定法律关系双方的权利义务，发挥对人们行为的指引、评价、预测等功能。解决信访诉求、维护群众合法权益，既要做到公平、公正地处理问题，也要做到同样的事情同样对待，这离不开法治原则和法律规范的有效适用。对于有法律规定的，应当依照法律规定处理，保证合理合法诉求可以依照法律规定得到合理合法的结果，尊重和体现法律的权威性；没有法律规定的，也应当体现法治精神和法治原则，并综合运用教育疏导、帮扶救助等手段，实现情理法并用。要依法保障信访人进行信访活动的权利，也要依法追究以信访为名扰乱公共秩序、妨害公共安全和社会管理、侵犯他人合法权益的行为。只有坚持法治思维开展信访工作，强化法律在解决问题、化解矛盾中的权威地位，才能更加有效地维护群众合法权益。

（五）扛起职责使命

《信访工作条例》规定信访工作“服务党和国家工作大局，维护群众合法权益，化解信访突出问题，促进社会和谐稳定”四项职责使命，明确了信访工作的核心职责、根本宗旨、前提基础和目标要求。

服务党和国家工作大局，是信访工作的核心职责，是旗帜鲜明讲政治的根本要求。只有牢记服务党中央的第一职责、服务党和国家工作大局的第一使命，善于从政治上看待把握信访工作，自觉站在党和国家大局上想问题、办事情，坚持在大局下谋划、在大势中推进信访工作，才能确保信访工作与党和国家事业同向用力、同频共振。

维护群众合法权益，是信访工作的根本宗旨，是做好工作的出发点和落脚点。只有站稳群众立场，不断健全完善为民谋利、为民办事、为民解难的工作机制，努力保证信访群众的每一个诉求都能够得到认真负责处理，才能让信访群众从每一件信访事项的解决中感受到公平正义，增强对党和政府的信任和信心。

化解信访突出问题，是信访工作的前提基础，是防范化解矛盾风险的关键环节。信访突出问题与经济社会发展高度相关，涉及面广、化解难度大，是信访工作的重点难点。只有把化解信访突出问题摆在重要位置，积极主动作为，发挥好信访工作联席会议机制的作用，调动各方面工作资源力量，上下协同、综合施策、标本兼治，才能把群众最关心最直接最现实的利益问题解决好。

促进社会和谐稳定，是信访工作的目标要求，是衡量工作质量效果的重要标准。只有牢固树立总体国家安全观，以人民安全为宗旨，以政治安全为根本，以防范化解影响社会和谐稳定的风险为着力点，充分发挥信访工作的独特政治优势，最大程度地累积和谐因素、消除不和谐因素，才能营造更加安全稳定的社会环境。

第三节　组织开展信访工作的主要原则和要求

组织开展信访工作的主要原则和要求既是信访工作地位作用和指导思想在工作层面的落实，也是健全信访工作体制、构建信访工作格局、强化信访工作保障以及处理信访事项、开展信访工作监督和追责等必须遵循的基本规则。

一、组织开展信访工作的主要原则

《信访工作条例》第五条规定了对信访工作实践具有普遍指导性和适用性的五项原则。

（一）坚持党的全面领导

信访工作的地位作用、指导思想是由党的性质、宗旨和政治任务决定的。离开党的领导，信访工作就没有根基、没有方向，也不可能取得应有效果。明确这一原则，是坚决维护以习近平同志为核心的党中央权威和集中统一领导在信访工作领域的具体落实，是信访工作政治性的鲜明体现，是确保信访工作正确政治方向的必然要求。同时，信访工作是一项系统性、协调性很强的工作，做好信访工作需要加强部门与部门之间、部门与地方之间、地方与地方之间的沟通、联系和协作，需要社会各方力量的支持和配合。只有充分发挥党总揽全局、协调各方的领导核心作用，运用党的政治领导力、思想引领力、群众组织力、社会号召力，才能凝聚起强大的工作合力，更好地解决信访问题。

按照“把党的领导贯彻到信访工作各方面和全过程，确保正确政治方向”的要求，《信访工作条例》在信访工作体制中对新时代党领导下的信访工作格局作出全新界定（第七条），明确了党领导信访工作的体制、机制，包括：党中央加强对信访工作的统一领导（第八条），地方党委对本地区信访工作的领导（第九条），各级政府组织落实的责任（第十条），信访工作联席会议作为加强党对信访工作领导重要抓手的职责、架构和运行（第十一条至第十三条）；在信访事项处理中完善了党总揽全局、协调各方依法分类处理信访事项的方式和程序（第二十二条至第二十四条、第三十一条），明确了坚持社会矛盾纠纷多元预防调处化解的要求（第三十七条）；在信访工作监督追责中健全了以党内监督为主导，各类监督和责任追究形式有机贯通、相互衔接的机制和办法（第三十八条、第三十九条、第四十二条至第四十七条）。这些规定确保了信访工作始终在党的领导下，沿着正确的方向和目标不断前行。

（二）坚持以人民为中心

人民立场是我们党的根本政治立场，坚持以人民为中心是新时代坚持和发展中国特色社会主义的基本方略之一。习近平总书记指出，党的一切工作都是为了实现好、维护好、发展好最广大人民根本利益。[①] 信访工作作为党和政府密切联系群众的重要渠道，必须把坚持以人民为中心作为价值追求和贯穿工作全过程的生命线。明确这一原则，是信访工作人民性的鲜明体现。

---

① 习近平：《习近平谈治国理政》第三卷，外文出版社2020年版，第137页。

按照“践行党的群众路线，倾听群众呼声，关心群众疾苦，千方百计为群众排忧解难”的要求，《信访工作条例》进一步健全完善了了解民情（第十七条、第十八条、第二十一条）、集中民智（第二十九条）、维护民利（第三十条至第三十六条、第四十二条至第四十六条）、凝聚民心（第二十七条、第三十七条）的各项机制，构建形成了有效保护群众信访权利的系统、严密的制度体系，使人民群众表达诉求更便捷、参与治理更有效、维护利益更有力，获得感、幸福感、安全感更加充实、更有保障、更可持续。

（三）坚持落实信访工作责任

在任何工作中，责任都是必不可少的硬性约束，信访工作同样如此。如果缺乏严格的责任落实制度，引发信访问题可以不担责，办理信访问题可以不负责，造成严重后果可以不追责，绝不可能做好信访工作。明确这一原则，是做好信访工作的关键环节，是确保党中央关于信访工作决策部署落实落地的重要保障。在充分吸收《信访条例》以及中共中央办公厅、国务院办公厅《信访工作责任制实施办法》等一系列党中央、国务院关于落实信访工作责任相关规定的基础上，《信访工作条例》对这一原则作出“党政同责、一岗双责，属地管理、分级负责，谁主管、谁负责”的规定。其中，“党政同责、一岗双责”着重强调领导责任，党委和政府都要对信访工作负责，各级领导干部既要对所在岗位具体业务工作负责，又要对所在岗位应当承担的信访工作任务负责，把信访工作与业务工作同研究、同谋划、同部署、同检查、同考核、同问责；同时，“一岗双责”也强调了各级机关、单位应当做好职责范围内的信访工作。“属地管理、分级负责”着重强调属地责任，明确地方党委和政府在处理信访问题中的主导作用，要求在信访问题处理中首先划分层级，由信访问题属地党委和政府负责，以便信访问题尽快、就地得到解决。这里的“属地”一般指信访问题的发生地，如确有需要，信访人户口所在地、常住地应做好配合工作。“谁主管、谁负责”着重强调部门责任，要求在处理层级明确的基础上，同级各机关、单位按照信访问题的性质在各自职责范围内处理信访问题；同时，各级机关、单位应当加强对本系统下级机关、单位信访工作的指导。

上述三个方面虽然各有侧重，但体现了信访工作责任的全覆盖，在具体工作中应当区分情况、条块结合做好信访问题的处理工作。对于非垂直管理系统信访问题的处理，以属地管理为主，先“块”后“条”，首先依据信访问题的性质，按照“属地管理、分级负责”原则确定信访问题管辖和处理的层级，再由这级党委和政府按照“谁主管、谁负责”的原则，依照各机关、单位的职责权限，确定和协调相关机关、单位在处理信访问题方面的分工、合作。对于垂直管理系统信访问题的处理，以“条”为主，首先按照信访问题的性质确定其主管机关、单位，由主管机关、单位根据本系统各层级职责权限，确定具体部门处理。对于应由属地处理但群众反映集中、政策性强的信访问题，上级业务主管机关、单位应当落实“主管”责任，及时与属地党委和政府及职能部门沟通情况，监督和指导其正确执行法律、法规、政策；存在政策、法规空白或不完善的，要认真研究完善，同时做好信访人的说服、解释工作。

按照“党政同责、一岗双责，属地管理、分级负责，谁主管、谁负责”的要求，《信访工作条例》在信访工作体制中对党委统一领导责任（第八条、第九条）、政府组织落实责任（第十条）、联席会议协调责任（第十一条至第十三条）、信访部门推动责任（第十四条）、各方齐抓共管责任（第十五条）均作了具体规定，明确了领导干部阅办群众来信和网上信访、定期接待群众来访、定期下访、包案化解群众反映强烈的突出问题的要求（第十八条），健全了各级机关、单位按照工作职责依法分类处理信访事项的机制（第二十二条、第二十三条，第四章），强化了信访工作的监督和责任追究（第五章），确保信访工作责任得到落实。

（四）坚持依法按政策解决问题

法治是治国理政的基本方式。习近平总书记强调，各级领导干部要提高运用法治思维和法治方式深化改革、推动发展、化解矛盾、维护稳定能力，努力推动形成办事依法、遇事找法、解决问题用法、化解矛盾靠法的良好法治环境，在法治轨道上推动各项工作。[①] 信访工作是党的群众工作的重要组成部分，是联系群众、深入群众、服务群众、引导群众的经常性工作，依法按政策解决问题，既是落实解决问题用法、化解矛盾靠法的基本要求，也是对群众开展法治宣传教育的需要。如果违背法治原则、法律规则和政策法规规定处理信访问题，忽视信访秩序的依法维护、放任信访人的违法行为，就会产生“破窗效应”，甚至引发“大闹大解决、小闹小解决”“信访不信法”“信上不信下”等问题，不仅无助于问题的解决，反而会激化矛盾甚至引发新的矛盾。明确这一原则，是习近平法治思想在信访工作中的具体运用，是信访工作更好维护群众合法权益、维护社会公平正义、促进社会和谐稳定的重要保证。

“依法按政策解决问题”中的“法”和“政策”，包括调整和规范信访工作程序、信访人权利、社会秩序和信访秩序的相关法律法规和政策。因此，这一原则包含三个方面要求：一是依法规范信访工作。信访工作各主体在信访问题受理、办理到督查督办的各个环节，均要按照《信访工作条例》等法规政策规定的程序、时限规范运行。二是依法按政策处理信访问题。既要保证合法合理诉求依法按政策得到解决，也不能为了息事宁人而突破法律法规、政策规定无原则地迁就、满足信访人的无理要求。三是依法维护信访秩序。对滋事扰序、缠访闹访的信访人及时进行劝阻、批评或者教育，对情节严重的，严格依照法律规定处理，既不能放任以信访为名实施的违法行为，也不能滥用强制处置措施、侵害信访人的合法权益。

按照“将信访纳入法治化轨道，依法维护群众权益、规范信访秩序”的要求，《信访工作条例》规范了各级机关、单位接收和处理信访事项的程序、时限和要求（第二十二条至第二十四条，第四章），明确了信访人提出信访事项的方式（第十七条、第十九条、第二十条）、信访活动中的禁止性行为（第二十六条），并对违反规定处理信访事项、进行信访活动

---

① 习近平：《习近平谈治国理政》，外文出版社2014年版，第142页。

列出了情形及罚则（第四十三条至第四十七条），以此保证群众权利依法得到保护、信访秩序依法得到规范。

（五）坚持源头治理化解矛盾

任何矛盾都有其产生、发展和演化的规律，社会矛盾也不例外。准确把握社会矛盾的产生和发展过程，及早从源头上入手，可以有效控制矛盾的产生、激化甚至蔓延。党的十九大强调，“加强预防和化解社会矛盾机制建设，正确处理人民内部矛盾”。习近平总书记强调：“各地各部门要加强风险研判，加强源头治理，努力将矛盾纠纷化解在基层、化解在萌芽状态，避免小问题拖成大问题，避免一般性问题演变成信访突出问题。”[①]明确这一原则，对信访矛盾做到抓早、抓小、抓初、抓苗头，是做好信访工作的治本之策，对于实现信访工作良性发展、信访形势持续向好具有重要意义。

这一原则包含三个方面要求：一是更加注重矛盾的源头预防，通过依法决策、依法行政、依法办事，有效减少信访问题的发生。二是更加突出及时就地的要求，关口前移、重心下移，夯实基层基础、加强前端化解，防止矛盾上行。三是更多采取多元化解措施，把各方力量有效整合起来，充分发挥信访工作成本低、处理方式灵活多样等特点，综合运用法律、政策、经济、行政等手段和教育、调解、疏导等办法，把法治宣传、道德教化、关心关爱、帮扶救助贯穿化解矛盾全过程，既解决好群众的实际问题，也解决好群众的思想问题，保障政治效果、法律效果、社会效果相统一。

按照“多措并举、综合施策，着力点放在源头预防和前端化解，把可能引发信访问题的矛盾纠纷化解在基层、化解在萌芽状态”的要求，《信访工作条例》在各主体工作职责中，对各级人民政府提出“科学民主决策、依法履行职责，组织各方力量加强矛盾纠纷排查化解，及时妥善处理

---

① 《习近平就信访工作作出重要指示强调：下大气力把信访突出问题处理好 把群众合理合法的利益诉求解决好》，载《人民日报》2016 年 4 月 22 日，第 1 版。

信访事项”的要求（第十条），对各级党委和政府以外的其他机关、单位提出“按照规定及时受理办理信访事项，预防和化解政策性、群体性信访问题”“拓宽社会力量参与信访工作的制度化渠道”的要求（第十五条），对乡镇、街道和村（社区）提出“坚持和发展新时代‘枫桥经验’，积极协调处理化解发生在当地的信访事项和矛盾纠纷，努力做到小事不出村、大事不出镇、矛盾不上交”的要求（第十五条）；在信访事项的提出和受理中，提出“领导干部应当阅办群众来信和网上信访、定期接待群众来访、定期下访”（第十八条）、联合接访一站式解决信访问题（第十八条）、加强信访工作信息化、智能化建设（第二十一条）、做好重大紧急信访事项和信访信息报告（第二十五条）等要求；在信访事项的办理中，提出“三到位一处理”（第二十七条）、多元预防调处化解（第三十七条）的要求；在监督和追责中，专门对引发信访问题的责任作出规定（第四十二条），这些都保证了这一原则得到落实。

二、组织开展信访工作的要求

《信访工作条例》第六条规定：“各级机关、单位应当畅通信访渠道，做好信访工作，认真处理信访事项，倾听人民群众建议、意见和要求，接受人民群众监督，为人民群众服务。”这是组织开展信访工作的要求。其中，“畅通信访渠道”是前提，“做好信访工作”是重心，“认真处理信访事项”是基础，“倾听人民群众建议、意见和要求，接受人民群众监督，为人民群众服务”是宪法规定[①]在信访工作中的落实，也是信访工作的重要内容和一贯要求。

（一）畅通信访渠道

畅通信访渠道是做好信访工作的前提。广义的畅通信访渠道，有四条

① 《中华人民共和国宪法》第二十七条第二款规定：“一切国家机关和国家工作人员必须依靠人民的支持，经常保持同人民的密切联系，倾听人民的意见和建议，接受人民的监督，努力为人民服务。”

衡量标准：一是群众正当的信访权利是否得到保障；二是民情、民意、民智能否顺畅上达领导机关；三是群众正当合理的要求是否得到满足，应当解决而又能够解决的实际困难和问题是否得到解决；四是信访活动是否依法有序进行。狭义的畅通信访渠道，指信访人提出信访事项渠道的畅通，即信访人正常的信访活动依法得到保护，各级机关、单位应当为信访人通过法定方式提出信访事项提供便利，任何组织和个人不得打击报复信访人。本条规定体现了广义的畅通信访渠道要求，涵盖了信访事项提出、受理、办理等各个环节，要求各级机关、单位尊重、保护和实现群众依法信访权利，保障合理合法的诉求依照法律规定和程序就能得到合理合法的结果。

（二）认真处理信访事项

这是做好信访工作的基础。这里的“认真”至少包含三个层面的要求：一是依法规范，严格依照法律法规和有关规定处理信访问题；二是遵守群众纪律，尊重群众、服务群众，办事公道、态度端正，对应当解决的群众合理合法诉求不得消极应付、推诿扯皮，对待信访群众不得态度恶劣、简单粗暴；三是带着感情和责任，把开展信访工作的过程作为密切联系群众、为群众排忧解难的过程，有针对性地进行政策宣传、解疑释惑、思想疏导，解开信访群众的思想疙瘩，特别是对于要求过高无法解决的，要说明情况、讲清道理，使信访群众从内心认同和接受对其信访事项的处理，防止矛盾积累甚至激化。

（三）倾听人民群众建议、意见和要求

信访是群众所思所想所盼的直接表达，包含着丰富的原汁原味的信息。从群众的信访反映可以看出，一个时期群众关注什么、迫切需要解决什么、什么问题比较突出、什么意见比较集中。因此，“倾听人民群众建议、意见和要求”，不仅要听取群众直接提出的建议、意见和要求，也要通过汇集群众的信访反映，发现普遍性和倾向性问题，了解施政得失，促进改进工作、完善政策，真正把群众通过信访渠道反映的情况转化为有效治理国家的重要资源。

（四）接受人民群众监督

群众信访是对机关、单位及其工作人员进行监督，揭露形式主义、官僚主义作风以及违法乱纪行为的重要方式。通过信访渠道接受人民群众监督主要包括三个方面：一是接受对权力运行的监督，通过群众信访反映，发现不科学、不民主、不依法的决策行为和工作行为，及时改进工作；二是接受对党风廉政建设情况的监督，通过群众信访反映，发现党员干部和工作人员违法违纪问题，依纪依法处理；三是接受对作风建设情况的监督，通过群众信访反映，发现机关、单位及其领导干部、工作人员不作为、慢作为或乱作为的情况，促进干部作风的转变。

第二章　信访工作体制

信访工作体制，是关于信访工作组织领导、机构设置、权责划分等方面体系、制度、方法、形式的总称，主要是明确党委、政府、信访工作联席会议、信访部门以及各方力量在信访工作中的职责任务，为做好信访工作提供制度保障。《信访工作条例》第七条对新时代信访工作体制和格局作出了新的界定，即党委统一领导、政府组织落实、信访工作联席会议协调、信访部门推动、各方齐抓共管。其中，党委统一领导处于核心地位，是构建新时代信访工作体制和格局的根本保证；政府组织落实主要是牵头组织各方力量贯彻落实关于信访工作的部署要求；信访工作联席会议协调是加强党对信访工作领导的重要抓手；信访部门推动处于承上启下、协调左右、督促检查、推动落实的地位；各方齐抓共管主要是落实信访工作责任，形成化解矛盾合力。五位一体，有机联系，不可分割。

第一节　党委统一领导

党委统一领导在信访工作体制和格局中处于核心地位，是做好新时代信访工作的根本和关键。党委统一领导，既体现在党中央对信访工作的宏观决策部署和微观监督实施上，也体现在地方各级党委对中央决策部署的坚决贯彻落实和引领示范带动上。

一、党中央加强对信访工作的统一领导

《信访工作条例》第八条规定："党中央加强对信访工作的统一领导：（一）强化政治引领，确立信访工作的政治方向和政治原则，严明政治纪律和政治规矩；（二）制定信访工作方针政策，研究部署信访工作中事关党和国家工作大局、社会和谐稳定、群众权益保障的重大改革措施；（三）领导建设一支对党忠诚可靠、恪守为民之责、善做群众工作的高素质专业化信访工作队伍，为信访工作提供组织保证。"本条从政治引领、工作遵循、组织保证三个维度，明确了加强党中央对信访工作的统一领导。

（一）强化政治引领

强化政治引领主要是发挥党中央集中统一领导的政治优势，确立信访工作的政治方向和政治原则，严明政治纪律和政治规矩，引领新时代信访工作始终沿着正确政治方向前进。政治性是信访制度的根本属性，是信访制度的灵魂所在。从国家政治制度的角度讲，信访制度是中国特色社会主义民主政治制度的有益补充；从执政党和群众的关系角度讲，信访制度是践行党的群众路线、做好群众工作的重要制度载体。做好新时代信访工作，必须不断增强政治判断力、政治领悟力、政治执行力，把党的领导贯彻到信访工作全过程和各方面。因此，党中央加强对信访工作的统一领导，首要的是强化政治引领，胸怀"国之大者"，从政治上看待把握信访工作，自觉站在党和国家大局上想问题、办事情，坚持在大局下谋划、在大势中推进，确保信访工作与党和国家事业同向用力、同频共振。

1. 确立信访工作的政治方向和政治原则，是党中央对信访工作强化政治引领的根本。坚持党的领导必须坚持正确的政治方向。政治方向是党生存发展第一位的问题，事关党的前途命运和事业兴衰成败。习近平总书记明确指出，我们所要坚守的政治方向，就是共产主义远大理想和中国特色社会主义共同理想、"两个一百年"奋斗目标，就是党的基本理论、基

本路线、基本方略。[1] 四项基本原则是党的根本政治原则，即坚持社会主义道路、坚持人民民主专政、坚持中国共产党的领导、坚持马克思列宁主义毛泽东思想。这是党中央加强对信访工作统一领导的根本，是新时代信访工作必须坚守的政治方向和政治原则。

2. 严明政治纪律和政治规矩，是维护党的团结统一、完成党的任务的根本保证。政治纪律严明，全党才能在政治上高度统一、行动上步调一致，才能团结带领全国各族人民夺取新时代中国特色社会主义新的伟大胜利。党中央加强对信访工作的统一领导，务必严明政治纪律和政治规矩。主要体现在组织带领全国信访系统深刻领会"两个确立"的决定性意义，增强"四个意识"、坚定"四个自信"、做到"两个维护"，以高度的政治自觉、思想自觉、行动自觉推动习近平总书记重要指示要求和党中央决策部署落实落地；对照"五个必须"[2] 的要求，做到信念坚定、心存敬畏、从严求实，在任何情况下政治信仰不变、政治立场不移、政治方向不偏；杜绝"七个有之"[3]，自觉接受政治纪律和政治规矩的约束，切实提高政治敏锐性和政治鉴别力，确保新时代信访工作始终沿着正确的政治方向前进。

（二）制定工作遵循

制定工作遵循主要是充分发挥党中央的领导核心和政治核心作用，通

---

① 习近平：《增强推进党的政治建设的自觉性和坚定性》，载《求是》2019 年第 14 期。

② 五个必须，是指遵守政治纪律和政治规矩，必须维护党中央权威，在任何时候任何情况下都必须在思想上政治上行动上同党中央保持高度一致；必须维护党的团结，坚持五湖四海，团结一切忠实于党的同志；必须遵循组织程序，重大问题该请示的请示，该汇报的汇报，不允许超越权限办事；必须服从组织决定，决不允许搞非组织活动，不得违背组织决定；必须管好亲属和身边工作人员，不得默许他们利用特殊身份谋取非法利益。见《习近平在党的十八届六中全会第二次全体会议上的讲话（节选）》，载《求是》2017 年第 1 期。

③ 七个有之，是指一些人无视党的政治纪律和政治规矩，为了自己的所谓仕途，为了自己的所谓影响力，搞任人唯亲、排斥异己的有之，搞团团伙伙、拉帮结派的有之，搞匿名诬告、制造谣言的有之，搞收买人心、拉动选票的有之，搞封官许愿、弹冠相庆的有之，搞各行其是、阳奉阴违的有之，搞尾大不掉、妄议中央的也有之，如此等等。见《中共中央关于党的百年奋斗重大成就和历史经验的决议》。

过制定信访工作方针政策，研究部署信访工作中事关党和国家工作大局、社会和谐稳定、群众权益保障的重大改革措施，为推进新时代信访工作高质量发展提供工作遵循。信访工作方针政策决定了信访工作发展方向。制定信访工作方针政策，研究部署信访工作中事关党和国家工作大局、社会和谐稳定、群众权益保障的重大改革措施，是党领导信访工作的直接体现。党制定信访工作方针政策的理论基础是坚持以人民为中心、切实维护广大人民群众的合法权益，政策基础是党的中心工作、社会主要矛盾的变化，现实基础是不同阶段的社会矛盾和信访突出问题。

党中央制定信访工作的方针政策，研究部署信访工作中事关党和国家工作大局、社会和谐稳定、群众权益保障的重大改革措施，主要体现在党的领导人的重要论述和党的全会决定等重要文献中。从新中国成立之初党和国家领导人亲自研究确定信访工作基本方针，到信访工作基本规范的初步形成，再到改革开放以来一系列信访工作大政方针的制定，科学回答了信访工作是什么、信访形势怎么看、信访工作怎么干等一系列重大问题，充分反映了我们党对信访工作的规律性认识，体现了党对信访工作的方向引领。

党的十八大以来，习近平总书记针对新时代信访工作作出一系列重要指示批示，明确了信访工作如何发展的根本性、方向性问题。党的十八大和十八届三中、四中、五中、六中全会的报告中分别提出了“完善信访制度”“改革信访工作制度”“把信访纳入法治化轨道”“加强和改进信访和调解工作”“坚持领导干部调查研究、定期接待群众来访”；十九届四中、五中全会的报告中均提出“完善信访制度”，特别是十九届六中全会将“完善信访制度”作为中国特色社会主义进入新时代取得的重大成就写入《中共中央关于党的百年奋斗重大成就和历史经验的决议》。这些大政方针，指明了信访工作的发展方向、目标和重点，有力地引领和推动了信访工作的发展。党通过制定信访工作的方针政策，不断加强对信访工作的顶层设计，对机制构建、法律支撑、队伍保障、资源整合提出明确要求，确保信访工作始终在党的集中统一领导下，按照党确定的方向和目标不断前行。

（三）提供组织保证

提供组织保证主要是党中央发挥党管干部的政治优势，领导建设一支对党忠诚可靠、恪守为民之责、善做群众工作的高素质专业化信访工作队伍，为做好新时代信访工作提供组织保证。党管干部是中国特色社会主义制度体系的重要内容，是彰显中国共产党治理效能和政治优势的重要支撑。政治路线确定之后，干部就是决定因素。党中央加强对信访工作的集中统一领导，要靠坚强有力的信访工作队伍去实现。建设一支坚强有力的信访工作队伍，是全面落实信访工作各项目标任务的组织保障。党中央把信访工作队伍纳入干部队伍建设总体布局中统筹考虑，充分体现了党中央对信访工作队伍的高度重视、关心厚爱和寄予的厚望。

党中央提出的“对党忠诚可靠、恪守为民之责、善做群众工作”总要求，明确了信访工作队伍加强政治建设、践行根本宗旨、履行职责使命的根本要求，指明了新时代信访工作和队伍建设的前进方向和实践路径。一是对党忠诚可靠。要求信访工作队伍旗帜鲜明讲政治，坚持用习近平新时代中国特色社会主义思想武装头脑、指导实践、推动工作，不断增强政治判断力、政治领悟力、政治执行力。二是恪守为民之责。要求信访工作队伍坚守人民信访为人民的初心使命，以人民为中心，从人民利益出发看问题、想对策、谋划工作举措，把人民满意作为检验工作的标准。三是善做群众工作。要求信访工作队伍坚持群众观点和群众路线，善于倾听群众所思所想，从群众的生动实践中打开思路、探寻方法，解决好群众“急难愁盼”问题，赢得理解和支持，密切党群干群关系。

二、地方党委领导本地区信访工作

《信访工作条例》第九条规定：“地方党委领导本地区信访工作，贯彻落实党中央关于信访工作的方针政策和决策部署，执行上级党组织关于信访工作的部署要求，统筹信访工作责任体系构建，支持和督促下级党组织做好信访工作。地方党委常委会应当定期听取信访工作汇报，分析形势，部署任务，研究重大事项，解决突出问题。”本条明确地方党委领导本地区信访工作主要有以下三个方面的职责任务。

（一）贯彻落实党中央关于信访工作的方针政策和决策部署，执行上级党组织关于信访工作的部署要求

《中国共产党地方委员会工作条例》第三条规定：“党的地方委员会在本地区发挥总揽全局、协调各方的领导核心作用，按照协调推进‘四个全面’战略布局，对本地经济建设、政治建设、文化建设、社会建设、生态文明建设实行全面领导，对本地区党的建设全面负责。”地方党委是党的组织体系中承上启下的关键环节，党的路线方针政策和各项工作任务最终都要通过地方各级党委落实到一个个党员身上和一项项具体工作中去。《中国共产党章程》第十条规定，“下级组织服从上级组织”，“党的下级组织既要向上级组织请示和报告工作，又要独立负责地解决自己职责范围内的问题”。党的上级组织与下级组织是领导与被领导的关系，下级组织必须服从上级组织。下级组织服从上级组织，第一位的要求是党的各级组织必须坚决服从党中央。地方党委在服从党中央的前提下，也必须服从上级党组织。信访工作是党和政府的一项重要工作，党中央关于信访工作的方针政策和决策部署是做好信访工作的根本遵循，上级党组织关于信访工作的部署要求是贯彻落实党中央方针政策和决策部署的具体举措，地方党委必须认真贯彻落实和执行。

地方党委贯彻执行党中央和上级党组织决策部署和工作要求，应当坚持求真务实，力求因地制宜，做好“精准”文章，充分体现工作主动性和创造性，切实提高执行力度和落实成效。具体包括以下三个方面：一是提高政治站位。要把贯彻落实习近平总书记关于信访工作的重要指示批示和党中央关于信访工作的方针政策、决策部署，作为增强“四个意识”、坚定“四个自信”、做到“两个维护”的具体实践，切实增强政治自觉、思想自觉和行动自觉。要研究具体措施，建立责任清单，健全长效机制，

确保党中央和上级党组织的部署要求不折不扣落地见效。二是精准聚焦推进。要坚持在聚焦党中央方针政策和决策部署、推进上级党组织部署要求上点对点发力；要坚持做到思路实、工作实、作风实，始终在落实工作上保持冲刺状态；要坚持拿出深化改革的勇气、敢于担当的精神、协同攻坚的合力，确保各项目标任务高标准高质量地完成；要坚持突出督促检查、绩效考核、奖惩激励，最大限度调动干事创业的积极性、主动性和创造性。三是做细做深做实。贯彻执行党中央和上级党组织决策部署和工作要求，要讲求方法抓落实，在工作上做细防止粗略化、做深防止空泛化、做实防止一般化。

（二）统筹信访工作责任体系构建，支持和督促下级党组织做好信访工作

1. 统筹信访工作责任体系构建

顺利推进新时代中国特色社会主义各项事业，必须从组织机构上发挥党的领导这个最大政治优势，把党的领导贯彻落实到党和国家机关全面正确履行职责的各领域各环节，从制度上保证党的长期执政和国家长治久安。信访制度具有较强的系统性、协调性，做好信访工作不只是信访部门的责任，更需要加强部门与部门之间、部门与地方之间、地方与地方之间的沟通与联系，搞好配合与协作，形成各部门各负其责、齐抓共管的合力。只有充分发挥地方党委统筹作用，建立起责任明晰、权责一致的信访工作责任体系，才能调动社会各方的力量，统一思想、统一行动，形成重责任、抓落实的良好氛围，进而有效促进信访工作决策部署的贯彻落实，提高解决信访问题的质量和效率。

统筹信访工作责任体系构建，主要包括四个方面的工作：一是贯彻落实“党政同责、一岗双责，属地管理、分级负责，谁主管、谁负责”原则。该原则旨在落实信访工作责任。即按照“党政同责、一岗双责”落实领导责任，明确党委和政府共同负责，各级领导干部和各级机关、单位“一岗双责”的责任；按照“属地管理、分级负责”落实属地责任，明确

事发地党委和政府在处理信访问题中的主导责任；按照“谁主管、谁负责”落实部门责任，明确信访事项归哪一级党委和政府负责后，主管此项工作的机关、单位承担具体办理的责任。二是构建“党委统一领导、政府组织落实、信访工作联席会议协调、信访部门推动、各方齐抓共管”的信访工作格局。该规定旨在压实党委、政府、信访工作联席会议、信访部门以及各方力量在信访工作中的职责任务。地方党委应当发挥在本地区总揽全局、协调各方的领导作用，推动落实本级各责任主体责任，为构建信访工作格局提供保障。三是落实领导责任。地方党委应当推动落实领导干部阅办群众来信和网上信访、定期接访下访、包案化解信访突出问题等制度规定，将信访工作与业务工作同研究、同谋划、同部署、同检查、同考核，真正把该做的工作做到位，把该担的责任担起来。四是强化信访工作监督和追责。地方党委应当对开展信访工作、落实信访工作责任的情况组织专项督查和考核；落实每年考核通报信访工作情况的规定，将考核结果作为对领导班子和有关领导干部综合考核评价的重要参考，以考核推动工作责任落实；对引发信访问题责任等细化追究措施，构建完善监督体系，切实保障信访工作责任落实。

2. 支持和督促下级党组织做好信访工作

《中国共产党地方委员会工作条例》第十六条第一款规定，“党的地方委员会应当支持和保证下级党组织依法依规正常履职”。支持和督促下级党组织做好信访工作，是地方党委应尽的职责。根据《信访工作条例》的规定，地方各级党委应当支持下级党组织及时回应群众关切，排查化解矛盾纠纷，协调处理化解信访问题，创新方式方法开创信访工作新局面；督促下级党组织构建信访工作格局，完善各项规章制度，落实信访工作责任，研究解决信访工作中的突出问题。

（三）地方党委常委会研究部署信访工作制度

1. 建立地方党委常委会研究部署信访工作制度的必要性

建立地方党委常委会研究部署信访工作制度，是推动地方党委提升依法依规履职能力、促进信访工作顺利开展的重要保证。主要体现在以下四个方面：一是地方党委定期研究部署信访工作，有利于全面系统了解和掌握本地区信访工作的总体形势，了解和掌握上级对信访工作的基本要求，并结合本地实际有针对性地加强对信访工作的领导和指导。二是地方党委定期研究部署信访工作，有利于及时了解和掌握本地区信访工作存在的主要问题，特别是了解和掌握重点、热点、难点所在，组织和协调有关部门，运用多种手段，切实加以解决，防止问题积累，防止矛盾激化，肩负起保一方平安的责任。三是地方党委定期研究部署信访工作，有利于及时了解和掌握群众最关心的问题是什么，反映最强烈的问题是什么，悉心听取群众的意见，及时发现工作的薄弱环节，自觉改进工作，转变作风，完善政策，接受监督。同时，采取有效措施，认真解决群众最关心、最直接、最现实的各种问题，切实维护人民群众的合法权益，最大限度地从源头上预防和减少信访问题的发生。四是地方党委定期研究部署信访工作，有利于及时了解和掌握信访工作中存在的实际困难和需要党委帮助解决的问题，切实加强信访部门领导班子和干部队伍建设，体现党委对信访工作的重视和对信访干部的关心，充分调动广大信访干部的积极性和主动性。

2. 建立地方党委常委会研究部署信访工作制度的主要要求

一是定期研究部署。《信访工作条例》第九条第二款规定，地方党委常委会应当定期听取信访工作汇报。这一规定对于保障地方党委切实担负起领导本地区信访工作的职责具有重要意义。据 2021 年统计数据，31 个省区市和新疆生产建设兵团，召开党委常委会、政府常务会研究部署信访工作 4 次以上的占七成。也就是说，地方党委常委会有必要而且有条件定期研究部署信访工作。因此，《信访工作条例》树立了一个导向：地方各级党委应当把信访工作列入议事日程，地方党委常委会定期听取信访工作汇报，分析信访形势，部署工作任务，统筹信访工作中事关社会和谐稳定的重大事项，及时妥善处理信访突出问题。

二是全面履职尽责。《信访工作条例》明确地方党委常委会研究部署信访工作的职责任务，具体包括听取信访工作汇报，分析形势，部署任务，研究重大事项，解决突出问题。其中，听取信访工作汇报，主要是听取信访工作联席会议、信访部门汇报本地区信访工作的基本情况、面临的形势和任务、上级对信访工作的基本要求和请示报告重大事项以及下步工作打算等。分析形势，主要是研究分析信访形势和工作中存在的问题，包括定性分析和定量分析，既要从工作角度分析，也要从机制、制度的角度分析。部署任务，主要是紧紧围绕党中央关于信访工作的决策部署，结合本地实际，明确目标、措施、责任、时限，确保各项工作可操作、具体化、能落地。研究重大事项，主要包括贯彻落实上级对信访工作的基本要求、本地区信访工作存在的主要问题、信访工作中需要党委帮助解决的实际困难等。解决突出问题，主要是需要依靠地方党委调动社会各方力量，统筹协调解决群众反映强烈的矛盾纠纷，最大限度地防止矛盾激化、信访上行。

第二节　政府组织落实

政府组织落实主要是牵头组织各方力量贯彻落实关于信访工作的部署要求。《信访工作条例》第十条规定：“各级政府贯彻落实上级党委和政府以及本级党委关于信访工作的部署要求，科学民主决策、依法履行职责，组织各方力量加强矛盾纠纷排查化解，及时妥善处理信访事项，研究解决政策性、群体性信访突出问题和疑难复杂信访问题。”通过明确各级政府在信访工作中的职责任务，为政府在新时代信访工作格局中发挥牵头组织落实作用提供坚实保障。

一、贯彻落实信访工作部署要求

《信访工作条例》第十条关于“各级政府贯彻落实上级党委和政府以

及本级党委关于信访工作的部署要求”的规定，厘清了各级政府和党委之间、上下级政府之间的关系，明确了各级政府应当贯彻落实上级党委和政府以及本级党委关于信访工作的部署要求。

（一）贯彻落实上级和本级党委关于信访工作的部署要求

《中华人民共和国宪法》第一条第二款规定，“社会主义制度是中华人民共和国的根本制度。中国共产党领导是中国特色社会主义最本质的特征”。宪法明确规定中国共产党领导是中国特色社会主义最本质的特征，确定了中国共产党的执政地位，确认了党在国家政权结构中总揽全局、协调各方的领导核心地位。中国共产党是中国特色社会主义事业的领导核心，政府是党的路线、方针、政策的贯彻者、执行者。因此，《信访工作条例》规定各级政府应当贯彻落实上级党委和本级党委关于信访工作的部署要求。

（二）贯彻落实上级政府关于信访工作的部署要求

《中华人民共和国宪法》第一百一十条第二款规定：“地方各级人民政府对上一级国家行政机关负责并报告工作。全国地方各级人民政府都是国务院统一领导下的国家行政机关，都服从国务院。”宪法明确上下级人民政府之间属于行政上的领导与被领导关系、法律上的监督关系，国务院统一领导全国地方各级国家行政机关工作，下级人民政府必须执行上级人民政府的决定和命令，对上一级人民政府负责并报告工作。因此，《信访工作条例》规定各级政府贯彻落实上级政府关于信访工作的部署要求。

（三）关于信访工作部署要求的具体规定

按照《信访工作条例》的有关规定，各级政府贯彻落实上级党委和政府以及本级党委关于信访工作的各项部署要求，至少包括以下七个方面：一是加强信访工作信息化、智能化建设，依规依法有序推进信访信息系统互联互通、信息共享。二是对信访事项作出处理的机关、单位职责不清的，由其受理或者指定机关、单位受理。三是健全人民建议征集制度，对涉及国计民生的重要工作，主动听取群众的建议意见。四是对开展信访工作、落实信访工作责任的情况组织专项督查。五是以依规依法及时就地解决信访问题为导向，每年对信访工作情况进行考核。考核结果应当在适当范围内通报，并作为对领导班子和有关领导干部综合考核评价的重要参考。六是对信访事项已经复查复核和涉法涉诉信访事项已经依法终结的相关信访人，应当做好疏导教育、矛盾化解、帮扶救助等工作。七是建立和完善联合接访工作机制，根据工作需要组织有关机关、单位联合接待，一站式解决信访问题。

二、科学民主决策、依法履行职责

《信访工作条例》第十条规定，各级政府“科学民主决策、依法履行职责”。这是要求各级政府从源头上预防导致信访问题产生的矛盾和纠纷，坚持治标与治本相结合，重在治本。科学民主决策，就是防止因决策不当而损害群众的切身利益，激化矛盾，引发群众上访；依法履行职责，就是减少因行政行为不当而引发各种信访问题。

（一）坚持科学民主决策

坚持科学决策、民主决策、依法决策，严格落实行政决策程序规定，着力实现决策质量和效率显著提高，切实避免因决策失误产生矛盾纠纷、引发社会风险、造成重大损失，导致群众信访。

1. 强化依法决策意识。牢固树立依法决策意识，严格遵循法定权限和程序作决策，确保决策内容符合法律法规规定。作出重大决策前，应当听取合法性审查机构的意见，注重听取法律顾问、公职律师或者有关专家的意见。特别是对涉及国计民生的重要工作，应当主动听取群众的建议意见。

2. 严格落实重大行政决策程序。增强公众参与实效，提高专家论证质量，充分发挥风险评估功能，确保所有重大行政决策都严格履行合法性审查和集体讨论决定程序。推行重大行政决策事项年度目录公开制度。涉及社会公众切身利益的重要规划、重大公共政策和措施、重大公共建设项目等，应当通过举办听证会等形式加大公众参与力度，深入开展风险评估，认真听取和反映利益相关群体的建议意见。建立健全决策过程记录和材料归档制度。

3. 加强行政决策执行和评估。完善行政决策执行机制，决策机关应当在决策中明确执行主体、执行时限、执行反馈等内容。建立健全重大行政决策跟踪反馈制度。依法推进决策后评估工作，将决策后评估结果作为调整重大行政决策的重要依据。重大行政决策一经作出，未经法定程序不得随意变更或者停止执行。严格落实重大行政决策终身责任追究制度和责任倒查机制。

（二）坚持依法履行职责

着眼提高人民群众满意度，着力实现行政执法水平普遍提升，努力让人民群众在每一个执法行为中都能看到风清气正，从每一项执法决定中都能感受到公平正义，预防和减少信访问题产生。

1. 深化行政执法体制改革。完善权责清晰、运转顺畅、保障有力、廉洁高效的行政执法体制机制，大力提高执法执行力和公信力。深化综合行政执法体制改革。建立健全乡镇（街道）与上一级相关部门行政执法案件移送及协调协作机制。大力推进跨领域跨部门联合执法，完善行政执法与刑事司法衔接机制，加快制定不同层级行政执法装备配备标准。

2. 加大重点领域执法力度。加大食品药品、公共卫生、自然资源、生态环境、安全生产、劳动保障、城市管理、交通运输、金融服务、教育培训等关系群众切身利益的重点领域执法力度。分领域梳理群众反映强烈的突出问题，开展集中专项整治。对潜在风险大、可能造成严重不良后果的，加强日常监管和执法巡查，从源头上预防和化解违法风险。畅通违法行为投诉举报渠道，对举报严重违法违规行为和重大风险隐患的有功人员依法予以奖励和严格保护。

3. 完善行政执法程序。全面严格落实行政执法公示、执法全过程记录、重大执法决定法制审核制度。统一行政执法人员资格管理。完善行政执法文书送达制度。全面落实行政裁量权基准制度。全面梳理、规范和精简执法事项。规范涉企行政检查，着力解决涉企现场检查事项多、频次高、随意检查等问题。按照行政执法类型，制定完善行政执法程序规范。全面严格落实告知制度，依法保障行政相对人陈述、申辩、提出听证申请等权利。

4. 创新行政执法方式。广泛运用说服教育、劝导示范、警示告诫、指导约谈等方式，努力做到宽严相济、法理相融，让执法既有力度又有温度。全面推行轻微违法行为依法免予处罚清单。建立行政执法案例指导制度。全面落实“谁执法谁普法”普法责任制，加强以案释法。

三、组织各方力量预防和处理信访问题

《信访工作条例》第十条规定，各级政府组织各方力量加强矛盾纠纷排查化解，及时妥善处理信访事项，研究解决政策性、群体性信访突出问题和疑难复杂信访问题。这是强调各级政府牵头组织各方力量预防和处理信访问题的职责任务，充分体现了落实信访工作责任、依法按政策解决问题和源头治理化解矛盾的原则。

（一）组织各方力量

在信访工作格局中，发挥政府组织落实职责作用是通过牵头组织各方力量来实现的。政府组织各方力量包括两个方面：一是组织政府工作部门的力量，主要是引发信访事项和有权处理信访事项的部门，以及党委和政府信访部门。二是组织政府工作部门以外的力量，主要是与信访事项相关或者能够推动化解信访事项的机关、单位以及群团组织、社会组织、“两代表一委员”、社会工作者等。

政府组织各方力量的方法或途径有很多种，应当根据具体情况选择运用。主要包括：一是确定共同目标。通过确定共同的执行目标，推动各方力量沿着同一方向行动。比如，学习宣传贯彻《信访工作条例》，开展集中治理重复信访、化解信访积案专项工作。二是建立统一指挥系统。该指挥系统是行政组织的层级节制系统，主要是对行政系统内部力量实行统一

指挥，对外部参与主体实行统一指导。比如，设立信访突出问题专项工作小组。三是制定应急处置工作预案。通过制定和实施应急处置工作预案，有序组织协调行政系统内部各级机关、单位和外部其他参与主体的工作，及时维护群众合法权益。比如，制定和实施突发事件应急预案。四是加强法纪约束。把信访工作各责任主体和参与主体的权利、义务、责任纳入法治化轨道，加以有效约束和监督。比如，制定实行信访工作责任实施细则、律师参与信访工作制度等。五是建立信息沟通渠道。通过整合各种信息资源，实现信息共享，使多元主体都能获得相关信息，以实现各方力量的整合。比如，建立信访信息汇集分析机制、信访信息“零报告”制度。

（二）加强矛盾纠纷排查化解

这里的“矛盾纠纷”，主要是指各种可能引发信访问题和影响社会和谐稳定的矛盾纠纷和苗头隐患。加强矛盾纠纷排查化解，应当牢牢抓住以下两个关键环节。

1. 规范矛盾纠纷的排查方法。各级政府应当充分调动各方力量积极性，特别是整合信访、综治、公安、司法等资源力量，依托城乡社区网格化管理和服务，共同开展矛盾纠纷排查，形成全覆盖、无疏漏的大排查网络，确保排查不留死角死面，随时了解、发现、掌握各种矛盾纠纷和苗头隐患。具体要做到“五个结合”：一是坚持经常排查和重点时期集中排查相结合，随时了解、发现、掌握各种矛盾纠纷和苗头隐患。二是坚持全面排查和重点排查相结合，在全方位、多渠道排查的同时，突出矛盾易发多发的重点地区、重点领域，以及可能产生突出矛盾纠纷的重点群体以及重点人员。三是坚持“属地为主、条块结合”，各地政府负责组织排查本行政区域内的矛盾纠纷和苗头隐患，并组织各职能部门排查各自系统的矛盾纠纷和苗头隐患，各企事业单位排查本单位本区域的矛盾纠纷和苗头隐患。四是坚持行政系统内部、外部相结合，通过梳理外部参与主体提供的有效信息，为行政系统内部排查提供有益补充，更加全面了解掌握矛盾纠纷和苗头隐患。五是坚持排查与化解相结合，对排查出的矛盾纠纷，逐案逐人逐项登记建档并严格落实化解责任，明确主要负责人、责任单位和责任人员，限期妥善解决，切实把问题解决在基层，把矛盾化解在萌芽状态。

2. 强化矛盾纠纷的化解措施。各级政府应当充分调配行政资源、组织各方力量，依法、及时、就地化解各类矛盾纠纷，防止向信访问题转化。具体措施包括以下四个方面：一是明确化解责任。对排查出的矛盾纠纷，严格落实化解责任，明确责任单位及其责任人，限期妥善解决。涉及多部门、多领域的，明确牵头部门和协作单位。对难以界定主管部门的，各级政府主动担责，牵头组织各方力量做好工作。二是坚持综合施治。对排查出的矛盾纠纷，区别对待、分类施策、妥善化解。建立由地方各级政府负总责的行政调解工作体制，完善行政调解制度，科学界定调解范围，规范调解程序。特别是容易引发群体性信访突出问题的矛盾纠纷，比如资源开发、环境污染、公共事件等，应当主动进行调解。三是落实领导包案。对涉及面广、时间跨度大、容易升级激化，带有普遍性的疑难复杂问题，实行领导包案。对可能引发群体性信访突出问题的矛盾纠纷，应当成立工作专班，综合协调各方力量，确保问题得到妥善解决、矛盾得到有效化解。四是强化工作考核。把排查化解工作纳入领导班子、领导干部政绩考核的重要内容，对工作成绩突出的给予表彰奖励，对因决策不当、工作不力、玩忽职守等造成严重后果的追究责任。

（三）及时妥善处理信访事项

处理信访事项是各级政府的职责任务，“及时”“妥善”是处理信访事项的标准和要求，目的是把信访事项化解在属地、把信访人吸附在当地，防止矛盾激化、信访上行。

1. 及时，是指要提高处理信访事项的效率，迅速、快捷地在当地解决群众反映的问题。一是在法定时限内处理信访事项。按照《信访工作条例》规定，严格落实信访事项处理的时限和程序。比如，信访事项应当自受理之日起 60 日内办结，情况复杂的延长期限不得超过 30 日；收到复查请求的应当自收到复查请求之日起 30 日内提出复查意见；收到复核请求的应当自收到复核请求之日起30日内提出复核意见，等等。二是简化工作程序、缩短办理时间。对诉求简单明了的信访事项，简化工作程序，缩短办理时限，更加方便快捷地受理、办理，防止信访事项久拖不决，造成信访人越级信访，或者累积和激化矛盾，造成集体访和群体性事件。

2. 妥善，是指要拿出合理的解决方案，同时解疑释惑、理顺情绪，避免矛盾激化。一是落实“三到位一处理”要求。即按照“诉求合理的解决问题到位、诉求无理的思想教育到位、生活困难的帮扶救助到位、行为违法的依法处理”的要求，依法按政策及时就地解决群众合法合理诉求，维护正常信访秩序。这是办理信访事项的总要求，是妥善处理信访事项的前提和基础。二是坚持依法按政策解决问题。依照法律、法规、政策和有关规定解决信访问题，既防止不依法办事损害群众合法权益，又防止为了息事宁人而突破法律、法规、政策规定无原则地迁就、满足信访人的无理要求，进而引起负面效仿，产生重复信访和信访积案。三是促使信访人息诉息访。根据《信访工作条例》第三十七条第三款的规定，地方政府对信访事项已经复查复核和涉法涉诉信访事项已经依法终结的相关信访人，应当做好疏导教育、矛盾化解、帮扶救助等工作。要求各级政府应当把法治宣传、道德教化、关心关爱、帮扶救助贯穿处理信访事项全过程，对信访事项已经依法终结的相关信访人做好疏导教育、矛盾化解、帮扶救助等工作，既解决好群众的实际问题，也解决好群众的思想问题，保障政治效果、法律效果、社会效果相统一。

（四）研究解决政策性、群体性信访突出问题和疑难复杂信访问题

政策性信访问题，主要是由政策不健全、不合理、不衔接等因素造成的。群体性信访突出问题，一般涉及某些特定群体、具有相同或类似的信访诉求。疑难复杂信访问题，主要是指长期积累、久拖未决或者难以划分责任主体的信访问题。政策性、群体性信访突出问题一般与政策不完善或未落实有关，疑难复杂信访问题的化解一般需要多部门联动，均需由政府发挥职能作用，组织各方力量共同研究解决。研究解决政策性、群体性信

访突出问题和疑难复杂信访问题应当坚持以下三项原则。

1. 在价值取向上坚持“三个有利于”。有利于维护群众合法权益，真正把群众的合理诉求解决好、把群众的生活困难帮扶救助好、把群众的情绪疏导好、把群众的意愿反映好；有利于维护社会公平正义，妥善协调各方面利益关系，实现政治效果、法律效果和社会效果的有机统一；有利于维护社会和谐稳定，有效应对和处理各种潜在的和现实的矛盾，从源头上预防和减少矛盾激化、信访上行。

2. 在工作目标上坚持“控增减存”。通过梳理群众信访活动中反映出来的问题，严格落实行政决策风险评估，做好事前预防；通过严格落实责任、强化督促检查，推动有权处理信访问题的地方和部门认真履行职责，做好事中解决；通过教育疏导、关心帮扶，化解信访群众的心结，帮助其解决生产生活困难，做好事后保障。

3. 在工作体制上坚持“多元共治”。坚持主体多元，组织各方力量充分发挥各自优势和作用，形成解决问题的合力；坚持方式多元，完善调解、仲裁、行政裁决、行政复议、诉讼等有机衔接、相互协调的多元化纠纷解决机制，健全领导干部接访下访、联合接访、访调对接等制度。

第三节　信访工作联席会议协调

信访工作联席会议协调是构建新时代信访工作体制和格局的重要抓手。根据《信访工作条例》的相关规定，要健全完善各级联席会议机制，推动县级及以上联席会议机制实现全覆盖，推广乡镇（街道）建立联席会议机制，充分发挥其统筹协调、整体推进、督促落实的作用。具体规定共3条，《信访工作条例》第十一条明确了中央信访工作联席会议职责和架构，第十二条明确了中央信访工作联席会议运行机制，第十三条明确了地方各级信访工作联席会议职责、架构和运行机制。

一、信访工作联席会议制度

2004 年以来，中央和地方各级党委相继建立了信访工作联席会议制度，着力解决农村土地征收征用、城镇房屋拆迁、国有企业改制、涉法涉诉等方面的信访突出问题。2007 年，《中共中央 国务院关于进一步加强新时期信访工作的意见》提出，要充分发挥联席会议和信访部门的综合协调指导作用，形成上下联动、左右协调、运转高效、综合施治的工作机制。党的十八大以来，中央进一步健全完善了信访工作联席会议机制，根据形势任务的需要对联席会议的职责作了进一步调整。2013 年，中共中央办公厅、国务院办公厅《关于创新群众工作方法解决信访突出问题的意见》强调，强化各级信访联席会议综合协调、组织推动、督导落实等职能作用，形成整合资源、解决信访突出问题的工作合力。党的十九大以后，中央又对中央信访工作联席会议机制进行了调整完善。

目前，信访工作联席会议主要由召集人、成员和办公室、成员单位组成，通过召开全体会议、工作会议和下发文件、联合督导等形式，负责全国信访工作的统筹协调、整体推进、督促落实。将信访工作联席会议写入《信访工作条例》，明确“信访工作联席会议协调”在新时代信访工作格局中的地位和作用，规定信访工作联席会议“统筹协调、整体推进、督促落实”的职责，将对加强党对信访工作的领导、推动信访工作水平整体提升产生积极而深远的影响。

二、中央信访工作联席会议职责、架构和运行

（一）中央信访工作联席会议的性质

《信访工作条例》第十一条规定，中央信访工作联席会议在党中央、国务院领导下，负责全国信访工作的统筹协调、整体推进、督促落实。该规定明确了中央信访工作联席会议的性质，总结概括了中央信访工作联席会议的职责作用。

中央信访工作联席会议是党中央、国务院领导下的议事协调机制。设立议事协调机制，是党加强集中统一领导、推动重大工作落实的一条成功经验。党中央历来高度重视加强对涉及全局重大工作的集中统一领导，在革命、建设、改革的不同历史时期，为军事斗争、经济建设、改革开放等重大工作，都曾专门设立过议事协调机制。设立中央信访工作联席会议制度，就是在党中央、国务院领导下统筹负责全国信访工作，充分发挥其议事协调机制作用。

中央信访工作联席会议负责全国信访工作的统筹协调、整体推进、督促落实。统筹协调，是做好新时代信访工作的工作思路和方式方法，是对全国信访工作的整体谋划、部署安排、衔接沟通、整合协调等各项工作的有机集成。整体推进，是全面把握信访工作在各级机关、单位的建设进度和工作节奏，从全局高度来谋划重点领域、关键环节的集中突破，推动信访工作实现整体提升。督促落实，是对各级机关、单位落实党中央关于信访工作的各项方针政策和决策部署进行指导、监督和管理，确保信访工作具体目标、任务和举措落到实处。

（二）中央信访工作联席会议职责

《信访工作条例》第十一条规定，中央信访工作联席会议履行下列职责："（一）研究分析全国信访形势，为中央决策提供参考；（二）督促落实党中央关于信访工作的方针政策和决策部署；（三）研究信访制度改革和信访法治化建设重大问题和事项；（四）研究部署重点工作任务，协调指导解决具有普遍性的信访突出问题；（五）领导组织信访工作责任制落实、督导考核等工作；（六）指导地方各级信访工作联席会议工作；（七）承担党中央、国务院交办的其他事项。"

1. 研究分析全国信访形势，为中央决策提供参考。为中央决策提供参考，是《信访工作条例》赋予中央信访工作联席会议的重要职责。这既是确保信访信息渠道畅通、当好参谋助手的根本要求，也是科学研判信访形势、有效化解信访矛盾、切实推动信访工作高质量发展的重要基础。

履行好该职责必须做好以下三个方面工作：一是健全完善信访信息报送网络。强化汇集信息、资源共享意识，构建纵向到底、横向到边，上下联通、反应灵敏，全方位、多层次的信访信息报送网络，有效保证上情下达、下情上传，实现信访信息互联互通。二是及时、准确、全面、有效地报送信访信息。根据《信访工作条例》第二十五条的规定，各级机关、单位对可能造成社会影响的重大、紧急信访事项和信访信息，应当及时通报本级信访工作联席会议办公室。对于信访信息，特别是对涉及可能引发大规模聚集的苗头性、倾向性问题的信息，必须进行核实并按规定及时报告。应当建立行之有效的信息报送考核制度，强化各级机关、单位报送信访信息的责任。三是科学汇集分析信访信息。在信访工作中融入人工智能技术，充分运用信访大数据，加强对信访信息的深度挖掘，全面把握一个地方或一个领域矛盾纠纷的现状和走势，准确把握信访问题产生的原因和规律，对群众信访中反映的带有全局性、普遍性、苗头性的问题进行综合分析，对突出矛盾和问题进行重点分析，对信访情况按问题分类进行专题分析，对典型性案件进行个案分析，为中央科学决策、民主决策提供有价值的参考。

2. 督促落实党中央关于信访工作的方针政策和决策部署。中央信访工作联席会议负有督促落实党中央关于信访工作的方针政策和决策部署的职责。督促落实是一个系统工程，需要调动各方力量、综合运用各种方式方法来完成。主要有三种方法：一是督导检查。党中央关于信访工作的方针政策和决策部署出台后，进行全程跟踪督查，必要时实地督查。具体程序和要求是：选取有一定代表性的地方和部门作为督导对象；确定督导检查方式，可以根据实际采取书面了解情况的形式，也可以采取实地督查的形式；采取实地督查形式时，视情况组织信访工作督导组，督导结束后向当地党委和政府反馈情况，形成给党中央和国务院的督导报告。二是会议调度。地方党委和政府或者机关、单位在贯彻落实党中央关于信访工作的方针政策和决策部署时如果存在问题，而且这些问题又具有一定的普遍性或者比较突出，由中央信访工作联席会议召开全体会议或者工作会议调度。省级信访工作联席会议或者中央信访工作联席会议成员单位在推动贯彻落实相关决策部署时如果认识不足、力度不够、效果不好，中央信访工作联席会议可以授权联席会议办公室召开专题会议调度。三是下发文件。主要包括四种形式：对贯彻落实党中央关于信访工作的决策部署，印发通知性文件；对各级机关、单位贯彻落实相关决策部署中的重点工作以及遇到的困难、提出的疑问，经研究形成明确具体的答复意见或解决办法，下发规范性文件；对各级机关、单位贯彻落实相关决策部署中探索出的创新性思路、举措及成效，及时总结推广，下发推介性文件；对有关机关、单位贯彻落实相关决策部署的总体情况，特别是落实不积极、不到位的情况，下发通报性文件。

3. 研究信访制度改革和信访法治化建设重大问题和事项。习近平总书记指出，“改革与法治如鸟之两翼、车之两轮”①。党的十八大以来，党中央提出“完善信访制度”“改革信访工作制度”“把信访纳入法治化轨道”“加强和改进信访和调解工作”等一系列大政方针和顶层设计。中央信访工作联席会议根据党中央要求，研究出台或者推动出台了一系列重要的改革举措，比如加强网上信访工作，统筹力量治理重复信访、化解信访积案，完善信访工作考核评价体系，推进访诉分离，等等。研究信访制度改革和信访法治化建设重大问题和事项，应当把握以下四项原则：一是突出政治凝聚功能。坚持把信访工作摆在党的政治建设的高度来对待，充分聚集各行各业的智慧和力量，最大限度增加和谐因素、减少不和谐因素，引导人民群众积极参与国家治理，以此进一步增强党的执政能力、巩固党的执政基础。二是彰显法治化思维和方式。坚持把法治理念和依法治国要求贯彻到信访制度运行之中，建立完备的信访法律规范体系，实现各级机关、单位信访工作职责法定、权责一致，引导社会公众正确运用信访程序

① 习近平：《加强党对全面依法治国的领导》，载《求是》2019年第4期。

依法理性提出诉求，信访法治化理念逐步得到社会普遍认同。三是凸显社会治理的现代化特征。坚持把信访制度深层次嵌入社会治理大格局，以国家治理体系和治理能力现代化为目标，构建党委统一领导、政府组织落实、信访工作联席会议协调、信访部门推动、各方齐抓共管的信访工作格局，形成体现信访工作柔性特点的观念、标准、制度、方法的完整体系，以及在非诉讼化解矛盾机制中更加独特的优势和更加独到的价值。四是融入中国特色社会主义文化建设。坚持把信访工作融入社会主义文化建设的潮流，与中华优秀传统文化熏陶有机融合，在潜移默化中疏解群众情绪、密切干群关系。

4. 研究部署重点工作任务，协调指导解决具有普遍性的信访突出问题。研究部署重点工作任务，主要是按照信访工作总体目标任务，结合工作实际，在一定范围内统一目标要求、统一政策措施、统一检查标准，分阶段、有重点地作出安排部署，确保党中央关于信访工作的决策部署得到贯彻落实。制定印发工作要点，是中央信访工作联席会议研究部署重点工作任务的重要形式之一。制定印发时间一般在每年年初，印发范围主要是各省区市和新疆生产建设兵团信访工作联席会议，各计划单列市信访工作联席会议，中央信访工作联席会议各成员单位。主要内容包括两个方面：一是全年工作的总体要求。主要是以习近平新时代中国特色社会主义思想为指导，深入学习贯彻习近平总书记关于加强和改进人民信访工作的重要思想，坚持和加强党对信访工作的全面领导，围绕党和国家的中心工作，安排部署重点工作任务，为营造安全稳定的社会环境作出应有的贡献。二是重点工作任务。主要包括坚持和加强党对信访工作的全面领导，推进治理重复信访、化解信访积案，落实部门和地方解决当前信访突出问题的责任，深化信访制度改革，加强信访问题源头治理等。

协调指导解决具有普遍性的信访突出问题，是中央信访工作联席会议在处理信访突出问题中的重要职责。具有普遍性的信访突出问题，是指某个时期或阶段广泛存在且比较突出的信访问题。中央信访工作联席会议协调指导解决具有普遍性的信访突出问题，需要从体制机制上找原因、找对策，研究制定具有针对性、可操作性的措施，协调确定各级机关、单位的责任，督促有权处理的机关、单位落实责任，切实维护信访群众的合法权益。具体包括：一是对存在受理争议的信访问题，负责确定有权处理的责任主体，防止因争议而导致处理问题推诿拖延。二是对需要各方齐抓共管的信访问题，负责整合资源，统筹各方力量，配合、协商、共同化解。三是对需要督促落实的信访问题，负责检查有关机关、单位贯彻中央决策部署的情况，指导推动及时化解矛盾、解决信访突出问题，督导抓好落实。四是对需要制定或完善政策解决的信访问题，负责开展调查研究，提出制定和完善相关政策的意见和建议，推动有权处理的机关、单位从政策层面推动信访突出问题成批化解。

另外，协调处理“三跨三分离”信访事项[①]也是中央信访工作联席会议一项重要职责。一是协调范围和重点。中央信访工作联席会议及其办公室负责协调属于《信访工作条例》规定受理范围，涉及省际和中直单位，且经过省级层面沟通对接未能达成一致意见的信访事项。协调的重点是明确解决信访事项的责任主体，并跟踪落实，推动问题解决。二是协调方法和要求。协调前，应当做好准备工作，主要是全面梳理情况、掌握相关政策、了解意见分歧、分析问题成因、研究协调方案等。协调时，应当认真听取涉事各方的意见，在充分沟通协商的基础上，明确各方责任、形成协调意见。协调意见主要体现明确责任主体、解决问题思路方法和相关工作要求，并注意调动地方和部门解决问题的主动性、积极性。对情况疑难复杂、政策性较强的信访事项，要邀请有关职能部门参加协调，共同研究意见。三是后续跟踪落实。中央信访工作联席会议办公室抓好协调意见的督促落实，及时了解掌握信访事项的办理进度，跟进针对性指导。加强协调信访事项的登记管理，定期汇总、分析、研判工作情况。

---

① “三跨三分离”信访事项，是指跨地区、跨部门、跨行业和人事分离、人户分离、人事户分离的信访事项。

5. 领导组织信访工作责任制落实、督导考核等工作。主要是督促落实党中央关于信访工作责任制的决策部署，具体做好以下三个方面工作：一是夯实责任主体责任。通过下发通知性文件、规范性文件或者推介性文件，贯彻落实信访工作责任制。推动各级机关、单位紧密结合实际，制定信访工作责任制有关规定的配套措施。抓住“关键少数”，推动形成层层落责、全面覆盖、一级抓一级、层层抓落实的格局。二是落实督导检查。《信访工作条例》第三十八条第二款规定：“信访工作联席会议及其办公室、党委和政府信访部门应当根据工作需要开展督查，就发现的问题向有关地方和部门进行反馈，重要问题向本级党委和政府报告。”通过开展督查，加大调研指导力度，及时总结推广经验、发现问题、研究对策，推动信访工作责任制落实到位。三是强化考评追责。《信访工作条例》第三十九条第一款规定：“各级党委和政府应当以依规依法及时就地解决信访问题为导向，每年对信访工作情况进行考核。考核结果应当在适当范围内通报，并作为对领导班子和有关领导干部综合考核评价的重要参考。”第三款规定：“对在信访工作中履职不力、存在严重问题的领导班子和领导干部，视情节轻重，由信访工作联席会议进行约谈、通报、挂牌督办，责令限期整改。”推动建立健全科学的考核体系和考核标准，采取约谈、通报、挂牌督办等方式，对在信访工作中履职不力、存在严重问题的领导班子和领导干部进行追责，确保信访工作责任制不折不扣落到实处。

6. 指导地方各级信访工作联席会议工作。指导地方各级信访工作联席会议工作，是中央信访工作联席会议的重要职责，是党中央、国务院从全局高度对联席会议提出的要求，也是联席会议适应新时代新任务新情况的客观需要。当前，主要是紧紧围绕贯彻落实党中央决策部署、推动化解信访问题和加强联席会议机制建设等内容，采取以下四种方式进行指导：一是分析研判信访形势。加强信访形势分析研判，准确把握信访工作整体性、动态性、趋势性情况，是指导工作的基本内容，也是开展指导工作的重要基础。二是谋划总体工作思路。坚持围绕中心、服务大局，从实际出发研究形成有针对性的信访工作思路和举措，推进各级信访工作联席会议工作整体提升。三是推动解决不平衡问题。针对不同地区信访工作联席会议工作在重视程度、工作力度、工作进度、工作效果等方面存在的差异，紧紧抓住薄弱地区、薄弱环节，采取通报情况、实地督导、协调调度等方式，及时指出问题，帮助分析原因，加强分类指导，提出改进工作建议，促进相关地方尽快扭转工作被动局面，推动信访工作水平整体提升。四是总结推广典型经验。着眼于指导工作实践，围绕加强党的领导、构建信访工作格局、强化工作责任、破解信访难题和创新工作思路等信访工作的关键环节，对各级信访工作联席会议的好经验好做法进行总结、规范和提升，通过抓重点带一般、抓典型促提高，形成一个地方或一个方面的示范，形成对整体工作的指导推动。

7. 承担党中央、国务院交办的其他事项。这项职责为兜底条款，即中央信访工作联席会议在党中央、国务院领导下开展工作，在统筹协调、整体推进、督促落实全国信访工作的过程中，承担党中央、国务院交办的以上六项职责以外的其他工作任务。

（三）中央信访工作联席会议架构

1. 中央信访工作联席会议组成人员

《信访工作条例》第十一条第二款规定，中央信访工作联席会议由党中央、国务院领导同志以及有关部门负责同志担任召集人，各成员单位负责同志参加。

一是中央信访工作联席会议召集人。明确由党中央、国务院领导同志以及有关部门负责同志担任。

二是中央信访工作联席会议成员。明确中央信访工作联席会议成员由各成员单位负责同志组成。目前，中央信访工作联席会议成员单位共36个，涉及党的机关、人大机关、行政机关、政协机关、监察机关、审判机关、检察机关以及群团组织、国有企事业单位等。成员主要由相关机关、单位分管信访工作的负责同志组成。

2. 中央信访工作联席会议办公室

《信访工作条例》第十一条第二款规定，中央信访工作联席会议办公室设在国家信访局，承担联席会议的日常工作，督促检查联席会议议定事项的落实。

一是明确中央信访工作联席会议办公室设在国家信访局。办公室根据中央信访工作联席会议的授权开展工作。目前，办公室主任由国家信访局主要负责同志兼任，副主任由国务院办公厅相关局主要负责同志、国家信访局负责同志兼任。

二是中央信访工作联席会议办公室承担联席会议的日常工作。主要包括起草有关文件制度和年度工作要点，收集、综合、通报有关情况；根据联席会议要求，召开专题会议；承办联席会议会务组织、简报编印、文电办理等工作。

三是中央信访工作联席会议办公室督促检查联席会议议定事项的落实。主要包括推动落实信访信息分析研判制度、重大信访问题协调处理制度和信访工作联合督查制度；督促联席会议各成员单位做好本领域信访工作，认真落实联席会议确定的工作任务和议定事项，及时报送落实情况；加强各成员单位之间协调沟通，及时处理信访工作中需要跨部门协同解决的问题，形成工作合力；推动各成员单位就政策性、群体性问题开展调查研究，推动问题解决。

（四）中央信访工作联席会议运行机制

《信访工作条例》第十二条规定："中央信访工作联席会议根据工作需要召开全体会议或者工作会议。研究涉及信访工作改革发展的重大问题和重要信访事项的处理意见，应当及时向党中央、国务院请示报告。中央信访工作联席会议各成员单位应当落实联席会议确定的工作任务和议定事项，及时报送落实情况；及时将本领域重大敏感信访问题提请联席会议研究。"

1. 会议制度

一是中央信访工作联席会议全体会议。中央信访工作联席会议实行集体讨论重大问题制度，主要是分析研判信访形势，研究部署重点工作任务。全体会议由联席会议召集人主持，全体成员参加。根据需要，可邀请相关单位人员参加。全体会议后形成会议纪要，作为会议决定事项的依据。会议纪要根据会议研究议定的意见整理形成，报请召集人审定后，印发成员单位及相关部门或地方贯彻落实。

二是中央信访工作联席会议工作会议。中央信访工作联席会议根据工作需要，不定期召开工作会议，专题研究部署相关工作。工作会议由联席会议召集人主持，相关成员参加，可邀请相关省区市联席会议召集人或其他人员参加。工作会议后形成的相关文件印发有关地区和部门贯彻落实。贯彻落实情况向联席会议报告。

2. 请示报告制度

请示报告制度是党领导信访工作的重要制度。《信访工作条例》对中央信访工作联席会议请示报告制度作出特别规定，明确研究涉及“信访工作改革发展的重大问题”和“重要信访事项的处理意见”，应当及时向党中央、国务院请示报告。这既是党内领导关系的具体体现，又是增强党的领导操作性、实效性的客观需要。具体包括以下两个方面。

一是中央信访工作联席会议向党中央、国务院请示的事项。主要包括：信访工作制度改革措施、信访工作立法事项、信访工作体制机制变动、重大复杂敏感信访事项处理等；以党中央名义召开重要会议和组织重要活动，以党中央、中共中央办公厅名义下发重要文件；中央信访工作联席会议召集人调整等重要情况；其他应当请示的重大事项。

二是中央信访工作联席会议向党中央、国务院报告的事项。主要包括：学习贯彻习近平新时代中国特色社会主义思想，统筹推进“五位一体”总体布局和协调推进“四个全面”战略布局的重要情况；习近平总书记重要指示批示贯彻落实情况，学习贯彻习近平总书记关于加强和改进人民信访工作的重要思想的情况；信访工作重要会议、中央信访工作督查、重要专题研讨班等重大专项工作开展情况；群众信访反映经济社会发展中出现的重要情况及重大信访问题处理情况；其他应当报告的重大事项。

3. 成员单位

一是关于成员单位的规定。中央信访工作联席会议成员单位一般是信访工作任务较重或者与群众生产生活关系密切的部门、单位。每个成员单位由 1 名负责同志任信访联席会议成员，参加联席会议的相关会议，参与研究重要事项，负责组织实施联席会议交付的属于本部门本单位的工作。每个成员单位还设 1 名联络员，负责日常工作的协调联络。

二是落实联席会议确定的工作任务和议定事项。中央信访工作联席会议实行集体讨论重大问题制度，根据工作需要采取全体会议或者工作会议形式研究部署重点工作任务，会后形成会议纪要印发各成员单位执行。各成员单位负责落实联席会议确定的工作任务和议定事项，及时报送落实情况。联席会议办公室负责督促检查联席会议议定事项的落实。

三是及时将本领域重大敏感信访问题提请联席会议研究。中央信访工作联席会议各成员单位应当贯彻落实“谁主管、谁负责”的原则，做好本单位本系统本领域的信访工作；依法履职、依法行政，强化行业领域监管，从源头上预防和减少信访问题发生。在受理办理信访事项过程中，针对本单位本系统本领域群众反映强烈、诉求集中的信访突出问题，优化政策供给，从政策层面推动信访矛盾成批解决。针对本单位本系统本领域重大敏感信访问题，需要协调各个部门或地方共同解决的，及时提请联席会议研究。联席会议根据工作需要召开全体会议或者工作会议，集中研究解决各成员单位提出的一个领域或者一个方面的信访问题，推动形成“统一抓、抓统一，系统抓、抓系统”的工作局面。

三、地方信访工作联席会议

《信访工作条例》第十三条主要是规范地方各级信访工作联席会议的职责、架构和运行机制，明确地方党委和政府在领导联席会议开展工作中的责任，对乡镇党委和政府、街道党工委和办事处加强信访工作联席会议机制建设提出要求。

（一）地方信访工作联席会议职责

《信访工作条例》第十三条第一款规定："地方各级信访工作联席会议在本级党委和政府领导下，负责本地区信访工作的统筹协调、整体推进、督促落实，协调处理发生在本地区的重要信访问题，指导下级信访工作联席会议工作。联席会议召集人一般由党委和政府负责同志担任。"

1. 关于地方信访工作联席会议的职责。地方信访工作联席会议主要负责本地区信访工作的统筹协调、整体推进、督促落实，协调处理发生在本地区的重要信访问题，指导下级信访工作联席会议工作。除上述职责外，地方信访工作联席会议还要细化完善《信访工作条例》规定的相关职责：一是制定完善配套职责规定。参照《信访工作条例》第十一条关于中央信访工作联席会议职责的规定，制定完善相对应的工作职责规定。二是协调处理信访事项受理争议。《信访工作条例》第二十四条第一款规定，涉及两个或者两个以上机关、单位的信访事项，受理有争议且没有共同的上一级机关、单位的，由共同的信访工作联席会议协调处理。三是接受重要信息报告。《信访工作条例》第二十五条第一款规定，各级机关、单位对可能造成社会影响的重大、紧急信访事项和信访信息，应当及时报告本级党委和政府，通报相关主管部门和本级信访工作联席会议办公室，在职责范围内依法及时采取措施，防止不良影响的产生、扩大。四是开展信访工作督查。《信访工作条例》第三十八条第二款规定，信访工作联席会议及其办公室、党委和政府信访部门应当根据工作需要开展督查，就发现的问题向有关地方和部门进行反馈，重要问题向本级党委和政府报告。五是负责信访工作考核的监督和追责。《信访工作条例》第三十九条第三款规定，对在信访工作中履职不力、存在严重问题的领导班子和领导干部，视情节轻重，由信访工作联席会议进行约谈、通报、挂牌督办，责令限期整改。

2. 关于地方信访工作联席会议召集人。《信访工作条例》明确地方信访工作联席会议召集人一般由党委和政府负责同志担任。

（二）地方信访工作联席会议运行保障

《信访工作条例》第十三条第二款规定："地方党委和政府应当根据信访工作形势任务，及时调整成员单位，健全规章制度，建立健全信访信息分析研判、重大信访问题协调处理、联合督查等工作机制，提升联席会议工作的科学化、制度化、规范化水平。"本款规定地方信访工作联席会议运行保障，责任主体是"地方党委和政府"。主要明确以下职责任务。

1. 及时调整成员单位。确定成员单位主要参照两条标准：一是信访问题比较突出的机关、单位。比如，当环境保护领域信访问题突出时应当把生态环境部门纳入成员单位，当劳动和社会保障领域信访问题突出时应当把人力资源和社会保障部门纳入成员单位，等等。二是为推动开展信访工作或者推动化解信访矛盾提供保障的机关、单位。比如党委办公厅（室），政府办公厅（室），党委组织部、宣传部，发展改革委，财政厅（局）等。地方党委和政府应当根据信访问题变化和工作任务需要，及时调整成员单位。

2. 健全规章制度。主要包括以下四个方面：一是会议制度。联席会议根据工作需要召开全体会议或者工作会议。二是请示报告制度。研究涉及信访工作改革发展的重大问题和重要信访事项的处理意见，应当及时向本级党委和政府请示报告。三是分工负责制。各成员单位在联席会议的领导和联席会议办公室的协调下，按照职责范围开展工作。四是督促检查制度。根据工作需要开展督查，就发现的问题向有关地方和部门进行反馈，重要问题向本级党委和政府报告。

3. 建立健全信访信息分析研判、重大信访问题协调处理、联合督查等工作机制。一是信访信息分析研判制度。各成员单位要将重要敏感信访信息及时报送联席会议办公室，联席会议办公室视情况向相关部门和地方通报，并督促落地核查、妥善处理。二是重大信访问题协调处理制度。各成员单位根据职责，及时对政策性、群体性问题进行调查研究，从政策层面推动化解；特别重大的，提交联席会议研究处理。三是信访工作联合督查制度。联合督查由联席会议办公室或成员单位根据工作需要提出建议，报请联席会议召集人批准后，由联席会议办公室组织实施，也可由成员单位组织实施，相关成员单位派员参加。联合督查完成后，组织实施单位应将情况及时报联席会议。

4. 提升联席会议工作的科学化、制度化、规范化水平。科学化，就是按照信访工作的客观规律和议事协调机制的规定开展联席会议工作；制度化，就是联席会议的各项工作都有共同遵守的明确规定；规范化，就是联席会议的各项工作都符合统一规定的标准。《信访工作条例》规定“三化”的实质是提升联席会议的工作质量和工作效率，推动开创新时代信访工作新局面。地方党委和政府落实这一职责任务需要把握三点：一是深刻认识信访工作是党的群众工作的重要组成部分，联席会议是党加强信访工作的重要抓手，把握规律、尊重规律，按照客观规律办事，科学有效地深化联席会议改革、开展联席会议工作。二是深刻认识社会主义法治的根本要求，健全完善信访工作法规制度，把党对信访工作的领导贯彻到联席会议的各方面、全过程，通过法治的形式加以确定并使之制度化。三是研究解决充分发挥联席会议协调作用存在的重大问题，推动建立健全联席会议工作的制度规范和程序性要求，确保各级联席会议统筹协调、整体推进、督促落实等工作落地落实。

（三）乡镇（街道）建立联席会议机制

《信访工作条例》第十三条第三款规定：“根据工作需要，乡镇党委和政府、街道党工委和办事处可以建立信访工作联席会议机制，或者明确党政联席会定期研究本地区信访工作，协调处理发生在本地区的重要信访问题。”

1. 乡镇（街道）建立联席会议机制的必要性

《信访工作条例》规定乡镇（街道）建立联席会议机制，旨在促进信访工作关口前移、重心下移，破解乡镇（街道）信访工作力量薄弱的难题，促进及时就地解决信访问题。具体而言，强调乡镇（街道）建立联席会议机制有以下原因。

一是为了统筹资源和力量。制约乡镇（街道）信访工作发展的“瓶颈”，主要是乡村之间、乡镇（街道）与县直部门之间、乡镇（街道）部门与部门之间协调联动不够，存在相互推诿扯皮、规避自身责任现象，导致信访群众诉求久拖不决，有必要建立联席会议机制予以协调指导解决相关问题。

二是为了弥补各种短板和不足。当前，一些地方探索建立了乡镇（街道）信访工作联席会议机制，但在实际运行中仍然存在一些短板和不足。比如，有的乡镇（街道）建了机制不会用，仍然沿用老办法面对新形势，用旧机制解决新问题，导致效果不好、效率不高、群众不满意；有的乡镇（街道）信访工作联席会议机制作用发挥不充分，未能充分调动各方积极性，压实各方责任，没有真正形成工作合力。因此，需要加强乡镇（街道）信访工作联席会议机制建设弥补基层的短板和不足。

三是为了规范信访业务。近年来，乡镇（街道）和村（社区）信访基础业务规范化建设取得长足发展，但是还不同程度存在基础业务不规范的现象。比如，有的信访信息系统建设滞后，未实现信访信息系统互联互通，不能将本级反映和上级转送、交办的信访事项受理办理情况及时、完整录入信访信息系统；有的信访事项受理办理不规范，存在受理办理超出法定时限，相关文书格式不正确、要素不齐全、事实不清楚、意见不明确等现象；有的对群众来访不登记，甚至存在将本属于自身职权范围内受理办理事项推向别的单位、部门或向村（社区）转送等情况。因此，需要乡镇（街道）联席会议协调指导推动信访基础业务建设。

2. 关于乡镇（街道）建立联席会议机制的规定

《信访工作条例》第十三条第三款规定，乡镇党委和政府、街道党工委和办事处根据工作需要，既可以建立信访工作联席会议机制，也可以明确党政联席会定期研究本地区信访工作。因为信访工作联席会议机制是新时代信访工作体制的重要组成部分，信访工作联席会议协调是构建新时代信访工作格局的重要环节，所以应当积极倡导乡镇党委和政府、街道党工委和办事处建立健全信访工作联席会议机制。

乡镇（街道）信访工作联席会议，是在乡镇党委和政府（街道党工委和办事处）领导下，负责本乡镇（街道）信访工作的议事协调机制。联席会议主要由召集人、办公室、成员单位、专项工作小组组成，联席会议召集人一般由党委和政府主要负责同志担任。联席会议采取召开全体会议或者工作会议形式开展工作，会议一般由召集人主持。全体会议主要是分析研判信访形势，研究部署重点工作任务等；工作会议主要是专题研究信访突出问题，安排部署专项工作等。

根据当前工作需要，应当积极支持有条件的乡镇（街道）建立信访工作联席会议机制或信访工作相关机制，经常听取信访工作情况汇报，研究解决重要信访问题，争取到2025年乡镇（街道）信访工作联席会议机制或信访工作相关机制覆盖率达到80%以上。

第四节　信访部门推动

信访部门推动在信访工作格局中处于承上启下、协调左右、督促检查、推动落实的地位，主要是推动党委和政府以及信访工作联席会议关于信访工作的安排部署得到贯彻落实，推动信访问题得到及时有效解决，推动信访工作水平整体提升。对此，《信访工作条例》第十四条明确了信访工作机构及其职责，规范了其他机关、单位信访工作力量配备，旨在确保“信访部门推动”的职能作用落地见效。

一、信访部门性质

《信访工作条例》第十四条规定，各级党委和政府信访部门是开展信访工作的专门机构。这是对信访部门的性质和设置提出的具体要求，主要是为了加强党对信访工作的集中统一领导，理顺信访工作机构管理和干部管理的体制机制，加强信访工作机构建设。具体包含以下三点要求。

1. 信访部门是开展信访工作的专门机构。即信访部门是党委和政府为履行信访工作职责，专门设立的负责信访工作的机构。

2. 信访部门代表党委和政府做好信访工作。由于经历过几次大规模的机构改革，加之各省区市实际情况不同，各级信访部门隶属关系不尽相同。据 2021 年统计数据，31 个省区市和新疆生产建设兵团信访部门，约三分之一为党委直属，近半数为政府直属，还有党委和政府双管、政府办公厅管理等情况，无论是级别还是序列都不一样。《信访工作条例》关于信访部门性质的规定，明确了各级党委和政府信访部门，无论是党委直属还是政府直属，或者是党委和政府双管，均代表党委和政府负责本级信访工作。

3. 持续加强信访部门建设。近年来，关于信访工作的中央文件和相关法规对加强信访部门建设作出了一系列规定，具体包括：县级以上党委和政府应当设立独立的信访部门；乡镇党委和政府、街道党工委和办事处按照有利工作、方便信访人的原则，确定负责信访工作的机构或者人员，具体负责信访工作；村（社区）“两委”要有相应的机构或人员负责信访工作，县（市、区）政府及有关部门要向社区派出接访员。目前，省、市两级均设立了党委和政府信访部门，但部分县、乡信访部门建设和工作力量配备仍然与工作任务要求存在差距。据 2021 年统计数据，全国还有少数县级行政区域未设置独立信访部门，还有一定比例乡镇（街道）既未设置独立信访部门也无专人负责信访工作。因此，《信访工作条例》规定必须加大基层信访部门建设力度，配备与形势任务相适应的工作力量，确保基层信访工作层层有人抓、事事有人管，切实做好经常性的信访工作。

二、信访部门职责

《信访工作条例》第十四条第一款规定，各级党委和政府信访部门履行下列职责："（一）受理、转送、交办信访事项；（二）协调解决重要信访问题；（三）督促检查重要信访事项的处理和落实；（四）综合反映信访信息，分析研判信访形势，为党委和政府提供决策参考；（五）指导本级其他机关、单位和下级的信访工作；（六）提出改进工作、完善政策和追究责任的建议；（七）承担本级党委和政府交办的其他事项。"

（一）受理、转送、交办信访事项

受理、转送、交办信访事项的职责，主要体现在信访事项受理环节。《信访工作条例》第二十二条对该项职责作出具体规定，信访部门收到信访事项后，应当根据信访事项的内容及其性质，区分情况采取不同方式处理。

1. 登记。各级党委和政府信访部门收到信访事项，应当予以登记。登记的内容一般包括姓名（名称）、住址、问题属地和概况等，其中概况分为主要诉求、主要事实、主要理由三个部分。

2. 转送。主要包括四种情况：一是涉本级机关、单位的转送。对依照职责属于本级机关、单位或者其工作部门处理决定的，应当转送有权处理的机关、单位。二是涉下级机关、单位的转送。信访事项涉及下级机关、单位或者其工作人员的，按照"属地管理、分级负责，谁主管、谁负责"的原则，转送有权处理的机关、单位。三是涉政法部门的转送。对收到的涉法涉诉信件，应当转送同级政法部门依法处理；对走访反映涉诉问题的信访人，应当释法明理，引导其向有关政法部门反映问题。四是涉有关纪检监察机关的转送。对属于纪检监察机关受理的检举控告类信访事项，应当按照管理权限转送有关纪检监察机关依规依纪依法处理。

3. 交办。对转送信访事项中的重要情况需要反馈办理结果的，可以交由有权处理的机关、单位办理，要求其在指定办理期限内反馈结果，提交办结报告。

关于未履行受理、转送、交办信访事项职责的行为，《信访工作条例》明确了责任追究的相关规定。《信访工作条例》第四十三条规定："各级党委和政府信访部门对收到的信访事项应当登记、转送、交办而未按照规定登记、转送、交办，或者应当履行督办职责而未履行的，由其上级机关责令改正；造成严重后果的，对直接负责的主管人员和其他直接责任人员依规依纪依法严肃处理。"

（二）协调解决重要信访问题

协调解决重要信访问题，是指信访部门在信访事项受理、办理等环节协调各级机关、单位之间的关系，共同解决重要信访问题。协调解决的对象，主要是本级或下级机关、单位。协调解决的内容，主要是某一信访事项是否受理存在争议，难以确定有权处理的责任主体，或是信访事项的办理需要多个地方或部门配合、协商、共同作出处理意见。协调解决的目标，主要是由信访部门按照有关规定牵头协调相关责任单位，明确责任主体，督促相关方面密切配合、认真解决群众的信访诉求。需要协调解决的重要信访问题，通常是指可能引发群体性聚集上访、个人极端事件和负面炒作或者已经造成不良后果并涉及诸多部门的信访问题。

（三）督促检查重要信访事项的处理和落实

《信访工作条例》赋予信访部门督促检查的职责，充分体现了信访部门职能转变和推动信访问题解决的新思路。信访部门在受理和向有权处理的机关、单位转送、交办信访事项后，还要对信访事项的处理和落实进行督促检查。需要督促检查的情形主要包括：有关机关、单位存在违反信访工作规定受理、办理信访事项，办理信访事项推诿、敷衍、拖延、弄虚作假或者拒不执行信访处理意见等情形；对工作中发现的有关政策性问题，需要本级党委和政府研究解决的情形；有关机关、单位在信访工作中推诿、敷衍、拖延、弄虚作假造成严重后果的情形。为保证信访部门督促检查职责得到落实，《信访工作条例》对责任追究作出明确规定。

（四）综合反映信访信息，分析研判信访形势，为党委和政府提供决策参考

信访工作是了解社情民意和为政得失的重要窗口。用活用好信访大数据，加强综合分析和信息报送，为党委和政府了解民情、科学决策、指导工作提供参考，历来都是信访部门的重要职责和工作重心。《信访工作条例》第十四条是从法规层面，对“综合反映信访信息，分析研判信访形势，为党委和政府提供决策参考”的职责予以确认、作出规定。

《信访工作条例》对信访部门的该项职责还作出具体规定：一是《信访工作条例》第四十条关于“提出完善政策的建议”的规定，明确信访部门对工作中发现的有关政策性问题，应当及时向本级党委和政府报告，并提出完善政策的建议。二是《信访工作条例》第四十一条关于“信访情况年度报告”的规定，明确“年度报告”应当包括信访部门提出改进工作、完善政策、追究责任建议以及被采纳情况。

（五）指导本级其他机关、单位和下级的信访工作

各级党委和政府信访部门是开展信访工作的专门机构，在其职责范围内，对本级其他机关、单位和下级的信访工作有指导职责。主要包括以下三层含义。

1. 指导的总体要求：坚持以习近平新时代中国特色社会主义思想为指导，以习近平总书记关于加强和改进人民信访工作的重要思想为根本遵循，客观全面地分析信访形势，正确把握信访工作规律，深入推进信访制度改革，进一步提高信访工作法治化、信息化、科学化水平。

2. 指导的中心任务：不断地发现问题、提出问题和解决问题。这在客观上要求信访部门坚持“两手抓、两手都要硬”，一手抓信访事项的受理、转送、交办和督促检查等日常业务，另一手切实加强信访系统的业务指导，着力提高整个信访系统工作水平。

3. 指导的“五个重点”：一是新时代信访工作新定位，精准把握新时代信访工作的发展方向和着力点。二是新时代信访工作新要求，准确理解和正确把握信访工作的指导思想、主要原则和工作要求。三是党领导下的信访工作新体制，努力构建新时代信访工作体制和工作格局。四是信访事项处理新规范，统筹推动各级机关、单位受理、办理信访事项。五是信访工作监督体系新内涵，构建包括监督责任、监督机制、责任追究在内的监督体系。

（六）提出改进工作、完善政策和追究责任的建议

“三项建议”职责，即提出改进工作、完善政策和追究责任的建议。信访部门履行好“三项建议”职责，对于做好新时代信访工作，确保信访工作决策部署得到贯彻落实，树立正确工作导向和信访部门权威具有十分重要的意义。

1. “三项建议”的范围：一是提出改进工作的建议。对存在违反信访工作规定受理、办理信访事项，办理信访事项推诿、敷衍、拖延、弄虚作假或者拒不执行信访处理意见等情形的，应当及时督办，并提出改进工作的建议。二是提出完善政策的建议。对工作中发现的有关政策性问题，应当及时向本级党委和政府报告，并提出完善政策的建议。三是提出追究责任的建议。对在信访工作中推诿、敷衍、拖延、弄虚作假造成严重后果的机关、单位及其工作人员，应当向有管理权限的机关、单位提出追究责任的建议。

2. 关于“三项建议”落实情况的监督和追责：一是《信访工作条例》第四十条第四款明确：“对信访部门提出的改进工作、完善政策、追究责任的建议，有关机关、单位应当书面反馈采纳情况。”二是《信访工作条例》第四十五条明确，“对党委和政府信访部门提出的改进工作、完善政策等建议重视不够、落实不力，导致问题长期得不到解决”的，要依规依纪依法严肃处理。

3. 支持和保证信访部门行使“三项建议”职责。信访部门是履行

“三项建议”职责的主体，其建议要向相关地方党委和政府或者机关、单位提出。因此，支持和保证信访部门履行“三项建议”职责，是各级党委和政府的责任。对信访部门提出改进工作的建议，要认真研究，督促有权处理的机关、单位虚心接受、认真采纳、及时纠正、抓好落实，并上升为一般要求，在更大范围督促检查；对信访部门提出完善政策的建议，要加强综合分析，从中查找出有关地方和部门政策执行不力、落实不到位的问题，查找出政策规定不衔接、不连续、不配套、不完善的问题，并纳入完善调整政策的总体部署；对信访部门提出追究责任的建议，要认真组织调查核实，对查找出因失职渎职、对工作不负责任造成严重后果的，依规依纪依法严肃追究责任，以督促各级机关、单位转变作风、改进方法，切实提高科学决策、民主决策和依法施政的能力和水平。同时，各级党委和政府应当协调纪检监察、组织人事等部门有针对性地介入，对“三项建议”涉及的有关事项进行调查，使“三项建议”职责的履行真正到位和有效。

（七）承担本级党委和政府交办的其他事项

这项职责为兜底条款，即各级党委和政府信访部门在履行以上六项职责以外，还承担本级党委和政府交办的其他工作任务。

三、其他机关、单位信访工作机构设置

《信访工作条例》第十四条第二款规定：“各级党委和政府信访部门以外的其他机关、单位应当根据信访工作形势任务，明确负责信访工作的机构或者人员，参照党委和政府信访部门职责，明确相应的职责。”本款是关于各级党委和政府信访部门以外的其他机关、单位加强信访工作机构建设的规定，主要包含以下两点要求。

（一）正确理解和准确把握相关规定

《信访工作条例》第十四条第二款的相关规定，是根据各级党委和政府信访部门以外的其他机关、单位信访工作机构设置和工作力量的现状，

结合信访工作实际需要，对定机构定编制定职责作出的明确规定。主要包含以下要求。

1. 明确负责信访工作的机构或者人员。本条规定的“明确”涵盖“设立”和“确定”两个层面。设立，是指没有信访工作机构的机关、单位，可以新设立一个工作机构负责信访工作；确定，是指没有信访工作机构的机关、单位，可以在现有的其他部门中指定一个工作机构负责信访工作。这样规定，赋予其他机关、单位自主权，根据信访工作形势任务需要，既可以设立，也可以确定。考虑到各级机关、单位信访工作形势和任务存在差异，《信访工作条例》在工作力量配备上并没有“一刀切”，对于信访问题突出、工作任务较重且没有信访工作机构的机关、单位，可以新设立信访工作机构、配备专职信访工作人员。

2. 明确相应的职责。《信访工作条例》规定明确相应的职责，是指其他机关、单位负有的必须直接履行义务的职责。《信访工作条例》强调，要根据信访工作形势任务，参照党委和政府信访部门职责，明确相应的职责。比如，参照《信访工作条例》第十四条的规定，细化完善下列职责：受理、转送、交办信访事项；协调解决重要信访问题；督促检查重要信访事项的处理和落实；综合反映信访信息，分析研判信访形势，为本机关、单位提供决策参考；提出改进工作、完善政策和追究责任的建议，等等。

（二）深入推进信访工作机构建设

其他机关、单位根据信访工作形势任务，深入推进信访工作机构建设，关键要做到以下两个方面。

1. 坚持有利工作、方便信访人的原则。这既是设置信访工作机构的原则，也是设置信访工作机构的目的。信访工作机构的设置、人员和职责都要以有利工作、方便信访人为前提。有利工作，就是有利于贯彻落实党中央关于信访工作的决策部署，有利于通过信访渠道进一步密切党群干群关系，有利于协调有关部门推动解决信访问题，确保适应信访工作形势任务需求。方便信访人，就是公民、法人和其他组织的意愿和呼声必须有渠道顺畅地被反映上来，确保建议意见有地方提、揭发检举有地方收、投诉请求有地方说，充分尊重和维护其信访权利。

2. 构建优化、精干、协同、高效的制度体系。这不仅是指导各级党委和政府信访部门以外的其他机关、单位加强信访工作机构建设的要求，也是不断优化其信访工作的着力点。优化，就是新设立信访工作机构或者调整现有部门负责信访工作，要科学合理、权责一致。精干，就是信访工作力量配备，要高素质、专业化。协同，就是已经明确的信访工作机构或者人员，要有统有分、有主有次。高效，就是工作运转，要履职到位、流程通畅。各级党委和政府信访部门以外的其他机关、单位，要根据信访工作形势任务，扎实贯彻落实《信访工作条例》相关规定，紧紧围绕构建优化精干协同高效的制度体系，切实推动信访工作机构设置更加科学、职能配置更加优化、权责更加协调、工作运转更加高效。

四、信访工作保障

《信访工作条例》第十六条根据当前工作实际和未来发展需要，明确了信访工作四条保障措施。

（一）加强信访干部队伍建设

《信访工作条例》第十六条第一款规定："各级党委和政府应当加强信访部门建设，选优配强领导班子，配备与形势任务相适应的工作力量，建立健全信访督查专员制度，打造高素质专业化信访干部队伍。各级党委和政府信访部门主要负责同志应当由本级党委或者政府副秘书长〔办公厅（室）副主任〕兼任。"本款规定的责任主体是"各级党委和政府"，既对加强信访干部队伍建设提出要求，也对提升信访干部素质提出要求。

当前信访工作任务十分繁重，工作内容十分丰富，要把信访工作带上一个新平台，关键取决于这支队伍的整体素质。信访工作水平实际上是信访干部思想水平、政策水平和综合素质的具体反映。要推动信访工作水平整体提升，就必须全面提高信访干部素质。各级党委和政府应当把加强信访干部队伍建设摆上重要议事日程，配齐配强信访部门领导班子，注重提高信访干部队伍整体素质，从政治上关心信访干部的成长进步，从工作上为信访干部创造良好的条件，从生活上帮助信访干部解除后顾之忧，最大限度地把这支队伍的积极性、主动性和创造性调动起来、发挥出来。

1. 选优配强领导班子。注重选拔政治素质高、业务能力强、作风过硬、政策法律水平高、善于做群众工作的干部到信访部门任职，进一步优化信访部门领导班子的阅历结构、年龄结构和知识结构，增强领导班子的整体素质。特别是要注重选优配强信访部门主要负责人，赋予相应职权，为其开展工作创造条件。

2. 配备与形势任务相适应的工作力量。主要是解决信访部门机构无定制、人员无定编，特别是县以下信访工作力量较为薄弱等问题。注重从基层一线和综合部门选拔优秀中青年干部到信访部门工作，选调熟悉经济、政治、社会、法律等专业知识的人才充实到信访干部队伍，不断提高信访干部队伍整体素质。前提是根据信访形势任务需要，核心是科学合理设置信访工作机构，方式是保证信访工作的人员和力量，目标是为及时就地解决群众反映的信访问题提供有力有效的保障。

3. 建立健全信访督查专员制度。信访督查专员，是专职负责信访督查督办工作的领导职务人员。设立信访督查专员制度，是确保各级党委和政府关于信访工作的决策部署得到贯彻落实的需要，是引领信访督查工作整体水平提升的重要举措，是发挥信访督查工作职能作用的重要制度设计。建立健全信访督查专员制度，应当聚焦发挥“五大作用”：一是在推动党委和政府关于信访工作决策部署的贯彻落实上发挥督查指导作用；二是在领导同志批示件和重点疑难案件的督查督办上发挥主导作用；三是在推动信访突出问题的解决和信访工作薄弱地区的督查上发挥引导作用；四是在本地区本系统信访督查业务建设上发挥骨干作用；五是在树立信访部门协调处理信访问题的权威上发挥示范作用。

4. 打造高素质专业化信访干部队伍。高素质主要包括：政治坚定，始终坚持正确政治方向；纪律严明，严守政治纪律和政治规矩；办事公道，坚持原则、秉公办事、公道正派；作风优良，坚持实事求是、求真务实。专业化主要包括：拥有信访工作相关知识储备，比如劳动社保、城镇拆迁等方面的政策法规；拥有信访工作技能，比如处理信访矛盾的思维方式和正确方法，处理信访人情绪和解决问题的能力；拥有心理咨询技能，具备心理健康常识，把握上访人的心理和调节情绪的能力，等等。

5. 各级党委和政府信访部门主要负责同志应当由本级党委或者政府副秘书长〔办公厅（室）副主任〕兼任。一般情况下，党委或者政府副秘书长〔办公厅（室）副主任〕可以根据工作需要组织召开会议，协调解决对应党委或政府有关领导分管、联系领域的有关问题，或提出处理意见报有关领导审定；可以协助党委或政府有关领导或受委托组织处理需要由党委或政府处理的突发事件；就各自协调联系工作中涉及重大及全局性问题，牵头组织相关部门进行调查研究，向党委或政府提出决策依据和政策性建议；督促检查党委或者政府重要决定事项和有关领导指示批示的贯彻落实情况。

信访部门主要负责同志由本级党委或者政府副秘书长〔办公厅（室）副主任〕兼任，有利于协调有关部门推动开展信访工作，有利于协调有权处理的机关、单位化解信访矛盾。从近年来各地工作实践来看，信访部门主要负责同志由本级党委或者政府副秘书长〔办公厅（室）副主任〕兼任的，在协调有权处理机关、单位推动解决信访问题时往往更加有力有效，能够更好地推动整体工作开展。

（二）加强干部教育培训

《信访工作条例》第十六条第二款规定："各级党校（行政学院）应当将信访工作作为党性教育内容纳入教学培训，加强干部教育培训。"本款规定的责任主体是"各级党校（行政学院）"。

将信访工作作为党性教育内容纳入教学培训，是由信访工作的性质、职责和任务决定的。第一，信访工作是党的群众工作的重要组成部分，是党性和人民性在工作实践中的高度统一，充分体现了为民解难、为党分忧的有机结合。因此，信访工作是党性教育的题中应有之义。第二，习近平总书记关于加强和改进人民信访工作的重要思想，是习近平新时代中国特色社会主义思想的重要组成部分，是党在信访工作领域理论创新的最新成果。紧跟党的理论创新步伐，抓好党的理论创新成果的学习，是党校（行政学院）教育培训的重要内容。第三，坚定信访制度自信，坚持用中国制度、中国办法解决中国问题，需要广大党员、干部深刻理解和准确把握，增强认同感、自信心和自豪感，强化砥砺干事创业的政治责任感和历史使命感。

党的十八大以来，党中央高度重视党员干部关于信访工作的教育培训。各级党委和政府陆续把信访法律法规规章列为干部学习教育的重要内容，加强教育培训。以山西省为例，其主要做法是：省委办公厅、省政府办公厅下发通知，要求全省各级党委和政府把习近平总书记关于加强和改进人民信访工作的重要思想、信访法律法规规章列为干部学习教育的重要内容，纳入党校（行政学院）干部教育培训范围，并每年选派干部进行信访工作专项锻炼。省市县三级党校和“红色学院”普遍把习近平总书记关于加强和改进人民信访工作的重要思想、信访法律法规规章列入主体培训课程。截至 2022 年 5 月，受训领导干部 5 万多人次。

（三）建立健全年轻干部和新录用干部到信访工作岗位锻炼制度

《信访工作条例》第十六条第三款规定：“各级机关、单位应当建立健全年轻干部和新录用干部到信访工作岗位锻炼制度。”本款明确的责任主体是“各级机关、单位”。

年轻干部和新录用干部到信访工作岗位锻炼制度，是新时代培养干部的新举措，充分体现了以习近平同志为核心的党中央对信访工作的高度重视和对信访部门的极大信任。目前，各地的通常做法是由各级党委组织部门负责，有计划地统一安排年轻干部和新录用干部到信访工作岗位挂职锻炼，采取分批按期的办法，任期半年或一年。干部挂职期间的日常管理，由组织部门、信访部门和派出单位共同负责，以信访部门管理为主，工作一般与原单位脱钩，职级和工资福利待遇不变。近年来的实践证明，安排年轻干部和新录用干部到信访工作岗位挂职锻炼十分必要、效果明显。既提高了年轻干部应对紧急事态、处理复杂问题和做群众工作的能力，也促进了干部队伍的作风建设，增强了年轻干部的群众观念，密切了干群关系。同时拓宽了干部培养锻炼的渠道，探索了新形势下加强和改进信访工作的新路子，为信访工作注入了新活力。

在实际工作中应当注意把握三个环节：一是抓好“选”。既选好人，又选好岗。既要根据培养目的、工作需要及干部个人情况，选择合适的锻炼岗位，不断提高挂职锻炼的针对性，又要注意区分层次，对不同层级的干部，确定不同的侧重点。选派年轻干部，侧重于培养应对复杂局面、处理复杂问题、维护社会稳定的能力；选派新录用干部，侧重于增强干部服务社会、服务基层、服务群众的观念，提高其做群众工作的本领。二是抓好“育”。信访部门搞好“传帮带”，让锻炼的干部尽量多接触来访群众，学会面对面做群众工作，提高其独立处理职责范围内信访工作的能力和水平。要有意识地交任务、压担子，使挂职干部有职有责，支持他们大胆工作，在信访工作实践中经受锻炼，增长才干。三是抓好“用”，挂职干部锻炼结束后，根据干部管理权限，由组织人事部门会同信访部门进行考察，并将其锻炼期间的表现情况存入个人档案，作为年度考核和提拔任用的重要依据。

（四）提供必要的支持和保障以及经费预算

《信访工作条例》第十六条第四款规定：“各级党委和政府应当为信访工作提供必要的支持和保障，所需经费列入本级预算。”本款明确执行主体是“各级党委和政府”，执行的职责要求是为信访工作提供必要的支持和保障，所需经费列入本级预算。主要是明确加大对信访工作的投入，切实保障信访部门必要的办公经费和处理信访事项的业务经费，为信访干部履行职责提供有力支持。按照布局合理、设备齐全、环境友好、安全有序的要求，进一步改善群众来访接待场所，努力营造友好和谐的信访工作环境。从工作上、生活上、心理上关心爱护信访干部，积极采取措施，帮助信访干部解决实际困难和问题，为信访干部的工作、学习、生活和成长进步创造良好条件。

第五节　各方齐抓共管

各方齐抓共管主要是落实信访工作责任，形成化解信访矛盾合力。对此，《信访工作条例》明确了各方力量在信访工作中的职责，压实各责任主体的责任，融合方方面面的力量和资源，齐心协力、群策群力，互相配合、形成合力，共同推动化解信访矛盾、提升信访工作水平。

一、明确其他机关、单位的信访工作职责

《信访工作条例》第十五条第一款规定："各级党委和政府以外的其他机关、单位应当做好各自职责范围内的信访工作，按照规定及时受理办理信访事项，预防和化解政策性、群体性信访问题，加强对下级机关、单位信访工作的指导。"

（一）各级党委和政府以外的其他机关、单位应当做好各自职责范围内的信访工作

1. 关于"各级党委和政府以外的其他机关、单位"的规定

这里的"其他机关、单位"，是指除党委、政府、党委和政府信访部门以外的各级机关、单位。也就是说，这里的"其他机关、单位"包括党委工作机关和政府工作部门，不包括党委和政府信访部门。

2. 其他机关、单位做好各自职责范围内的信访工作

其他机关、单位做好各自职责范围内的信访工作，是贯彻落实"谁主管、谁负责"原则的具体化。按照职权法定、权责一致的原则，"其他机

关、单位”作为信访工作责任主体，其职责贯穿于信访工作的全过程，主要包括以下三个方面。

一是预防信访问题发生。科学、民主、依法制定政策，避免出现损害群众利益的情形；严格按照法定权限办事，不得超越或者滥用职权；积极履行法定职责，防止不作为、乱作为；严格依法按政策办事，防止适用法律、法规和政策错误或者违反法定程序；依法认真执行党委和政府或者上级部门作出的支持信访诉求意见，不能因工作不到位激化矛盾或引发新的矛盾，等等。

二是处理信访问题。应当按照规定对党委和政府信访部门转送、交办或者信访人直接提出并属于职权范围内的信访事项，在法定时限内予以受理并履行告知义务；对已经受理的信访事项依据职权进行调查核实，依法按政策作出处理。

三是报告重大紧急信访事项和信访信息。对可能造成社会影响的重大、紧急信访事项和信访信息，应当及时报告本级党委和政府，通报相关主管部门和本级信访工作联席会议办公室，在职责范围内依法及时采取措施，防止不良影响的产生、扩大。

（二）按照规定及时受理办理信访事项

按照“谁主管、谁负责”的原则，对于属于“其他机关、单位”法定职责范围内的信访事项，有关机关、单位应当受理办理，不得推诿、敷衍、拖延，否则将承担相应的责任。在受理办理信访事项过程中，要按照《信访工作条例》规定，依据各自职责依法按政策进行。具体有以下三个方面。

1. 按照规定及时受理办理。这里的“规定”集中体现在《信访工作条例》规定的信访事项受理办理环节，主要包括信访部门以外其他机关、单位登记受理和办理建议意见类、检举控告类、申诉求决类信访事项。这里的“及时”就是按照《信访工作条例》规定，对符合受理条件的信访事项要迅速、快捷地受理，并在规定期限内办理完毕。在实际工作中，各级机关、单位必须按照“谁主管、谁负责”和“依规依法及时就地解决问题与疏导教育相结合”的原则，梳理出台本单位本系统本领域的分类处理清单，力争在第一时间、第一地点解决信访问题，不使其形成积累；必须依法按政策解决，多措并举切实化解矛盾，同时不引发新问题，把信访问题妥善处理在本机关、单位，不推向社会。

2. 件件有着落、事事有回音。这既是对办理信访事项提出的具体标准和要求，也是解决问题、化解矛盾时应当遵循的基本原则，充分体现了对人民群众高度负责的精神。有关机关、单位应当对信访事项依法按政策受理办理，并及时向信访群众反馈受理办理的情况；对于没有法定管辖权的信访事项，应当告知信访群众依法按规定向其他有关部门反映，使每个信访事项都有部门受理办理。

3. 具体情况具体处理。深入分析信访问题的性质和原因，找准症结所在，掌握信访群众的真实想法，因案施策，有针对性地采取措施解决，对合理合法的诉求，根据不同的情况和原因，积极采取政策、法律、经济、行政等手段加以解决；对群众要求合理，但法律和政策没有明确规定或规定不够完善的，研究完善有关法律和政策，及时落实措施加以解决；对坚持无理过高要求的，通过加强法治宣传，耐心细致地进行心理疏导、理顺情绪，解开思想疙瘩；对诉求不合理但生活确有困难、无依无靠的，采取政府救助、社会救济、民间互助等手段，使其基本生活得到保障，感受到党和政府的温暖以及社会的关爱；对以上访为名制造事端、煽动组织闹事的个别违法人员，由有关方面依法进行处理。

（三）预防和化解政策性、群体性信访问题

预防和化解政策性、群体性信访问题，既强调及时治标，又强调从源头上治本。坚持标本兼治，预防和化解相结合，是“其他机关、单位”做好各自职责范围内信访工作的基本要求。从信访问题产生的原因看，政策性、群体性信访问题一般与政策不健全、不合理、不衔接有关，也应当从政策角度入手予以解决。

1. 预防政策性、群体性信访问题。预防政策性、群体性信访问题产生，治本之策在于政策制定中统筹兼顾各方面利益。坚持科学决策、民主决策、依法决策，综合考虑改革的力度、发展的速度和社会可承受的程度，保持政策的严肃性、连续性、稳定性，注意相关政策之间的关联性，统筹兼顾各方面利益。在制定政策时，应当充分听取各方面的意见，重视信访部门的意见和建议。

2. 化解政策性、群体性信访问题。针对群众信访反映的政策性、群体性问题，应当区分不同情况从政策层面推动成批化解。政策和法律法规有明确规定的，应当依法按政策抓紧解决；群众要求合理，但政策和法律法规没有明确规定或者规定不够完善的，应当抓紧研究制定和完善政策法规；群众提出的，应当解决但因客观条件不具备一时难以解决的问题，应当主动说明情况，向群众解释清楚，获得群众的理解和支持，同时积极创造条件适时予以解决；群众提出的不合理要求，应当进行说服教育、积极引导，坚持依法按政策办事，不能突破政策和法律法规，不能为求得一时一事的解决而引起攀比和新的矛盾。

（四）加强对下级机关、单位信访工作的指导

加强对下级机关、单位信访工作的指导，是各级党委和政府以外的其他机关、单位做好信访工作的重要职责。既要坚持突出重点，分类指导，切实增强工作的针对性和实效性；又要坚持典型推进，以点带面，整体推动各级机关、单位信访工作深入开展。在工作实践中，应当指导下级机关、单位重点做好以下三个方面的工作。

1. 建立健全信访工作制度。制度建设是加强各级机关、单位信访工作的保障。包括健全完善各级信访业务工作制度、信访工作统计制度、信访工作督查制度、信访工作考核制度、信访工作表彰激励制度等。重点是健全依法分类处理工作机制，结合本机关、单位实际，区分建议意见类事项、检举控告类事项、申诉求决类事项，分别明确办理方式，逐一细化各种办理方式所适用的具体情形和依据，实现清单化办理。

2. 压实各责任主体责任。一是部门责任。部门责任是指各级机关、单位承担组织实施、贯彻落实党和国家法律法规政策的职责。主要承担避免引发信访问题责任、信访事项登记转送交办责任、受理问题责任、处理问题责任以及报告重大紧急信访事项和信访信息的责任等。二是领导责任。领导责任是指各级机关、单位领导班子责任、领导班子成员责任和各级领导干部责任。领导班子要把信访工作列入议事日程，定期研究部署，认真组织推动，加大信访工作的组织保障力度。领导班子主要负责人对本机关、单位信访工作负总责，承担第一责任；其他成员根据工作分工，落实党政同责、一岗双责，对职权范围内的信访工作负主要领导责任，承担分管责任。各级领导干部应当阅办群众来信和网上信访、定期接待群众来访、定期下访，包案化解群众反映强烈的突出问题。违反相关责任的，要责令改正，造成严重后果的，要依规依纪依法严肃处理。

3. 突出源头治理化解矛盾。各级机关、单位信访工作的着力点应当放在源头预防和前端化解，把可能引发信访问题的矛盾纠纷化解在本机关、单位，化解在萌芽状态。对已发生的信访问题，应当第一时间在本机关、单位得到解决，避免小问题拖成大问题，避免一般性问题演变成信访突出问题。

二、拓宽社会力量参与信访工作的制度化渠道

《信访工作条例》第十五条第二款规定："各级机关、单位应当拓宽社会力量参与信访工作的制度化渠道，发挥群团组织、社会组织和'两代表一委员'、社会工作者等作用，反映群众意见和要求，引导群众依法理性反映诉求、维护权益，推动矛盾纠纷及时有效化解。"

（一）关于"社会力量"的规定

《信访工作条例》明确提出的"社会力量"，主要包括群团组织、社会组织和"两代表一委员"、社会工作者。群团组织，是"群众性团体组织"的简称，主要包括工会、共青团、妇联等人民团体和群众团体。社会

组织，主要包括社会团体、基金会和社会服务机构（民办非企业单位）。“两代表一委员”，是指党代会代表、人大代表、政协委员。社会工作者，是指具有一定社会工作专业知识和技能，在社会福利、慈善事业、社区建设、纠纷调解等领域直接提供社会服务的专门人员。

在工作实践中，参与信访工作比较深入的社会力量还有法律援助机构、相关专业人员和社会志愿者。法律援助机构，主要是指依据《中华人民共和国法律援助法》第十二条的规定，由县级以上人民政府司法行政部门设立的，负责受理、审查法律援助申请，指派律师、基层法律服务工作者、法律援助志愿者等法律援助人员提供法律援助的机构。相关专业人员，主要是指律师、会计师、审计师、从事心理学研究的人员、从事司法鉴定的人员等。社会志愿者，主要是指愿意从事解决矛盾纠纷的社会人士，如退休的法官、检察官、政府法制工作人员、政工干部，法学教学工作者等专业人员。

（二）社会力量参与信访工作的优势

社会力量作为中立的第三方，公信度较高，在分析解决问题方面更具客观性，在防止矛盾激化方面更具缓冲性，参与信访问题化解具有独特优势。从工作实践看，信访问题大多发生在基层，而且大多能够在基层得到解决，但是由于种种原因，很多信访问题得不到及时解决，导致矛盾激化、信访上行。社会力量参与信访工作，容易打消信访人的疑虑，取得信访人的信任，更有利于构建畅通、有序、务实、高效的信访秩序，把信访人吸附在当地，及时有效地解决信访人的投诉请求。

近年来，各地区各部门在吸收社会力量参与信访工作方面进行了大量富有成效的探索和实践。有的地方邀请“两代表一委员”、法律工作者、心理咨询师、社会工作师、一些专业协会和行业协会人员，以及老干部、老党员、老模范、老教师、老军人等第三方参与化解信访矛盾纠纷，取得良好效果；有的地方以购买法律服务形式，聘请律师以第三方身份参与征地拆迁、旧城改造等工作，参与信访积案、难案的处理，提供法律咨询、谈判指导、纠纷调处等服务，有效预防和解决了信访问题。

《信访工作条例》提出一个明确导向：各级机关、单位应当拓宽社会力量参与信访工作的制度化渠道。拓宽社会力量参与信访工作的制度化渠道，要充分发挥社会力量的自身优势和专业特点。一是运用好市场、公益、慈善等途径，把群团组织、社会组织和“两代表一委员”、社会工作者等组织动员起来，让信访工作触角延伸到各行各业、各个角落。二是把解决信访问题的过程作为践行党的群众路线、做好群众工作的过程，引导信访群众在解决信访问题的过程中，在维护信访秩序、促进社会和谐等方面最大限度地释放正能量。三是加强对社会力量参与信访工作的领导和引导，由党委统一领导、政府组织落实，各级机关、单位结合实际有序实施。

（三）拓宽社会力量参与信访工作的制度化渠道

拓宽社会力量参与信访工作的制度化渠道，引入第三方力量反映群众意见和要求，引导群众依法理性反映诉求、维护权益，推动矛盾纠纷及时有效化解，集中体现在信访事项的提出和受理、办理环节，突出其帮助反映、引导和推动作用，尤其是《信访工作条例》中关于调解和解、多元化解的规定，特别需要社会力量广泛深入地参与。

1. 反映群众意见和要求。主要是引导社会力量发挥自身优势，围绕社情民意比较集中或者社会影响较大的问题，通过多种形式和渠道反映群众意见和要求。比如，党代会代表、人大代表、政协委员联系信访群众制度，工会、共青团、妇联等群团组织参与社会矛盾调处制度等，既是对社会力量参与信访工作的制度化渠道的拓宽，也是社会力量做好本职工作的基本之义，对于化解社会基层矛盾、营造社会和谐氛围，推进各自工作的发展和完善都具有重要意义。

以妇女信访代理制为例。妇女信访代理制，是按照自愿原则，信访妇女与妇联选聘的信访代理员签订协议，由信访代理员代替本人反映问题。主要通过三种形式代理妇女信访事项：一是通过主导代理着力解决涉及妇女权益的典型案件。针对婚姻家庭纠纷、家庭暴力、未成年人保护等侵害妇女儿童合法权益的信访事项，严格按照代理、督办、终结的程序进行代理，并规定一案一代理、一案两月结、一案一报告的时效目标，确保代理的每一个案件都有始有终。二是通过协作代理破解涉及妇女权益的共性问题。针对妇女土地权益、劳动权益、经济权益等政策性强、涉及群体利益诉求的信访事项，通过协作代理帮助信访妇女与有关方面协调沟通，以纳入信访工作联席会议、召开信访听证会等多种形式，共同解决问题。三是以疏导代理有效化解影响社会稳定的矛盾纠纷和信访事项。重点从中心工作中引发的矛盾、基层一些苗头性问题和影响稳定的越级访、集体访层面，主动跟进工作，与信访妇女进行真情沟通，积极疏导，协助党委和政府控制事态发展，妥善解决问题。推广妇女信访代理制，依托社区妇女之家、妇女维权站等基层工作机构，加强与职能部门的沟通协调，将妇联的组织优势、人才优势具体转化到了解决群众切身问题的实事中；妇女信访代理员威信高、能力强，在党政部门的指导下参与到规范信访秩序、化解矛盾纠纷中来，为信访妇女群众想实招、出实力、办实事，赢得妇女群众的信赖和认可，有利于提升党领导下群众组织的影响力和凝聚力，夯实长治久安的群众基础。

2. 引导群众依法理性反映诉求、维护权益。群众依法理性反映诉求、维护权益，是指通过信访渠道表达诉求时必须在法治轨道上、法制框架内、法定渠道中进行。这是信访法治化对进行信访活动的群众在行为方式上提出的要求。针对当前依然存在不依法理性反映问题甚至缠访闹访的现象，需要充分发挥社会力量的自身优势和专业特长，引导群众正确运用信访程序，依法理性提出诉求、维护权益。在工作实践中，各地涌现了“两代表一委员”参与信访工作、专家参与社会矛盾调处、社会志愿者参与评议疏导、群众代表和新闻媒体记者参与信访督查等好的经验和做法，发挥了积极有效的作用。

以媒体参与群众评议为例。发挥媒体和群众舆论评价作用，监督涉事责任单位依法按政策处理信访问题，促使当事人客观理性审视自己的态度和要求。具体做法是：利用当地媒体、网站或者投诉平台，将信访人和责任单位的争议问题公之于众，广泛征求群众的看法和建议，评议结果作为信访事项处置的参考。重点抓住五个环节：一是梳理双方的理由和主张。公开信访问题产生的原因，信访人的陈述和要求，涉事责任单位的陈述、申辩以及处理意见等。二是实行评议回避制。回避人员主要包括信访人直系亲属、涉事责任单位的干部职工及其家属等。三是规范公开评议方式。主要方式包括写信、来访、网络跟帖、电子邮件和问卷调查、座谈会等。四是规定公开评议时限。一般时限为 5 个工作日，超过时限的评议意见不再受理。五是公开评议结果。是指公开对争议问题的评议情况，主要包括对信访问题产生原因、信访人信访诉求、责任单位处理意见的评议情况。

3. 推动矛盾纠纷及时有效化解。社会力量推动化解矛盾纠纷，应当充分体现“及时”和“有效”。及时，就是按照《信访工作条例》的规定，对于符合受理条件的，迅速、快捷地受理，并在规定的期限内办理完毕；有效，就是按照《信访工作条例》的规定，对于已经办理完毕的信访事项，推动案结事了、事心双解。在这个过程中，需要运用好由社会力量组织的各类调解平台，充分发挥相关行业性、专业性调解组织的作用，协助有权处理机关、单位采取调解和解、多元化解等方式，推动实现矛盾纠纷及时有效化解。实践证明，社会力量特别是专业人士参与信访工作，有助于提高信访矛盾化解和信访事项办理的专业化水平尤其是法治化水平。

以律师参与信访工作制度为例。律师参与信访工作制度是专业人士参与信访工作的一项有益探索，主要包括以下两个层面：一是律师参与涉法涉诉信访工作，这是推进涉法涉诉信访工作制度改革的配套举措。2015 年，中央政法委出台了《关于建立律师参与化解和代理涉法涉诉信访案件制度的意见（试行）》，明确了律师参与化解和代理涉法涉诉信访案件的具体任务。具体包括：对原案件处理正确的，帮助信访人准确理解政法机关依法作出的法律处理意见，劝导其服判息诉；对原案件处理可能存在错误或瑕疵的，向政法机关提出建议，促使问题进入法律程序解决；对信访人生活困难，符合相关救助规定的，协助申请人开展救助申请工作。二是律师参与普通信访事项处理。2016 年，司法部、国家信访局联合下发《关于深入开展律师参与信访工作的意见》，明确律师在信访工作中主要参与接待群众来访、参与处理疑难复杂信访事项、服务信访工作决策、参与信访督查等。律师在参与接待群众来访、处理疑难复杂信访事项中提出的法律意见，是信访部门分流、处理信访事项的重要依据；在参与信访督查、服务信访工作决策中提出的法律建议，是相关部门决策的重要参考。实践证明，律师参与信访工作有利于发挥律师职业优势和第三方作用，引导信访群众通过法定程序表达诉求、依靠法律手段解决纠纷，在提高相关部门运用法治思维和法治方式解决问题、化解矛盾的能力方面发挥了重要作用。

三、发挥乡镇、街道和村（社区）职能作用

《信访工作条例》第十五条第三款规定："乡镇党委和政府、街道党工委和办事处以及村（社区）'两委'应当全面发挥职能作用，坚持和发展新时代'枫桥经验'，积极协调处理化解发生在当地的信访事项和矛盾纠纷，努力做到小事不出村、大事不出镇、矛盾不上交。"本款旨在推动基层组织全面履行职责，充分发挥引领发展、凝聚人心、维护稳定的职能作用，推动关口前移、重心下移，把可能引发信访问题的矛盾纠纷化解在基层和萌芽状态。

（一）乡镇、街道和村（社区）全面发挥职能作用

工作实践中，大量信访事项和矛盾纠纷发生在乡村两级，也能够依靠乡镇、街道和村（社区）协调处理化解，特别是信访事项已经终结的相关信访人的疏导教育、帮扶救助主要依靠乡镇、街道和村（社区）。乡

镇、街道和村（社区）工作的质量和水平如何、干部的素质和能力如何，直接关系到党的执政地位的稳固，关系到整个社会的和谐稳定。乡镇、街道和村（社区）工作做好了，信访工作的能力提高了，就能有效预防和减少不和谐、不稳定因素，实现小事不出村、大事不出镇、矛盾不上交。《信访工作条例》第十五条强调“乡镇党委和政府、街道党工委和办事处以及村（社区）‘两委’应当全面发挥职能作用”，就是要求乡镇党委和政府、街道党工委和办事处以及村（社区）“两委”立足本地实际，不断加强党对信访工作的领导，积极探索加强和改进新时代基层人民信访工作的新途径、新办法。具体做好以下两个方面的工作。

1. 保障信访工作有力有序开展。一是强化组织保障。把信访工作纳入总体布局，摆上重要议事日程；定期研究信访工作，解决信访突出问题；落实属地责任，压实“党政同责、一岗双责”。二是强化阵地保障。乡镇党委和政府、街道党工委和办事处按照有利工作、方便信访人的原则确定负责信访工作的机构或者人员，村（社区）“两委”应当有相应的机构或人员负责信访工作，县（市、区）政府及有关部门应当向社区派出接访员。乡镇党委和政府、街道党工委和办事处可以建立信访工作联席会议机制，或者明确党政联席会定期研究本地区信访工作，协调处理发生在本地区的重要信访问题。三是强化经费保障。乡镇党委和政府、街道党工委和办事处应当为信访工作提供必要的支持和保障，所需经费列入本级预算。加强信访工作信息化、智能化建设，依规依法有序推进信访信息系统互联互通、信息共享。改善群众来访接待场所，保障信访工作经费和处理信访事项的业务经费。为村（社区）“两委”做好信访工作提供必要的支持和保障。

2. 支持信访工作机构或者人员履行职责。一是支持协调处理化解信访问题。规范基础信访业务，落实“来信必登”“来访必登”的规定。督促有权处理信访事项的机关、单位和村（社区）依法及时就地解决问题。组织各方力量加强矛盾纠纷排查化解，坚持社会矛盾纠纷多元预防调处化解。督促干部严格落实阅办群众来信和网上信访、定期接待群众来访、定期下访，包案化解群众反映强烈的突出问题。二是支持履行“三项建议”职责。赋予信访工作机构或人员“三项建议”职责，支持提出改进工作、完善政策和追究责任的建议。对信访工作机构或人员提出的“三项建议”，督促有权处理的机关、单位虚心接受、认真采纳、及时纠正、抓好落实。对不属于职责范围内的完善政策建议，应当向上级有关机关、单位及时报送。必要时，应当协调纪检监察、组织人事等部门有针对性地介入，对“三项建议”涉及的有关事项进行调查，使“三项建议”职责的履行真正到位和有效。三是主动听取工作汇报和建议意见。定期听取信访工作汇报，分析形势，部署任务，研究重大事项，解决突出问题。健全人民建议征集制度，对涉及国计民生的重要工作，主动听取群众的建议意见。对领导班子和有关领导干部综合考核评价，应当征求信访工作机构或人员的意见和建议。

（二）坚持和发展新时代“枫桥经验”

“枫桥经验”是基层社会治理的中国方案。1963 年 5 月，浙江省委工作队进驻诸暨枫桥开展社会主义教育运动试点，创造了“发动和依靠群众，坚持矛盾不上交，就地解决，实现捕人少，治安好”的经验，被毛泽东同志称为“矛盾不上交，就地解决”，并批示“要各地仿效，经过试点，推广去做”。[①]“枫桥经验”的产生和推广，对巩固人民民主专政的国家政权，调动一切积极因素建设社会主义作出了重大贡献。2003 年，时任浙江省委书记习近平同志在浙江纪念毛泽东同志批示“枫桥经验”40 周年暨创新“枫桥经验”大会上提出，要“充分珍惜‘枫桥经验’，大力推广‘枫桥经验’，不断创新‘枫桥经验’”[②]。党的十八大以来，在习近平新时代中国特色社会主义思想指引下，坚持以平安建设为主线，不断适

---

① 金伯中：《“枫桥经验”的发展历程与重要启示》，载《浙江日报》2021 年 11 月 22 日，第 7 版。

② 金伯中：《“枫桥经验”的发展历程与重要启示》，载《浙江日报》2021 年 11 月 22 日，第 7 版。

应新时代社会主要矛盾的深刻变化，不断加强和创新基层社会治理，形成了“坚持党建统领、坚持人民主体、坚持‘三治融合’、坚持‘四防并举’、坚持共建共享”[①] 的新时代“枫桥经验”。

近年来，全国信访系统坚持和发展新时代“枫桥经验”，充分发挥乡镇、街道和村（社区）职能作用，推动建立社会矛盾纠纷调处化解中心（以下简称矛调中心），落实联合接访工作机制，打造一站式接收、一揽子调处、全链条解决的矛盾纠纷化解运行模式，确保矛盾发现得早、化解得了、控制得住、处理得好，努力做到小事不出村、大事不出镇、矛盾不上交。具体做法主要包括以下四个方面。

1. 夯实基层基础。主要是做强镇级矛调中心、做实村级矛调工作站。镇级矛调中心，整合综合治理、人民来访接待、公共法律服务、便民服务等中心以及综合执法、市场监管等平台，实行联合接访，为群众提供全覆盖、全领域、全过程的优质服务。村级矛调工作站，加强村（社区）党群服务中心建设和力量配备，组织好党员、乡贤、网格员、信访代办员等各方力量，把服务送到群众“家门口”。

2. 强化源头治理。主要落实网格化管理、信访事项代办、隐患排查化解。网格化管理，是指组建由网格长、网格指导员、专职网格员、兼职网格员、平安特派员、党建特派员及社会信息员组成的网格员队伍，保持与群众密切联系。信访事项代办，是指推行信访代办机制，组建专业代办团队，通过上门揽件、平台委托代理等形式，为有信访问题的群众提供委托代办、主动代办、指定代办等服务。隐患排查化解，是指对村（社区）实行微网格全覆盖，围绕警情、发案、矛盾纠纷、安全事故、重点人员等，开展社会矛盾纠纷排查化解。

3. 构建调处闭环。建立责权清晰、分工明确的矛盾纠纷化解机制，对简易矛盾纠纷、复杂矛盾纠纷、疑难矛盾纠纷，按照分类分级分线、定

---

① 《加快推进基层社会治理现代化 努力建设更高水平的平安中国》，载《浙江日报》2018 年 11 月 13 日，第 1 版。

人定岗定责的原则分别进行调处化解。常态化开展乡镇（街道）领导接访下访、村（社区）干部随时接访，实施领导包案、专家会诊、社会参与矛盾纠纷多元化解机制。引入“治未病”理念，每月定期、不定期开展数据分析，针对反映频次高、社会风险大和易发生群体事件的领域，综合分析研判，提出建设性意见建议。

4. 压实绩效考评。镇级矛调中心对成建制进驻人员、常驻人员实施规范化工作考核；对派遣单位的轮驻人员、随叫随驻人员实施阶段性测评和过程性评价。村级矛调工作站由镇级制定考核办法考核。考评结果分别纳入年度平安乡镇（街道）、平安村（社区）结果运用。

（三）协调处理化解发生在当地的信访事项和矛盾纠纷

1. 协调处理化解的范围。主要包括以下三个方面：一是属于职权范围内的信访事项，应当按照《信访工作条例》规定的时限和程序受理办理，诉求简单明了的，适用简易办理办法，更加方便快捷地受理办理。二是不属于职权范围内但发生在当地的信访事项，在告知信访人向有权处理的机关、单位提出的同时，应当积极主动做好疏导教育工作，把矛盾化解在当地。三是对信访事项已经复查复核和涉法涉诉信访事项已经依法终结的相关信访人，事发地或者信访人户籍地属于当地的，应当做好疏导教育、矛盾化解、帮扶救助等工作。

2. 协调处理化解的原则。一是坚持落实信访工作责任。按照“党政同责、一岗双责，属地管理、分级负责，谁主管、谁负责”的原则，履行好领导责任、属地责任，督促有关处理机关、单位落实主体责任，协调相关机关、单位落实协办责任，严格责任追究，以责任落实推动工作落实，形成协调处理化解信访事项和矛盾纠纷的合力。二是坚持依法按政策解决问题。依法规范信访工作，按照《信访工作条例》的规定受理办理职权范围内的信访事项；事发地或者信访人户籍地在当地但信访事项不属于职权范围之内，或者信访事项已经复查复核和涉法涉诉信访事项已经依法终结的，应当做好信访人的疏导教育、帮扶救助等工作。依法按政策处理信访问题，既保证合理诉求依法按政策得到解决，也不为息事宁人而突破法律法规、政策规定无原则地迁就、满足信访人的无理要求。依法维护信访秩序，对滋事扰序、缠访闹访的信访人及时进行劝阻、批评或者教育，情节严重的严格依照法律规定按照法定程序处理。三是坚持源头治理化解矛盾。突出及时就地的要求，多措并举、综合施策，将着力点放在源头预防和前端化解，把可能引发信访问题的矛盾纠纷化解在基层、化解在萌芽状态，做到抓早、抓小、抓苗头，避免小问题拖成大问题，避免一般性问题演变成信访突出问题。

3. 协调处理化解的方式方法。首先要按照《信访工作条例》规定依法按政策解决信访问题。对于疑难复杂、久拖不决的信访事项或者已经依法终结但信访人不满意的信访事项，可以采取以下方式方法协调处理化解：一是调解、和解。在处理申诉求决类事项过程中，可以在不违反政策法规强制性规定的情况下，在裁量权范围内，经争议双方当事人同意进行调解；可以引导争议双方当事人自愿和解。经调解、和解达成一致意见的，应当制作调解协议书或者和解协议书。二是多元化解。坚持社会矛盾纠纷多元预防调处化解，人民调解、行政调解、司法调解联动，综合运用法律、政策、经济、行政等手段和教育、协商、疏导等办法，多措并举化解矛盾纠纷。在办理信访事项时，对生活确有困难的信访人，可以告知或者帮助其向有关机关或者机构依法申请社会救助。三是第三方参与。拓宽社会力量参与信访工作的制度化渠道，发挥群团组织、社会组织和“两代表一委员”、社会工作者等作用，反映群众意见和要求，引导群众依法理性反映诉求、维护权益，推动矛盾纠纷及时有效化解。

第三章 信访事项的提出和受理

信访事项的提出和受理是信访程序的第一环节。信访人提出信访事项，信访部门或者其他机关、单位对接收的信访事项进行初步甄别并依规依法决定是否受理。

第一节 提出信访事项的形式及要求

信访事项的提出，是指信访人向有关机关、单位反映情况，提出建议、意见或者投诉请求的行为。

根据《信访工作条例》第十七条的规定，信访人是指采用信息网络、书信、电话、传真、走访等形式，反映情况，提出建议、意见或者投诉请求的公民、法人或者其他组织。

一、信访人提出信访事项的形式

《信访工作条例》第十七条第一款规定："公民、法人或者其他组织可以采用信息网络、书信、电话、传真、走访等形式，向各级机关、单位反映情况，提出建议、意见或者投诉请求，有关机关、单位应当依规依法处理。"

信访事项的提出一般有信息网络、书信、电话、传真、走访等基本形式。信息网络形式，是指信访人通过互联网平台或指定的互联网页面、手机客户端、微信公众号、电子信箱等提出信访事项。书信形式，是指信访人以信函、贺卡、明信片、汇款单、包裹等方式提出信访事项。其中，根据是否署名，可分为签署真实姓名或单位名称的书信，不署名、署假名或署名不完整的书信；根据署名个数，可分为只签署一个姓名或单位名称的书信，签署多个姓名或单位名称的书信。电话形式，是指信访人以电话的方式口头提出信访事项。传真形式，是指信访人将信访事项以传真的形式向有关机关、单位公布的传真电话发送。走访形式，是指信访人本人或委托他人到有关机关、单位设立或指定的接待场所面谈，提出信访事项。其中，根据走访人数，即同一时间到同一机关、单位反映同一信访事项的实际人数，可分为个体走访和集体走访；根据走访反映信访事项的性质和管辖层级，可分为到依法有权处理的本级或上一级机关、单位的走访，跨越本级或上一级机关、单位的走访。

将“信息网络”列为提出信访事项的首要形式，主要考虑网上信访具有公开透明、快捷高效、便于监督的优势和特点，已成为当前群众信访的重要渠道，可以实现“让数据多跑路、让群众少跑腿”，以更开放的姿态、更便捷的方式，顺应群众更快更好解决问题的新期待。

倡导信访人采用书面形式提出信访事项。《信访工作条例》第十九条明确提出，信访人一般应当采用书面形式提出信访事项。书面形式包括前述信息网络、书信、传真等。

二、信访人提出信访事项的要求

（一）提出信访事项的基本要求

1. 真实性要求

《信访工作条例》第十九条第二款规定：“信访人提出信访事项，应当客观真实，对其所提供材料内容的真实性负责，不得捏造、歪曲事实，不得诬告、陷害他人。”

信访人提出信访事项，是为了证明其合法利益受到侵害，或者实际生产生活中存在困难和问题，从而获得信访救济。为了便于有关机关、单位证实信访人所提出的事项应该获得救济，信访人应当如实提供有关材料、反映真实情况，不能隐瞒有关情况、提供虚假材料，更不能捏造、歪曲事实，诬告、陷害他人。所谓捏造事实，是指无中生有，编造、虚构事实。所谓歪曲事实，是指不如实反映事实。所谓诬告、陷害他人，是指信访人通过捏造、歪曲事实，意图使他人受到党纪政纪处分或者法律制裁。

“客观真实”是权利义务相一致原则在信访工作领域的体现。《中华人民共和国宪法》第四十一条第一款规定：“中华人民共和国公民对于任何国家机关和国家工作人员，有提出批评和建议的权利；对于任何国家机关和国家工作人员的违法失职行为，有向有关国家机关提出申诉、控告或者检举的权利，但是不得捏造或者歪曲事实进行诬告陷害。”如果提出信访事项违背真实性原则，将承担不利后果。首先，违背真实性原则，会影响信访权利行使的正当性。对所提信访事项主观臆造，或者把问题和矛盾进行无限扩大，或者对有关机关、单位的正当行为有意回避等，都违背了真实性原则。其次，违背真实性原则，会影响信访权利的实现。提出的信访事项不真实，会误导、妨碍审查和办理工作，增加信访工作成本，影响信访人权益维护的效率和结果。比如，信访人提供虚假地址，有关机关、单位无法书面告知答复。最后，如果信访人违背真实性原则，并且有诬告、陷害他人的行为，还将受到法律的制裁。《中华人民共和国刑法》第二百四十三条第一款规定：“捏造事实诬告陷害他人，意图使他人受刑事追究，情节严重的，处三年以下有期徒刑、拘役或者管制；造成严重后果的，处三年以上十年以下有期徒刑。”

“客观真实”要求信访人对信访事项的陈述必须客观地表现其本来面目，是怎么回事就怎么讲，原原本本，不能根据自己的想法主观“推测”，着意描绘；是什么程度就讲到什么程度，不能添油加醋、故弄玄虚，更不能随意虚构，危言耸听。当然，信访人对于各级机关、单位或其工作人员的工作提出改进建议意见，是从帮助机关、单位改进和提高工作水平的愿望出发的，即使有些建议意见存在偏差，各级机关、单位也应当表示欢迎。

2. 完整性要求

根据《信访工作条例》第十九条第一款的规定，信访事项一般应载明信访人姓名（名称）、住址和请求、事实、理由。

该条规定信访人提出信访事项必须载明的内容，主要有三点考虑：一是保证信访人所提信访事项的严肃性；二是保证信访人所提信访事项的真实性；三是便于告知信访人信访事项的处理情况。如果不署名或者不署真实姓名（名称）、住址，将无法告知信访人信访事项的受理办理情况，也无法直接听取信访人的建议意见，影响处理信访事项的质效。如果不写明请求、事实、理由，将严重影响对信访事项合法性、合理性的判断，也无法有针对性地提出处理意见，受理办理信访事项就失去了应有的意义。

3. 禁止性要求

《信访工作条例》第二十六条规定："信访人在信访过程中应当遵守法律、法规，不得损害国家、社会、集体的利益和其他公民的合法权利，自觉维护社会公共秩序和信访秩序，不得有下列行为：（一）在机关、单位办公场所周围、公共场所非法聚集，围堵、冲击机关、单位，拦截公务车辆，或者堵塞、阻断交通；（二）携带危险物品、管制器具；（三）侮辱、殴打、威胁机关、单位工作人员，非法限制他人人身自由，或者毁坏财物；（四）在信访接待场所滞留、滋事，或者将生活不能自理的人弃留在信访接待场所；（五）煽动、串联、胁迫、以财物诱使、幕后操纵他人信访，或者以信访为名借机敛财；（六）其他扰乱公共秩序、妨害国家和公共安全的行为。""六个不得"的行为，实质是扰乱单位、公共场所、公共交通秩序等扰乱社会秩序的违法行为。

信访人在行使权利的同时，应当履行相对应的义务。《中华人民共和国宪法》第三十三条第二款至第四款规定："中华人民共和国公民在法律面前一律平等。国家尊重和保障人权。任何公民享有宪法和法律规定的权利，同时必须履行宪法和法律规定的义务。”第五十一条规定：“中华人民共和国公民在行使自由和权利的时候，不得损害国家的、社会的、集体的利益和其他公民的合法的自由和权利。”第五十三条规定：“中华人民共和国公民必须遵守宪法和法律，保守国家秘密，爱护公共财产，遵守劳动纪律，遵守公共秩序，尊重社会公德。”因此，体现在信访工作领域，信访人在信访过程中应当遵守法律、法规，不得损害国家、社会、集体的利益和其他公民的合法权利，自觉维护社会公共秩序和信访秩序。

《信访工作条例》第二十六条中的“法律、法规”，主要是指《中华人民共和国宪法》《中华人民共和国刑法》《中华人民共和国治安管理处罚法》等法律，也包括《信访工作条例》等法规。社会公共秩序，主要是指正常的社会工作和生活秩序。比如，如果信访人聚集在城市道路上，影响了行人和车辆的通行，就属于扰乱社会公共秩序。信访秩序，主要是指信访人正常提出信访事项，各级机关、单位正常处理信访事项的秩序。比如，信访人在信访接待场所侮辱、殴打、威胁机关、单位工作人员，就扰乱了有关机关、单位正常的受理办理信访事项的秩序，也影响了其他信访人的正常信访活动。

关于在机关、单位办公场所周围、公共场所非法聚集，围堵、冲击机关、单位，拦截公务车辆，或者堵塞、阻断交通的行为。公共场所，是指车站、码头、商场、广场等允许公众使用而非私人使用的场所。非法聚集，是指违反有关法律法规规定进行聚集的活动，造成社会秩序的混乱和公众心理的不安。围堵机关、单位，是指包围机关、单位，堵塞机关、单位的进出口，影响工作人员及来机关、单位办事的其他人员的正常出行；冲击机关、单位，是指违反机关、单位的管理规定，强行进入、占据机关、单位办公场所，扰乱机关、单位办公等正常工作秩序的行为。公务车辆，是指从事公务活动的车辆，既包括机关、单位领导乘坐的公务车辆，也包括一般工作人员乘坐的公务车辆。堵塞交通，是指造成交通拥堵，但未完全中断，影响人民群众的正常出行；阻断交通，是指通过拦截车辆、卧轨等方式，使公路、铁路交通完全中断。处理该种行为的主要法律依据是《中华人民共和国治安管理处罚法》第二十三条，《中华人民共和国刑法》第二百九十条、第二百九十一条、第二百九十三条等。

关于携带危险物品、管制器具的行为。危险物品，是指具有爆炸性、易燃性、放射性、毒害性、腐蚀性、传染病病原体的物质或者物品，包括弹药、雷管、炸药等爆炸物，汽油、酒精等易燃性物质，放射性物质，毒药、农药等毒害性物质，硫酸、盐酸等腐蚀性物质，带有传染病病原体的物品等。管制器具，是指国家管制的枪支（军用枪支和非军用枪支，如猎枪、钢珠枪、气枪、电击枪等）、弓弩、匕首等。处理该种行为的主要法律依据是《中华人民共和国治安管理处罚法》第三十条、第三十二条，《中华人民共和国刑法》第一百三十条、第二百九十七条等。

关于侮辱、殴打、威胁机关、单位工作人员，非法限制他人人身自由，或者毁坏财物的行为。侮辱，是指以语言、动作等方式，采用暴力或者其他方法，使对方人格或名誉受到损害。非法限制他人人身自由，是指违反法律、法规的有关规定，使对方人身自由受到限制，比如限制他人在一定区域活动、居住，限制他人参加一定的活动，限制他人外出活动等。处理该种行为的主要法律依据是《中华人民共和国治安管理处罚法》第四十条、第四十二条、第四十三条、第四十九条，《中华人民共和国刑法》第二百三十四条、第二百三十八条、第二百四十六条、第二百七十五条至第二百七十七条、第二百九十三条等。

关于在信访接待场所滞留、滋事，或者将生活不能自理的人弃留在信访接待场所的行为。在信访接待场所滞留，是指信访人不听工作人员说服、劝阻，在非工作时间仍待在信访接待场所不离开，扰乱工作秩序的行为；在信访接待场所滋事，是指信访人在信访接待场所吵闹、辱骂、打架、起哄闹事，或者损毁、破坏、占用信访接待场所的办公用具或者其他财物的行为。生活不能自理的人，包括婴幼儿、老年人、残疾人、精神病患者等。处理该种行为的主要法律依据是《中华人民共和国治安管理处罚法》第二十三条、第四十五条，《中华人民共和国刑法》第二百六十一条、第二百九十条、第二百九十一条、第二百九十三条等。

关于煽动、串联、胁迫、以财物诱使、幕后操纵他人信访，或者以信访为名借机敛财的行为。煽动他人信访，是指以提供虚假信息等方式，组织、鼓动其他人参与信访，借机制造事端的行为；串联他人信访，是指联络、组织他人参与信访，以制造声势，向机关、单位施加压力的行为，包括跨地区、跨行业串联以及组织个人访串联；胁迫他人信访，是指通过言语、行为等方式，采取暴力等不正当手段，威胁强迫他人信访的行为；以财物诱使他人信访，是指通过向他人提供或者允诺提供钱财或者物品等方式，引诱他人进行信访的行为，包括财物引诱和提供获得财物信息的引诱；幕后操纵他人信访，是指为达到个人非法目的，在背后策划、操纵、指使他人信访的行为；以信访为名借机敛财，是指以向他人许诺自己可以通过信访帮助别人解决问题为借口，向他人收取金钱、财物。处理该种行为的主要法律依据是《中华人民共和国治安管理处罚法》第二十三条、第四十九条，《中华人民共和国刑法》第二百六十六条、第二百七十四条、第二百九十条等。

关于其他扰乱公共秩序、妨害国家和公共安全的行为。这是兜底条款，对其他不能具体列举的禁止行为作出规定。其他扰乱公共秩序的行为，主要是指扰乱公共场所秩序的其他难以具体列明的行为；其他妨害国家安全的行为，主要是指极少数敌对分子，仇视中国共产党的领导，仇视社会主义，通过支持、操纵、策划个别人以信访方式制造事端，妄图颠覆人民政府、危害国家安全的行为；其他妨害公共安全的行为，主要是指妨害社会公共安全的其他难以具体列明的行为。

（二）对以走访形式提出信访事项的特殊要求

《信访工作条例》第二十条规定：“信访人采用走访形式提出信访事项的，应当到有权处理的本级或者上一级机关、单位设立或者指定的接待场所提出。信访人采用走访形式提出涉及诉讼权利救济的信访事项，应当按照法律法规规定的程序向有关政法部门提出。多人采用走访形式提出共同的信访事项的，应当推选代表，代表人数不得超过 5 人。各级机关、单位应当落实属地责任，认真接待处理群众来访，把问题解决在当地，引导信访人就地反映问题。”需要把握以下五个关键点。

1. 关于走访层级

信访人走访应当向有权处理的本级或者上一级机关、单位提出。有权处理的本级机关、单位是指对信访事项有直接管辖权的机关、单位。上一级机关、单位是指对该机关、单位有直接管辖权的上一级主管或指导机关、单位。比如，信访人走访反映所在县的土地征用问题，可以向本级机关、单位，即该县自然资源部门提出，也可以向上一级机关、单位，即该县人民政府或所属市的自然资源部门提出。

强调到有权处理的本级或者上一级机关、单位走访反映，根本出发点在于依法及时就地解决问题，切实维护群众合法权益，不是限制信访权利，而是要更好地实现信访权利。信访人在明确知悉谁为有权处理的机关、单位时，直接向其提出信访事项，不提倡在未向有权处理机关、单位提出之前，直接向上一级或最高层级的机关、单位提出。主要理由是：第一，逐级上访是由级别管辖权决定的。第二，任何管理工作的顺利进行都要遵守一定的程序，这是由管理工作的程序性特点决定的。第三，有利于降低信访人信访成本和机关、单位工作成本，提高解决问题的效率。

实践中，判断是否跨越本级和上一级走访反映问题，应根据信访事项的性质和管辖层级确定。比如，反映中央国家机关、省级人民政府或其工作人员职务行为的问题，跨省区市跨部门跨行业且一个省区市或一个部门无法独立解决的问题，以及省级人民政府未按规定受理办理来访事项等，群众到国家信访局或相关中央部委信访工作机构反映问题，就不属于跨越本级和上一级反映问题。

2. 关于涉及诉讼权利救济信访事项的走访

信访人采用走访形式提出涉及诉讼权利救济的信访事项，应当按照法律法规规定的程序向有关政法部门提出。根据《中华人民共和国民事诉讼法》《中华人民共和国刑事诉讼法》《中华人民共和国行政诉讼法》以及相关司法解释，法院、检察院有特定的级别管辖规定。比如：《中华人民共和国民事诉讼法》第十八条规定，“基层人民法院管辖第一审民事案件，但本法另有规定的除外”；第十九条规定，“中级人民法院管辖下列第一审民事案件：（一）重大涉外案件……”；第二十条规定，“高级人民法院管辖在本辖区有重大影响的第一审民事案件”；第二十一条规定，“最高人民法院管辖下列第一审民事案件：（一）在全国有重大影响的案件……”。据此，与一般信访事项到有权处理的本级或者上一级机关、单位走访反映不同，信访人采用走访形式提出涉及诉讼权利救济的信访事项，应当按照法律法规规定的管辖级别和程序向有关政法部门提出。

3. 关于接待场所

根据《信访工作条例》第十八条“各级机关、单位应当向社会公布网络信访渠道……信访接待的时间和地点……”的规定，设立或指定接待场所是各级机关、单位的义务。信访人采用走访形式提出信访事项，也应当到设立或指定的接待场所，做到有序信访。

在设立或指定场所之外反映问题，不属于信访活动。少数信访人为引起有关机关、单位的重视，采取到机关、单位门口或公共场所等非设立或指定接待场所上访，不符合《信访工作条例》的规定，其在设立或指定场所之外提出的事项，有关机关、单位不应受理。

4. 关于走访人数

多人采用走访形式提出共同的信访事项的，应当推选代表，代表人数不得超过 5 人。这是对反映共同信访事项的走访代表人数的限制。适用该款规定需要满足三个要件：一是“多人”，标准是超过 5 人。二是提出的是共同信访事项，即具有相同的诉求、共同的利害关系，不可分割。三是采用走访形式提出，如果是通过书面形式提出信访事项，比如写联名信，则不受该款规定约束。

“代表人数不得超过5人”的限制，沿用了《信访条例》第十八条的规定，也借鉴了《中华人民共和国民事诉讼法》《中华人民共和国行政诉讼法》以及相关司法解释关于诉讼代表人制度的规定。诉讼代表人制度通常要求当事人一方人数众多时，由当事人推选代表，代表人数为2—5人。推选代表的目的，一是让走访群众在良好的秩序下充分反映意见，有利于接待人员搞清问题的来龙去脉；二是可以减少影响社会安全稳定的隐患，避免出现不利于实际问题解决的其他干扰因素。

实践中，对于5人（含）以上走访，视为集体访，应当对走访人员逐一登记身份信息，并作为同一信访事项登记处理。

5. 关于属地责任

各级机关、单位应当落实属地责任，认真接待处理群众来访，把问题解决在当地，引导信访人就地反映问题。这是在《信访条例》基础上新增的内容。主要考虑到大多数信访问题发生在基层和属地，大多数信访问题也应在基层和属地得到解决，各级机关、单位应当认真落实“属地管理、分级负责，谁主管、谁负责”的责任，切实提高解决问题的能力，通过认真接待处理群众来访，努力把矛盾化解于萌芽，把问题解决在属地，减少矛盾上行。这样规定，体现了党中央反复强调的固本强基的思想。

三、各级机关、单位畅通信访渠道的要求

（一）建立健全信访渠道信息公开制度

《信访工作条例》第十八条第一款规定：“各级机关、单位应当向社会公布网络信访渠道、通信地址、咨询投诉电话、信访接待的时间和地点、查询信访事项处理进展以及结果的方式等相关事项，在其信访接待场所或者网站公布与信访工作有关的党内法规和法律、法规、规章，信访事项的处理程序，以及其他为信访人提供便利的相关事项。”该款规定了信访渠道信息公开的主体、内容和方式。

建立健全信访渠道信息公开制度主要基于三个方面的原因：一是为了进一步提升信访工作质效。现代社会是信息社会，如果透明度不高，势必增加社会治理的成本。因此，有必要通过推进信息公开来增强治理透明度，降低治理成本，提高治理效率。信访工作是党委和政府的一项重要工作，是加强社会治理的重要方面，同样需要增强透明度，提高工作质量和水平。二是为了维护信访人的知情权。知情权是民主社会的基石，也是公民的一项基本权利。信息越公开，社会的自主能力和承受能力就越高，社会就越稳定。信访渠道信息公开，有利于畅通信访渠道，引导信访人有序信访，减少信访投诉成本。三是为了更好地对信访工作进行监督。信息公开使有关机关、单位权力运行的基本过程处于全社会的监督之下，防止权力被滥用，从而消除信访人不必要的顾虑，增进合作，避免对抗。

1. 公开的主体是各级机关、单位。不仅包括党委和政府信访部门，还包括各级党的机关、人大机关、行政机关、政协机关、监察机关、审判机关、检察机关以及群团组织、国有企事业单位等所有开展信访工作的主体。

2. 公开的内容主要有四类：一是网络信访渠道、通信地址、咨询投诉电话、信访接待的时间和地点、查询信访事项处理进展以及结果的方式等相关事项。二是与信访工作有关的党内法规和法律、法规、规章。三是信访事项的处理程序，包括信访事项的受理、办理、复查、复核等具体工作程序。四是其他为信访人提供便利的相关事项。

3. 公开的方式要面向社会，决定了信息公开方式可以是多样的：一是通过报刊、电台、电视台、互联网等新闻媒体主动传达有关政务信息。二是通过本机关网站，对外宣传信访工作。三是印发信访工作有关宣传资料，以免费的形式向社会各方面公布有关信访工作的政务信息。四是在信访接待场所设立公告栏、电子屏幕、电子查询设备等，公开有关信访工作的制度和规定等。

（二）建立健全领导干部亲自处理信访事项制度

《信访工作条例》第十八条第二款规定：“各级机关、单位领导干部应当阅办群众来信和网上信访、定期接待群众来访、定期下访，包案化解群众反映强烈的突出问题。”

做好信访工作是各级机关、单位领导的一项重要职责。《信访工作责任制实施办法》第四条第三款规定：“各级领导干部应当阅批群众来信和网上信访，定期接待群众来访，协调处理疑难复杂信访问题。”实践中，许多领导同志阅批群众来信，定期接待群众来访，协调处理重大信访事项，督促解决信访问题，自觉把处理信访问题作为了解社情民意、汲取群众智慧、促进科学决策的重要途径。《信访工作条例》在总结实践经验做法的基础上对领导干部处理信访事项作出了明确规定。

1. 关于阅办群众来信和网上信访

群众通过书信反映情况，提出建议、意见或者投诉请求，是《信访工作条例》大力倡导的诉求表达方式。领导干部认真阅办群众来信和网上信访具有多方面的重要意义：一是有利于进一步增强党和政府与人民群众的密切联系。领导干部阅办群众来信和网上信访的过程就是不断强化宗旨意识、牢固树立群众观念的过程，就是了解社情民意、体察群众疾苦、增进与群众的感情、增强为群众排忧解难的自觉性和主动性的过程。二是有利于进一步促进科学民主决策。领导干部通过阅办群众来信和网上信访，能够及时掌握经济社会发展、社会和谐稳定、人民群众需求等方面鲜活的信息，为科学民主决策、不断完善政策、改进工作提供及时而重要的参考。三是有利于进一步推动信访问题的解决。领导干部阅办群众来信和网上信访后所形成的意见，大多对问题的处理明确了责任、提出了要求，使群众反映的问题能够较快地进入调查、办理、答复或疏导教育程序，有力推动解决问题。四是有利于进一步加强对信访工作的领导。阅办群众来信和网上信访的过程，就是领导干部直接参与信访工作的过程。在这个过程中领导干部对信访工作重要性的认识和体会更直接、更深刻，对信访工作中存在的问题也了解得更具体、更全面。因此，在加强对信访工作的领导中，重视程度会更高，指导性和针对性也会更强。五是有利于进一步规范信访行为和信访秩序。领导干部阅办群众来信和网上信访，能够促使来信反映的问题“件件有着落、事事有回音”，群众能够真切感到写信管用，从而自觉选择书面形式反映问题、表达诉求。这既方便了群众，降低了群众信访成本，又改善了信访秩序，降低了信访工作成本，有力地促进了社会和谐稳定。

习近平总书记是亲自阅办群众来信的典范。在福州市委任职时，他交代身边的工作人员：“凡是群众来信，一律都要交给我过目。”并提议把信访工作列入市委、市政府的重要议事日程，还要求自己无条件做到四个“亲自”，即亲自研究、亲自部署、亲自批阅、亲自查办。根据 1993 年福州市委督查科的资料，习近平任职福州市委书记后，批阅的群众来信函件达千余件，他对群众来信几乎每封必看，每看必批。党的十八大以来，习近平总书记更是多次给人民群众、社会团体回信。在 2018 年新年贺词中，他专门指出：“2017 年，我又收到很多群众来信，其中有西藏隆子县玉麦乡的乡亲们，有内蒙古苏尼特右旗乌兰牧骑的队员们，有西安交大西迁的老教授，也有南开大学新入伍的大学生，他们的故事让我深受感动。”① 在 2022 年 2 月出版的《习近平书信选集》第一卷中收录了习近平同志给群众的回信，这些回信传递了对来信者的关怀，给出了指导指示，引起了广泛反响，也给广大领导干部树立了榜样。同时，2018 年修订的《国务院工作规则》第三十六条规定：“国务院及各部门要重视信访工作，进一步完善信访制度，畅通和规范群众诉求表达、利益协调、权益保障渠道；国务院领导同志及各部门负责人要亲自阅批重要的群众来信，督促解决重大信访问题。”因此，阅办群众来信和网上信访，不仅是《信访工作条例》的规定要求，更是各级机关、单位领导干部的政治责任。

2. 关于领导干部定期接访下访

领导干部定期接访下访的重要意义体现在五个方面：一是领导干部通

---

① 《国家主席习近平发表二〇一八年新年贺词》，载《人民日报》2018 年 1 月 1 日，第 1 版。

过接待来访群众，可以了解到更真实的信息，及时发现工作中存在的问题，汲取群众的智慧，进一步改进领导作风，强化执政为民的观念，推动决策科学化。二是领导干部通过接待来访群众，能够直接解决一批群众反映强烈的热点难点问题和一些久拖不决的问题，进一步树立党和政府在人民群众中的威信，有力维护当地改革、发展、稳定的大局。三是领导干部通过接待来访群众，可以对现阶段信访工作情况有更深入的了解，提出有针对性的指导意见，更好地推动本地区、本部门信访工作向纵深发展。四是领导干部通过接待来访群众，能够进一步畅通与群众交流、沟通、联系的渠道，密切领导干部与群众的关系，有利于面对面地向群众宣传党的路线方针政策，疏导群众思想，解疑释惑，理顺群众情绪。五是领导干部通过接待来访群众，既可以检查基层信访工作落实情况和实际成效，增强基层干部为民解难的紧迫感和责任感，又可以发现不足，及时督促基层把群众反映的问题处理好，真正把矛盾化解在当地，带动广大干部形成积极主动帮助群众解难题、办实事的良好氛围。

中共中央办公厅、国务院办公厅《关于创新群众工作方法解决信访突出问题的意见》以及国家信访局《关于进一步加强和规范联合接访工作的意见》等对领导干部定期接访下访提出了具体要求。（1）在定位上，要求把领导干部定期接访下访作为党员干部直接联系群众的一项重要制度，与下基层调查研究、深入联系点、扶贫帮困等结合起来，提高工作实效。（2）在时限上，要求省级领导干部每半年至少 1 天、市厅级领导干部每季度至少 1 天、县（市、区、旗）领导干部每月至少 1 天、乡镇（街道）领导干部每周至少 1 天到信访接待场所，按照属地管理、分级负责的原则接待群众来访。（3）在方式方法上，在坚持定点接访的同时，更多采取重点约访、专题接访、带案下访、下基层接访、领导包案等方式，把资源集中用于解决重大疑难复杂问题、检验施政得失、完善政策措施、加强督查问效上。（4）在组织安排上，接访领导干部的姓名、职务、分管工作及接访时间，在当地新闻媒体和联合接访场所提前向社会公布；建立工作台账，明确承办单位和责任人，以便督办落实；对疑难复杂信访事项，按照“谁主管、谁负责”“一岗双责”的要求，由相关领导干部带案下访、协调化解，做好思想疏导工作，化解情况通过适当方式予以公开，接受群众监督。

3. 关于领导干部包案化解群众反映强烈的突出问题

信访问题是社会矛盾的综合反映，既有历史遗留问题，又有现实问题；既有因政策调整产生的问题，又有诉求有合理性但缺乏明确法律规定的问题。此外，还有许多问题跨地区、跨行业、跨部门，涉及的群体多、诉求多、政策多，协调处理的难度大。这就需要领导干部倾注更多的精力，亲自组织、亲自协调，以集中更多的智慧，整合更多的力量，调动多方面的积极性，推动解决。

领导干部包案是实践证明行之有效的方法，应注意以下五个环节：（1）建立制度，以文件、制度等方式，明确领导干部包案的职责，落实包掌握情况、包思想教育、包解决化解、包息诉息访责任制。对涉及面广、社会关注度高的疑难复杂信访事项，党委和政府主要负责同志应当亲自包案。（2）明确任务，对于需要包案的问题用文件或台账的形式固定下来。（3）整合力量，调集有关部门的力量，形成统一领导、上下联动的工作机制。（4）直接处理，在查清情况的基础上，依法按政策提出处理意见。（5）督办落实，对包案解决问题的处理要一督到底，直到息诉罢访、彻底解决。

（三）建立和完善联合接访工作机制

《信访工作条例》第十八条第三款规定：“市、县级党委和政府应当建立和完善联合接访工作机制，根据工作需要组织有关机关、单位联合接待，一站式解决信访问题。”

联合接访，主要是将涉及信访问题较多的有关部门集中起来，联合接待群众来访，直接处理信访事项，方便信访群众，提高信访工作效能。这一机制的核心是以“一站式”的方式，整合资源，强化责任，及时就地解决信访问题。所谓“一站式”的方式，就是在一个地区设立一个专门接待场所，由信访部门组织相关部门在此联合接待信访群众，使信访人的诉求基本能够在联合接待场所提出、受理，对应该在本层级解决的问题，不管是涉及一个部门还是多个部门，也不管是一般的还是疑难复杂的，都能够在联合接待场所实现“件件有着落、事事有回音”。

开展联合接访是近年来各地的成功实践，已收到良好效果。一是有利于进一步畅通信访渠道，提高群众对党委和政府工作的满意度。联合接访中心实行“一站式”服务，大多数问题能够一次性办结，极大地方便了上访群众，避免了群众在部门间的往返奔波。加之联合接访中心通常功能齐备、环境友好，可以有效缓和上访群众的情绪，使他们感受到党委和政府的重视和关心。二是有利于进一步加大对信访问题的处理力度，提高工作效率。对一般性信访事项，接访部门现场答复，可以减少交办、转送环节；对涉及多个部门的信访事项，相关部门可以当即协商沟通，统一答复口径，缩短办理时限，减少群众滞留时间。三是有利于进一步整合力量，形成齐抓共管的信访工作格局。通过开展联合接访，把相关机关、单位集中起来接待来访群众，主动直接参与信访事项的处理，可以有效压实工作责任，大大减少推诿扯皮，实现工作力量、资源和优势的整合。四是有利于进一步规范上访行为，维护正常的信访秩序。实行联合接访，便于加强对来访群众的法治宣传教育，便于公安机关维护现场秩序，充分营造理性有序、文明和谐的信访环境。五是有利于进一步改善党和政府形象，树立工作权威。通过建立联合接访机制，进一步从组织上、物质上加强信访工作基础建设，切实树立起各级党委和政府务实高效、勤政为民的良好形象。

目前，联合接访已形成了信访部门综合协调、接访单位动态调整、工作流程规范完整、服务群众便捷高效的运行机制。一是信访人到联合接访中心投诉时，由信访部门登记接待。根据其诉求的性质，按照“谁主管、谁负责”的原则，转到进驻联合接访中心有权处理的机关、单位接待处理。相关工作人员对案情简单、能够当即提出处理意见的信访事项，直接办理；不能当即处理的，及时向本机关、单位领导报告，并在规定期限内办结。二是对属于进驻联合接访中心之外的机关、单位管辖的信访事项，可以由信访部门或者以联合接访中心的名义进行转送或交办，并负责督促办理，限期提出处理意见或解决方案，并答复上访人；上访群众人数众多、规模较大的，通知有关机关、单位直接到联合接访中心接待上访代表。三是对于疑难、复杂或跨部门的信访事项，可以由联合接访中心根据问题的性质和所涉及的机关、单位，及时召集开展联合接访，或组织召开协调会议，进行协调调度，并按照会议形成的意见，督促信访事项尽快得到办理。四是对于少数重大疑难信访事项，由联合接访中心提交同级信访工作联席会议或同级党委和政府，及时研究分析案情，制定有效措施，启动相关程序，明确办理责任，并推动落实。对于争议较大、上访人拒不接受处理意见的信访事项，可以召开听证会，邀请人大代表、政协委员、律师和各界知名人士等参加听证，在公开透明的情况下，由上访人和处理信访事项的单位进行申诉、质询和质证，公开解决。

建立和完善联合接访工作机制应注意以下三个环节：（1）在设置层级上，在市、县两级全部实行联合接访，分级受理职责范围内的来访事项。（2）在进驻主体上，加强对进驻联合接访场所机关、单位的动态管理，做到信访问题突出的机关、单位及时进驻，信访问题明显减少的机关、单位有序退出。组织律师、心理咨询师和专业社会工作者进驻联合接访场所，辅助做好法律援助、心理咨询和情绪疏导等工作。（3）在保障措施上，加强经常性的法治宣传教育，着力引导来访群众依法理性反映诉求，规范信访行为。为进驻警务室创造良好工作条件，支持配合依法维护信访秩序。对违反联合接访场所有关规定、言行过激的来访群众，做好教育劝导工作；对信访活动中的违法犯罪行为，由政法部门依法处理。

（四）实行网上受理信访制度

《信访工作条例》第二十一条规定：“各级党委和政府应当加强信访

工作信息化、智能化建设，依规依法有序推进信访信息系统互联互通、信息共享。各级机关、单位应当及时将信访事项录入信访信息系统，使网上信访、来信、来访、来电在网上流转，方便信访人查询、评价信访事项办理情况。”

加强信访工作信息化、智能化建设，依规依法有序推进信访信息系统互联互通、信息共享是适应信访工作形势发展的迫切需要。一是推进形成各系统信访工作合力。在建立信访信息系统之前，信访工作按照区域、级别、部门划分，各地区、各系统自成一体，不同机关、单位都各自掌握自己处理的信访事项以及相关信息，难以做到信息共享。为了进一步提高信访工作质量和效率，上下级之间以及各级机关、单位之间必须加强协同配合，及时沟通情况，建立畅通、快捷的联系渠道。通过建立信访信息系统，畅通传递信息，上级可以及时全面了解下级的工作情况，及时给予督促和指导，各级机关、单位之间也可以充分交流经验做法，进一步有效解决信访问题。二是优化提速信息传递方式。近年来，群众的信访量高位运行，信访事项必须及时处理，避免因得不到及时有效处理而导致矛盾升级、激化。通过建立信访信息系统，实现互联互通、信息共享，不仅能够节约大量人力、物力、财力，而且可以有效克服传统的交换或邮寄方式送达在途时间长、经历环节多的不足，大幅提高办理信访事项的质效。三是适应信息化社会服务群众的需要。信息化社会要求为群众提供开放、透明的服务，也必然要求信访事项办理情况能够公开、信访信息能够共享。通过建立信访信息系统，为信访群众提供投诉、查询、信息咨询等双向互动服务，有助于实现信访工作的公开、透明，降低信访成本，提高服务群众和社会工作的水平。

党的十八届三中全会把“实行网上受理信访制度”作为信访工作制度改革的一项重要内容作出部署。2015 年，国务院制定《关于积极推进“互联网＋”行动的指导意见》，要求“深入推进网上信访，提高信访工作质量、效率和公信力”。国家信访局积极推进落实中央决策部署，依托互联网建立国家信访信息系统，全国各地区各部门接收的来信、来访和网上投诉事项受理办理全过程在信息系统中流转，群众可以通过互联网进行投诉并查询信访事项受理办理进展和结果、进行满意度评价，上级机关还可以对下级机关受理办理情况进行跟踪和督办。2016 年 7 月，国家信访局开通手机信访客户端，同年 9 月，正式开通运行官方微信公众号，群众可以随时随地通过手机在线进行投诉，实时查询信访事项办理情况并进行满意度评价。2018 年，开展信访业务智能辅助系统应用建设，运用信息化智能化手段，提高信访工作质量和效率。国家信访局将加快信访工作信息化步伐作为信访工作“十四五”规划的重要内容，提出了加强信访信息系统标准体系建设、完善信访关键信息基础设施建设、加强信访信息大数据共享与分析、提升国家信访信息系统智能化水平等要求。2021 年年底，中共中央办公厅、国务院办公厅对加强新时代网上信访工作，全面提升信访工作科学化、信息化、规范化水平作出安排部署。

加强信访工作信息化、智能化建设的目标主要有三个方面：（1）方便信访人在当地尤其是在基层提出信访事项，并能够及时了解信访事项的受理、办理情况。（2）方便上级机关、单位对有权处理机关、单位受理、办理信访事项情况进行监督。（3）方便各级机关、单位对信访事项的受理、办理等信访信息的共享，避免重复受理、办理，降低成本，提高效率，同时也可以避免信访人“一信多投”，减轻信访人的经济负担。

加强信访工作信息化、智能化建设是融树立新观念、转变新职能、采用新技术、实现新任务为一体的一项系统工程，是实现信访工作科学化、信息化、规范化的重要过程，工作中需要把握好以下五个方面：一是统一规划，加强领导。要制定相应的发展规划，进一步提出明确的发展目标，统一软件系统和技术标准。二是讲求实效，稳步推进。要结合人民群众的需求，充分利用现有信息网络资源，利用已有的网络基础、业务系统和信息资源，对以往的建设项目进行必要的整合，使其互联互通、信息共享，实现全天候为群众提供信访服务。三是加快重点业务系统的建设和完善。

要加快信访事项登记、转送、办理、督办、查询等核心业务系统的建立和完善。四是注重信访信息系统的运行管理。要建立健全信访信息网络与信息安全保障体系，保证系统的实时维护更新、升级换代，保持信访工作信息化的可持续性与可扩展性。五是做好网络安全保障工作。要及时排查整改风险隐患，制定专项应急预案，优化应急处置流程，提高网络安全纵深防御、监测预警、应急响应能力。

（五）明确不得打击报复信访人的要求

《信访工作条例》第十八条第四款规定："任何组织和个人不得打击报复信访人。"

所谓打击报复，是指机关、单位工作人员滥用职权、假公济私，对信访人实施侵害其人身权利、财产权利、民主权利和政治权利的行为。"不得打击报复信访人"具体落实了宪法"对于公民的申诉、控告或者检举，有关国家机关必须查清事实，负责处理。任何人不得压制和打击报复"的规定。

我们党和政府历来坚决反对打击报复群众。1981 年 5 月，中共中央办公厅发出《关于防止和纠正对待人民群众来信来访进行打击报复问题的通知》，主要精神是排除打击报复和诬陷诬告两种干扰，确保信访渠道畅通。2004 年 3 月，国务院《全面推进依法行政实施纲要》明确提出："切实解决人民群众通过信访举报反映的问题。要完善信访制度，及时办理信访事项，切实保障信访人、举报人的权利和人身安全。任何行政机关和个人不得以任何理由或者借口压制、限制人民群众信访和举报，不得打击报复信访和举报人员，不得将信访、举报材料及有关情况透露或者转送给被举报人。"

因此，任何机关、单位及其工作人员都不得阻碍、干涉、压制信访权利主体依法进行的信访活动，不得非法限制信访人的人身自由，不得歧视、打击报复信访人。

此外，为了保障群众能够充分行使信访权利，《信访工作条例》第十九条第一款还明确规定，"对采用口头形式提出的信访事项，有关机关、单位应当如实记录”。需要特别说明两点：一是在形式上，口头形式具体包括走访和电话两种形式。二是在适用范围上，既包括提出信访事项，也包括对信访处理（复查）意见不服提出信访复查（复核）。

第二节　信访部门的受理程序

信访受理，是指对收到的信访事项进行登记、甄别，判断是否属于职责范围并依法进行妥善处理。按受理的主体划分，包括信访部门的受理和信访部门以外的其他机关、单位的受理。

根据《信访工作条例》第十四条的规定，受理信访事项是信访部门的职责之首。与有权处理机关、单位相比，信访部门的受理属于程序性受理，主要是将信访事项转送至有权处理机关、单位。信访事项能否进入实体性受理程序，取决于有权处理机关、单位接收、登记以后，甄别是否符合其法定的实体受理条件。

一、登　记

根据《信访工作条例》第二十二条第一款的规定，各级党委和政府信访部门收到信访事项，应当予以登记。

狭义的登记，是指有关机关、单位收到信访事项后，对信访人的基本信息、信访事项的基本内容等有关情况进行记录的行为，这是信访工作的基础工作，也是信访工作程序中必不可少的环节。广义的登记还包括信访事项办理过程记录，比如办理方式、处理意见等。

应当予以登记，是指收到信访事项后，不论其是否属于受理范围，一律予以登记，即“来件必登”。作为程序上的强制性规定，登记的意义在于：一是为一定范围内全面掌握、分析信访情况和社会动态提供基本数据资料。二是为了从信访人开始信访活动的初始阶段便有所记录，便于今后查询。完善的登记记录是实现信访人信访事项查询权利的基本前提条件。三是以文字形式记载收到机关、单位的判断和处理结果，可以在一定程度上促使机关、单位以负责任的态度对待信访事项，减少或避免处理信访事项的随意性。

关于登记的内容，《信访工作条例》没有作出具体规定，需要各级机关、单位根据实际情况予以规定。根据实践经验，登记的一般要素包括以下四项。

（一）姓名（名称）

姓名（名称），是指反映情况，提出建议、意见或者投诉请求的公民、法人或者其他组织的姓名（名称）。

登记姓名（名称），主要考虑保证信访人所提投诉请求的严肃性，保证所提事项的真实性，便于告知信访人信访事项的处理情况等。基于此，登记姓名（名称）应当遵循以下规则：一是同时存在多个姓名（名称）时，应优先登记有利于推动问题解决的信访人姓名（名称），其他人作为联名人、随访人登记。比如，多人走访时，优先登记推选代表的姓名（名称）；来信内署名与信封署名不一致时，优先登记来信内署名；来信内有多人署名的，按照留有电话号码（或身份证信息）的、注明为联系人的、与信封上寄信人署名相同的、署名位置靠前的优先顺序登记。二是尽量减少匿名信的数量。不署名、署假名或署名不完整的来信即匿名信，无法听取信访人陈述事实和理由，也无法调查核实，不利于问题的解决。因此，来信内没有署名但信封上有一个署名的，登记信封上的署名；来信内没有署名但信封上有多个署名的，按照留有电话号码（或身份证信息）的、注明为联系人的、署名位置靠前的优先顺序登记。

（二）住　址

住址，是指信访的公民、法人或者其他组织的住所。

关于自然人的住所，参照《中华人民共和国民法典》第二十五条的规定，自然人以户籍登记或者其他有效身份登记记载的居所为住所；经常居所与住所不一致的，经常居所视为住所。参照《最高人民法院关于适用〈中华人民共和国民事诉讼法〉的解释》第四条的规定，公民的经常居住地是指公民离开住所地至起诉时已连续居住一年以上的地方，但公民住院就医的地方除外。认定信访人的经常居住地，需从三个方面考虑：其一，必须在该地住满一年；其二，一年时间必须是连续的，不能中断；其三，到提出信访事项时为止，还在该地居住。

关于法人和其他组织的住所，参照《中华人民共和国民法典》第六十三条的规定，法人以其主要办事机构所在地为住所。依法需要办理法人登记的，应当将主要办事机构所在地登记为住所。

为了便于听取信访人陈述事实和理由，并调查核实，对于以书信形式提出的信访事项，住址以来信内签署地址为准；来信内没有签署地址的，以信封上签署地址为依据；来信内和信封上均无签署地址的，按来信内容中提到的住所登记；均无的，以邮戳为依据。

（三）问题属地

问题属地，是指信访问题的发生地或有权处理此信访问题的机关、单位。问题属地直接决定有权处理的机关、单位，是明确和落实责任的关键依据，不可随意，也不可或缺。

判断和认定问题属地，应当遵循有利于推动问题解决的原则，按如下标准处理：一是优先登记有权处理的机关、单位或管辖地。比如，中央管理的大型国有企业、中央金融和保险机构及其下属单位有权处理的，登记有权处理的机关、单位为问题属地；属于县（市、区、旗）及县以下有权处理的，应登记为县（市、区、旗）一级的行政区划名称，不能只登记省或市一级。二是涉及多个有权处理的机关、单位，机关、单位隶属于同一党委和政府的，以该党委和政府对应的行政区划为问题属地；机关、单位隶属于不同党委和政府的，平级的按照各方共同上一级党委和政府对应的行政区划确定问题属地，不平级的按照“就高不就低”原则确定问题属地。三是涉及省份之间或涉及省份和中央机关、单位，难以确定有权处理机关、单位的，列为疑难事项，采取“一事一议”方式研究确定问题属地。

即使遇到难以判断和认定问题属地的特殊情形，问题属地也不能空缺。一是信访事项无具体诉求的，按照信访人来信地址、住址信息确定问题属地。二是反映同一信访事项的跨省串联来访、联名来信、联名投诉，按照信访事项研究确定的有权处理机关、单位或其管辖地为问题属地；涉及政策性或普遍性问题的，优先登记有权处理的中央机关、单位；有指定处理的机关、单位的，按照指定处理的机关、单位或其管辖地确定问题属地。三是属于涉外事务的，中国人问题发生在国外的，问题属地按照信访事项发生的具体国家或地区名称登记；外国人问题发生在国内的，问题属地按照有权处理的机关、单位或其管辖地确定。

（四）概　况

概况通常是指在信访信息系统中登记的信访事项简要情况，是判定信访事项的重要根据。按信访事项的逻辑组成，概况分为主要诉求、主要事实、主要理由三部分。主要诉求、主要事实必须登记，主要理由可根据需要登记。

1. 主要诉求，是指信访人提出的权利请求或主张，是信访事项的核心内容。主要诉求是判断信访事项是否相同的关键，主要诉求不同，即使主要事实相同，信访事项也不同。根据不同信访目的，主要诉求分为三类：（1）申诉求决类主要诉求，应明确记录要求什么机关、单位采取什么措施、解决什么问题。（2）检举控告类主要诉求，应明确记录要求查处什么机关、单位或其工作人员什么性质的问题。（3）建议意见类主要诉求，应明确记录建议针对什么领域、怎么做。

2. 主要事实，是指信访人反映的事物、事件、事态和情况，应明确记录事项发生的时间、地点、涉及的人物或组织，事项的起因、必要情节和结果。

3. 主要理由，包括两类：（1）合法性理由，即事项相关的法律法规和政策措施。(2）合理性理由，即支撑诉求的公序良俗、实际困难、公共需要、法律空白或冲突、历史因素等原因。

主要诉求、主要事实有多个的，需逐一全部登记；主要理由可根据工作需要登记，建议意见类事项一般无需登记。

二、甄　别

党委和政府信访部门的甄别，主要是按照“大口进入、分类处理”的原则，甄别登记事项是否属于法定职责范围、属于何种类型，为依照相关法律法规导入不同途径处理打下基础。概括起来，需重点甄别以下几个方面的内容。

（一）甄别是否属于本级机关、单位或者其工作部门处理决定或者涉及下级机关、单位或者其工作人员

需要特别说明两点：一是属于本级机关、单位或者其工作部门处理决定的事项，需要纳入受理范围。涉及下级机关、单位或者其工作人员的事项，也需要纳入受理范围，进行层级监督，不能因为本级没有直接处理的职责而直接不予受理。概言之，只有属于上级机关、单位权责的事项，才不予受理。二是对采用走访形式提出的信访事项，鉴于《信访工作条例》第二十条对层级的特殊规定，需要甄别本级机关、单位是不是有权处理的本级或者上一级机关、单位。如果是跨越有权处理的本级或者上一级提出的事项，即使涉及下级机关、单位或者其工作人员，也不予受理。

（二）甄别是否属于涉法涉诉信访事项

涉法涉诉信访事项，是指属于人民法院、人民检察院、公安机关、司法行政机关等政法部门职责范围，涉及民商事、行政、刑事等领域诉讼权利救济，已经、正在或者依法应当由政法部门通过法定程序处理的事项。具体分为以下四类情形。

1. 已经、正在或者应当通过人民法院法定程序处理的

（1）已经、正在通过人民法院法定程序处理的事项，是指人民法院对

争议事项已经作出了具有法律效力的判决、裁定、决定等结论的事项，或者立案受理讼争事项后，尚未得出处理结论的事项。主要情形有：对人民法院生效判决、裁定、调解书及决定不服的。要求执行生效裁判的。对司法鉴定意见有异议，依法应当通过法庭质证或者向法庭申请补充鉴定、重新鉴定解决的。人民法院已经立案受理诉讼案件，或者采取了诉前财产保全、先予执行等措施的。

（2）应当通过人民法院法定程序处理的事项，是指按照法律规定，只能通过人民法院审判程序进行权利救济的事项。主要情形有：根据《中华人民共和国刑事诉讼法》第二百一十条规定告诉才处理的刑事案件，包括《中华人民共和国刑法》第二百四十六条规定的侮辱、诽谤案，第二百五十七条规定的暴力干涉婚姻自由案，第二百六十条规定的虐待案，第二百七十条规定的侵占案。当事人对仲裁裁决不服或者要求执行仲裁裁决的。经人民调解委员会调解达成调解协议后，当事人之间就调解协议的履行或者调解协议的内容发生争议的；人民法院依法确认调解协议有效，一方当事人拒绝履行或者未全部履行，对方当事人向人民法院申请强制执行的。不服行政机关作出的行政复议决定的。对政法部门办理的国家赔偿案件不服的。

（3）符合下列情形之一，尽管人民法院已经通过法定程序处理，或者属于应当通过人民法院法定程序处理的事项，但信访人仍就原来争议的内容继续向行政机关反映的，不得认定为涉法涉诉信访事项：信访人认为行政机关的行政行为侵犯其合法权益向人民法院提起行政诉讼，法院以不属于行政诉讼受案范围为由裁定不予立案，信访人上诉后仍维持原不予受理裁定的。行政诉讼中，法院以行政行为超过诉讼时效为由判决驳回诉讼请求的。民事诉讼中，所争议的事项属于行政机关法定职责范围，法院因超过诉讼时效判决驳回诉讼请求的。人民法院的裁判文书仅涉及信访事项的个别形式问题或者法律关系，如当事人不适格、诉讼事由不当等，并未作出整体性实体处理，信访事项涉及的纠纷悬而未决的。属于应当通过人民法院法定程序处理的事项，但当事人因缺乏相关证据、法定要件难以立案受理，或者由于事态紧急不具备启动人民法院法定程序处理的条件，需要尽快处理的。

2. 已经、正在或者应当通过人民检察院法定程序处理的

（1）已经、正在通过人民检察院法定程序处理的事项，是指符合人民检察院刑事立案、法律监督等法律程序受理条件，人民检察院已经通过相应法定程序作出有法律效力的结论或者仍在法定程序中，尚未作出结论的事项。主要情形有：不服检察机关处理决定的。主要包括对自行侦查的案件采取拘传、取保候审和监视居住等强制措施的决定；批准逮捕犯罪嫌疑人、被告人的决定；按照管辖范围，对报案、控告、举报和自首材料进行审查，作出立案的决定；审查起诉决定。反映检察机关违法办案的。公安机关办理的刑事案件，人民检察院已提起公诉或作出不起诉决定，信访人对案件事实、证据提出异议的。

（2）应当通过人民检察院法定程序处理的事项，是指按照法律规定，只能通过人民检察院刑事立案、法律监督等法定程序实现权利救济的争议事项。主要情形有：要求追究应由人民检察院管辖的犯罪行为的刑事责任的，主要包括国家机关工作人员利用职权实施非法拘禁、刑讯逼供、报复陷害、暴力取证、虐待被监管人、非法搜查等侵犯公民人身权利、民主权利的违法行为。反映检察机关处理群众举报线索久拖不决或未查处、未答复的。针对《中华人民共和国刑事诉讼法》第一百一十七条规定的公安机关违法侦查活动或违法采取刑事强制措施，信访人向公安机关申诉、控告后，对处理决定仍不服或未在规定时间内得到答复的。检察机关为赔偿义务机关，请求检察机关进行国家赔偿的。对人民检察院所属鉴定机构及其鉴定人在执业中的违纪违法行为进行举报和投诉的。要求检察机关实行侦查活动监督，刑事审判活动监督，刑事判决、裁定监督，死刑复核法律监督，羁押和办案期限监督，看守所执法活动监督，刑事判决、裁定执行监督，强制医疗执行监督的控告或者申诉的。不服公安机关刑事处理决

定，以及对侦查活动违法行为的申诉或控告处理决定，要求检察机关进行法律监督的。不服人民法院生效法律文书，反映审判人员审判程序中有违法行为，以及执行活动中的违法情形，要求检察机关进行法律监督的。反映检察人员违法违纪的。

3. 已经、正在或者应当通过公安机关法定程序处理的

（1）对公安机关正在办理的刑事案件，就办案程序提出复议、复核的。

（2）反映公安机关违法侦查活动或违法采取刑事强制措施，向公安机关申诉、控告的。

（3）对公安机关行政处罚、行政许可、行政强制措施等行政行为不服，要求公安机关行政复议的。

（4）对公安机关交通事故认定及委托鉴定等不服，要求公安机关复核或重新鉴定的。

（5）对公安机关及人民警察违法行使职权，造成损害，要求取得国家赔偿的。

（6）对公安机关正在办理的行政、刑事、行政复议、国家赔偿案件，要求了解案件办理情况和结果的。

（7）对公安机关所属鉴定机构及其鉴定人在执业中的违纪违法行为进行举报和投诉的。

（8）当事人和辩护人、诉讼代理人、利害关系人认为公安机关及其工作人员有《中华人民共和国刑事诉讼法》第一百一十七条规定的行为，向办理案件的公安机关申诉或者控告的。

（9）要求追究刑事责任，不服公安机关不予立案侦查的决定的。

4. 已经、正在或者应当通过司法行政机关法定程序处理的

（1）对司法行政机关作出的行政处罚、行政许可、行政强制措施等行政行为不服，申请行政复议的。

（2）对司法行政机关及其工作人员违法行使职权造成损害，要求取得

国家赔偿的。

（3）对司法行政机关作出的赔偿决定不服或者在规定期限内未作出赔偿决定，申请复议的。

需要特别强调的是，涉法涉诉事项与涉诉事项是两个不同的概念。涉诉事项属于涉法涉诉事项的一部分，仅指上述四类情形中涉及民商事、行政、刑事等领域诉讼权利救济的部分事项。

（三）甄别是否属于纪检监察机关受理的检举控告类信访事项

1. 关于纪检监察机关受理的范围

《纪检监察机关处理检举控告工作规则》第四条规定："任何组织和个人对以下行为，有权向纪检监察机关提出检举控告：（一）党组织、党员违反政治纪律、组织纪律、廉洁纪律、群众纪律、工作纪律、生活纪律等党的纪律行为；（二）监察对象不依法履职，违反秉公用权、廉洁从政从业以及道德操守等规定，涉嫌贪污贿赂、滥用职权、玩忽职守、权力寻租、利益输送、徇私舞弊以及浪费国家资财等职务违法、职务犯罪行为；（三）其他依照规定应当由纪检监察机关处理的违纪违法行为。"

2. 关于纪检监察机关不予受理的范围

《纪检监察机关处理检举控告工作规则》第十三条第一款规定："纪检监察机关对反映的以下事项，不予受理：（一）已经或者依法应当通过诉讼、仲裁、行政裁决、行政复议等途径解决的；（二）依照有关规定，属于其他机关或者单位职责范围的；（三）仅列举出违纪或者职务违法、职务犯罪行为名称但无实质内容的。"

特别需要强调的是，实践中，申诉求决类和检举控告类事项往往相互交织，一份信访材料中经常存在多事由、多诉求的情况。如果既有申诉求决的诉求，又有检举控告的事项，比如有的个人诉求得不到满足，转而检举控告处理该事项的干部，对这种情况要仔细甄别，即使申诉求决的诉求在整个信访材料中占比相对较小，也需要从有利于解决问题、化解矛盾出发，将诉求甄别出来专门处理，而不能一并简单转送纪检监察机关了事。

（四）甄别是否属于重复信访事项

重复信访事项，是指同一信访人第二次或多次提出的、主要诉求和事实与此前相同的信访事项。重复信访事项的认定标准是信访人、信访事项均相同。

信访人相同包括：（1）信访人（含联名人、集体访来访代表）至少有一人完全相同。（2）代（理）他人信访的，被代（理）人相同。（3）检举控告类事项，匿名举报的，被举报人相同。信访事项相同，即主要诉求和主要事实基本相同。

与重复信访事项容易混淆的是关联信访事项。关联信访事项，是指信访人不同，但信访人、信访事项中有特定信息具有相似性、关联性的事项。例如，信访人不同、信访事项的具体诉求不同，但都涉及同一个组织，或者具有同类身份，或者涉及的工程项目名称相同，等等。事项的相似性、关联性，决定了事项的处理也具有相似性、关联性。

（五）甄别是否属于“外国人”事项

《信访工作条例》第四十八条规定：“对外国人、无国籍人、外国组织信访事项的处理，参照本条例执行。”据此，需要对“外国人”事项进行甄别，作出专门处理。

判断是否为“外国人”事项，只需满足以下条件之一：（1）从身份判断，信访人是外籍（非中国国籍）人员或在外国注册的组织。（2）从反映事项判断，反映的是与外籍人员或组织有关的事项；反映对象或事项起因涉及外国及外籍人员或组织。

（六）甄别是否适用简易办理

2016年7月，国家信访局《信访事项简易办理办法（试行）》开始施行，要求针对诉求简单明了的信访事项，简化程序，缩短时限，更加方便快捷地受理、办理。

适用简易办理的事项包括：（1）事实清楚、责任明确、争议不大、易于解决的；（2）提出咨询或建议意见、表达感谢，可以即时反馈的；

（3）涉及群众日常生产生活、时效性强，应当即时处理的；（4）有权处理机关、单位已有明确承诺或结论的；（5）其他可以简易办理的。

不适用简易办理的事项包括：（1）上级交办的；（2）可能对信访人诉求不予支持的；（3）已经进入或依法可以通过其他法定程序处理的；（4）涉及多个责任主体或集体联名投诉的重大、复杂、疑难等不宜简易办理的。

三、处　理

根据《信访工作条例》第二十二条的规定，各级党委和政府信访部门收到信访事项，应当予以登记，并区分情况，在15日内分别处理。

（一）属于本级机关、单位或者其工作部门处理决定的事项

根据《信访工作条例》第二十二条第一款第一项的规定，对依照职责属于本级机关、单位或者其工作部门处理决定的，应当转送有权处理的机关、单位；情况重大、紧急的，应当及时提出建议，报请本级党委和政府决定。

转送，是指党委和政府信访部门对于决定受理的信访事项，根据机关、单位的职责权限和级别管辖，将信访事项转到有权对信访事项的实体内容进行调查、核实并作出处理决定的机关、单位。

转送是党委和政府信访部门处理信访事项的一种主要方式，有其必要性：一是信访部门没有法定权限对信访事项所涉及的实质性问题作出处理。信访人提出信访事项一般是因为不当或违法行为侵害了信访人的合法权益或者社会公共利益，从而要求纠正或者改进；有时是对机关、单位提高管理水平提出建设性意见和建议。这些事项涉及各个职能部门的法定职权，各级党委和政府信访部门没有法律的授权，不能履行其他职能部门的职责，代替职能部门对信访事项中所涉及部门管理行为的合法性或合理性问题作出处理。二是转送是信访工作实践中一种主要的分流方式。信访工作不仅仅是各级党委和政府信访部门的工作，更是各级机关、单位的工

作，信访工作整体有效运行的基础在于各个机关、单位真正承担起本机关、本单位信访工作的任务，切实解决涉及本机关、本单位的信访事项。转送的实质正是将所有信访事项顺利地送到有权处理机关、单位的一种工作方式。三是由于各级机关、单位设置的多样性，不能强求信访人准确确定信访事项所涉及的机关、单位，信访部门有义务帮助信访人将信访事项转送至相应的机关、单位，降低信访人的投诉成本。

转送的程序主要包括两个环节：第一，明确有权处理的机关、单位。第二，转送至有权处理的机关、单位。有权处理的机关、单位包括两类：一是指作出的行为影响到个体权益或者社会公共利益，从而导致个体或者群体提出信访事项的机关、单位，即信访工作通常所称的责任机关、单位。这些机关、单位有权直接变更由自己作出的行为，从而对信访人的实体性权利作出处理。二是指依上下级隶属关系或管理职能，有权对作出行为的机关、单位实施监督的机关、单位。对于主要事实清楚，有明确请求，但因欠缺一些信息不能准确确定有权处理机关、单位的，应当通过与信访人以及有关机关、单位联系，进一步了解情况，以确定有权处理的机关、单位。

对于情况重大、紧急的信访事项，信访部门除了及时、准确、全面地向本级党委和政府报告外，还应当提出有利于问题解决的措施、方案和建议，供领导决策参阅，充分发挥好参谋助手的作用。情况重大、紧急的情形主要包括：已经或可能引发群体性聚集或集中投诉行为；已经或即将对公民、法人或其他组织的权益产生较为广泛的影响；已经或可能对公共秩序造成较大危害；信访事项疑难复杂；其他需要本级党委和政府作出决定的情况。

（二）涉及下级机关、单位或者其工作人员的事项

根据《信访工作条例》第二十二条第一款第二项的规定，涉及下级机关、单位或者其工作人员的，按照“属地管理、分级负责，谁主管、谁负责”的原则，转送有权处理的机关、单位。

1. 关于有权处理机关、单位的确定

（1）对非垂直管理系统的信访问题，应由信访问题发生地的党委和政府负责协调处理。首先按照“属地管理、分级负责”的原则，确定信访问题管辖和处理的层级。由于各级党委和政府与其职能部门之间的关系是领导与被领导的关系，确定了信访问题该由哪级党委和政府处理后，再由这级党委和政府按照“谁主管、谁负责”的原则，确定和协调相关职能部门在处理信访问题方面的责任。也就是说，这类信访问题原则上由问题发生地的党委和政府解决，下级党委和政府不能将矛盾直接推给上级党委和政府。上级党委和政府虽然不能对信访问题作出直接处理意见，但其在信访问题处理过程中，也应做好指导、监督等工作。主要是对信访人的政策咨询，要明确给予答复；对符合法律、政策规定，要求合理的，要及时与下级党委和政府沟通情况，指导和监督其正确执行法律法规政策；对信访人要求合理但法律、政策空白或不完善的，要认真研究完善，帮助做好信访人的说服、解释工作。（2）对垂直管理系统的信访问题，应由该垂直系统的直属部门负责处理。首先按照“谁主管、谁负责”的原则确定问题的主管部门，再由主管部门根据问题的性质确定处理问题的层级，直接或交由下级直属部门处理。

2. 关于下级转送的程序

与《信访条例》第二十一条第一款第三项“信访事项涉及下级行政机关或者其工作人员的，按照‘属地管理、分级负责，谁主管、谁负责’的原则，直接转送有权处理的行政机关，并抄送下一级人民政府信访工作机构”的规定不同，《信访工作条例》考虑到各地工作条件差异，对转送的层级、方法没有作明确规定，既可以直接转送有权处理的机关、单位，也可以通过下级信访部门转送有权处理的机关、单位。

（三）转送信访事项中的重要情况需要反馈办理结果的事项

根据《信访工作条例》第二十二条第一款第三项的规定，对转送信访事项中的重要情况需要反馈办理结果的，可以交由有权处理的机关、单位办理，要求其在指定办理期限内反馈结果，提交办结报告。

交办的核心目的在于督促有权处理的机关、单位对重要信访事项予以切实处理。交办有其必要性：一是预防控制信访矛盾激化升级。信访部门对信访事项中反映出的一些可能造成较大消极社会影响或严重后果的信息，及时与相关机关、单位沟通，引起其重视，有利于在初始阶段将矛盾控制化解。二是督促有关机关、单位提高办事效率、认真处理信访事项。信访部门通过指定合理的办理期限，促使相关机关、单位急事急办，缩短办理时限；要求机关、单位反馈办结报告，通过书面审查机关、单位的办理情况，监督其工作行为。

关于交办的程序，主要有两个环节：一是判断信访事项是否有比较重要的情况。比较重要的情况，是指信访事项重要、敏感、突出、复杂、情节较为严重或者存在其他特殊情况。比如，领导关心、社会关注、群众关切的；已经引发或者可能引发群体性信访行为、集中投诉行为的；已经或即将对公民、法人或其他组织的权益产生较为广泛的影响的；情况紧急，必须重点予以解决的，等等。对是否属于比较重要的情况，需要由信访部门根据实际情况作出判断。二是在履行一定手续后交由有权处理的机关、单位办理。信访部门应当履行交办程序，形成正式函件，通过网上交办等方式，向有权处理的机关、单位交办，并明确办理期限和办结报告等要求。

（四）涉法涉诉信访事项

根据《信访工作条例》第二十二条第二款的规定，区分两种情况处理：一是将涉法涉诉信件转送同级政法部门依法处理；二是对走访反映涉诉问题的信访人，释法明理，引导其向有关政法部门反映问题。

该款规定体现了信访与诉讼分离的原则，意在信访工作入口处厘清信访与诉讼的界限，把涉及民商事、行政、刑事等诉讼权利救济的信访事项从普通信访体制中分离出来，由政法部门依法处理。实行信访与诉讼分离，主要是为了解决诉讼与信访交织的问题，厘清信访与诉讼之间的界限，进一步树立司法权威。

在坚持信访与诉讼分离原则的基础上，区分信件和走访两种情况分别处理，主要考虑：信件反映的信息是固化的、有限的，信访部门无法仅凭信件本身来准确判断信访事项是涉法涉诉性质，还是涉诉性质，只有将涉法涉诉信件转送政法部门，由专业部门作出专业的判断，才能精准导入处理途径，更有利于推动解决问题。而对于走访反映的问题，能够面对面沟通了解情况、询问核实，有条件判断是否属于涉诉性质，进而对信访人进行法治教育，引导其向有关政法部门反映。这也与《信访工作条例》第二十条第二款“信访人采用走访形式提出涉及诉讼权利救济的信访事项，应当按照法律法规规定的程序向有关政法部门提出”的规定保持了衔接。在属于涉法涉诉事项的前提下，对于走访反映的问题，如果经沟通了解和询问核实，依然无法判断是否属于涉诉性质，应当将信访人提交的材料参照涉法涉诉信件进行处理，转送政法部门。如果经沟通了解和询问核实，能够确认部分事项属于涉诉性质，也不能“一刀切”，而要作精细化处理，既引导信访人向有关政法部门反映涉诉问题，也应将关于涉法问题的材料转送政法部门。

信件和走访两种情形的处理区分主要在于：涉法涉诉信件，处理的对象是信件，转送的去向是同级政法部门；而走访反映涉诉问题，引导的是信访人，去向是有关政法部门，在层级上并不局限于“同级”。不局限于“同级”，主要考虑《中华人民共和国民事诉讼法》《中华人民共和国刑事诉讼法》《中华人民共和国行政诉讼法》以及相关司法解释对法院、检察院接收和受理有特定的级别管辖规定，走访反映涉及诉讼权利救济的事项，走访人能够也应当按照法律法规规定的程序向有关政法部门提出。

《信访工作条例》第二十二条第二款对涉法涉诉信访事项的处理规定，延续了中共中央办公厅、国务院办公厅《关于依法处理涉法涉诉信访问题的意见》的要求，但对涉法涉诉信件的处理将该意见中的信件“转”同级政法部门调整为“转送”，与其他事项的“转送”保持一致，体现了

《信访工作条例》在兼顾不同机关、单位特殊性的基础上，对信访工作基本程序的统一规范。

需要强调的是，信访与诉讼分离的主要目的是避免信访和其他因素对司法程序的干扰，但这并不意味着只要是涉法涉诉信件就一律转送同级政法部门依法处理，只要是走访反映涉诉问题的信访人就一律引导到有关政法部门反映。如果某一事项，依法既可以通过诉讼途径处理，又可以通过其他程序处理，有关机关、单位在受理前可以告知诉讼权利及法定时效，引导其向人民法院提起诉讼，但不得以信访人享有诉讼权利为由免除履行自身法定职责的义务。比如，信访人因邻居建筑物影响其采光，认为不符合日照采光要求，属于违规高层建筑，要求有关机关查处，有关机关在受理前可以引导信访人向人民法院提起民事诉讼，但如果查处违规建筑属于该机关的法定职责，就不能以此为由不予受理、不履行相应职责。如果当事人优先选择信访部门进行投诉、优先选择其他程序处理，信访部门可以引导或协助其启动其他程序，也可以在不违反法律规定的前提下，视具体情况（如情势、当事人能力条件、诉求情况、直接处理的必要性等），协调有关机关、单位解决或者直接处理。

（五）属于纪检监察机关受理的检举控告类信访事项

对此类事项，需作两方面处理：一是根据《信访工作条例》第二十二条第二款的规定，按照管理权限转送有关纪检监察机关依规依纪依法处理。二是根据《信访工作条例》第三十条第二款的规定，按照干部管理权限向组织（人事）部门通报反映干部问题的信访情况，重大情况向党委主要负责同志和分管组织（人事）工作的负责同志报送。

将检举控告类信访事项转送有关纪检监察机关的主要依据是：《中国共产党党内监督条例》《中国共产党纪律检查机关监督执纪工作规则》《纪检监察机关处理检举控告工作规则》等。《中国共产党党内监督条例》第二十九条规定："认真处理信访举报，做好问题线索分类处置，早发现早报告，对社会反映突出、群众评价较差的领导干部情况及时报告，对重要检举事项应当集体研究。定期分析研判信访举报情况，对信访反映的典型性、普遍性问题提出有针对性的处置意见，督促信访举报比较集中的地方和部门查找分析原因并认真整改。”又如，《中国共产党纪律检查机关监督执纪工作规则》第十七条第一款规定：“纪检监察机关应当建立健全党员领导干部廉政档案，主要内容包括：……（二）巡视巡察、信访、案件监督管理以及其他方面移交的问题线索和处置情况；……”第二十条第一款规定：“纪检监察机关应当加强对问题线索的集中管理、分类处置、定期清理。信访举报部门归口受理同级党委管理的党组织和党员、干部以及监察对象涉嫌违纪或者职务违法、职务犯罪问题的信访举报，统一接收有关纪检监察机关、派驻或者派出机构以及其他单位移交的相关信访举报，移送本机关有关部门，深入分析信访形势，及时反映损害群众最关心、最直接、最现实的利益问题。”

向组织（人事）部门通报反映干部问题的信访情况的主要依据是：(1)《党政领导干部选拔任用工作条例》第六十三条规定：“实行地方党委组织部门和纪检监察、巡视巡察、机构编制、审计、信访等有关机构联席会议制度，就加强对干部选拔任用工作的监督，沟通信息、交流情况、研究问题，提出意见和建议。联席会议由组织部门召集。”（2）《信访工作责任制实施办法》第十条第二款规定：“各级组织人事部门在干部考察工作中，应当听取信访部门意见，了解掌握领导干部履行信访工作职责情况。”（3）中央干部监督工作联席会议制定以及中央纪委、中央组织部、中央编办、最高人民检察院、人力资源社会保障部、审计署、国家信访局联合印发的相关意见和办法。

有关纪检监察机关“依规依纪依法”处理，是指纪检监察机关的权力由党章党规党纪和宪法法律法规赋予，职责纪定、职责法定，监督执纪、监察执法必须以党章党规党纪和宪法法律法规为尺子。三者顺序体现了纪在法前、纪严于法的要求。《中国共产党纪律检查机关监督执纪工作规则》把依规依纪依法严格监督执纪作为指导思想的重要内容。

（六）重复信访事项

对于重复信访事项，应区分以下两种情况作出处理。

1.《信访工作条例》第十九条第三款规定：“信访事项已经受理或者正在办理的，信访人在规定期限内向受理、办理机关、单位的上级机关、单位又提出同一信访事项的，上级机关、单位不予受理。”

关于受理的范围，根据《信访工作条例》第三章“信访事项的提出和受理”分别对信访部门和有权处理机关、单位的受理作出的规定，“受理”既包括信访部门的程序性受理，也包括有权处理机关、单位的实体性受理。

关于办理的范围，根据《信访工作条例》第四章“信访事项的办理”对信访事项的处理、信访复查、信访复核等作出的规定，“办理”既包括处理程序，也包括信访复查程序和信访复核程序。需要说明的是，处理程序涵盖了《信访工作条例》第三十一条规定的包括信访处理程序在内的六种处理程序。

关于规定期限的范围，与受理、办理的范围相应，既指信访部门程序性受理的期限，也指有权处理机关、单位实体性受理的期限，还包括信访处理程序在内的六种处理程序的期限，以及信访复查、复核的期限。

这里需要对《信访工作条例》第三十一条第五项规定的依法履职情形所指的办理期限作出说明。《中华人民共和国行政诉讼法》第十二条第一款第六项规定，人民法院可以受理公民、法人或者其他组织提起的“申请行政机关履行保护人身权、财产权等合法权益的法定职责，行政机关拒绝履行或者不予答复的”诉讼；第四十七条规定，“公民、法人或者其他组织申请行政机关履行保护其人身权、财产权等合法权益的法定职责，行政机关在接到申请之日起两个月内不履行的，公民、法人或者其他组织可以向人民法院提起诉讼”。对需要依法履职的事项，即使相关法律法规没有规定具体履职程序，有关机关、单位也应遵照《中华人民共和国行政诉讼法》规定的一般履职程序，在接到申请之日起两个月内履行或者答复。

关于上级机关、单位的范围，一般指本系统的上级机关、单位。这与《信访工作条例》第三十五条、第三十六条关于复查机关是原办理机关、单位的上一级机关、单位，复核机关是复查机关、单位的上一级机关、单位的规定是一致的。不能因为信访部门可以将涉及下级机关、单位或者其工作人员的事项转送有权处理的机关、单位，而把上级信访部门模糊认为是有权处理机关、单位的上级机关、单位。否则，信访部门就可能成为下级所有机关、单位信访处理（复查）意见的复查（复核）机关，超出了《信访工作条例》赋予信访部门的职责范围。

综合上述规定，信访部门收到已经受理或者正在办理的重复信访事项，可以不予受理。如果信访人对信访事项的处理意见不服（包括根据《信访工作条例》第三十一条区分情况后作出的各种处理意见，诸如刑事立案决定、仲裁裁决、行政处罚决定、信访处理意见等），在法定救济期限内，信访部门再次收到相同信访事项的，属于已经受理或者正在办理，应当不予受理。但如果在法定救济期限内向信访部门申请救济的，根据重复信访事项的甄别标准，属于新的信访事项，应当作出新的处理。

2.《信访工作条例》第三十六条第三款规定："信访人对复核意见不服，仍然以同一事实和理由提出投诉请求的，各级党委和政府信访部门和其他机关、单位不再受理。"

如果权利人长期不行使权利，就会导致法律关系处于不确定的状态，不利于法律关系和社会秩序的稳定。因此，虽然《信访工作条例》只明确规定了对信访复核意见不服，仍然以同一事实和理由提出投诉请求的，不再受理的情形，但对于依据《信访工作条例》第三十一条前五项规定，已经适用了其他法定程序办理的事项，如果按照党内法规、国家法律法规已经走完救济程序，在效果上也应当视同作出了信访复核意见，再以同一事实和理由向信访部门提出投诉请求的，也应当不再受理。如果信访人无正当理由超出法定期限未依法提出救济申请，就应当认为信访人放弃了依法救济的权利，信访部门再次收到相同信访事项或救济申请的，可以不再受理。

（七）"外国人"事项

对于"外国人"事项，应区分以下两种情况处理：一是外国人提出的事项涉及中国境内（不包括港澳台）的，参照《信访工作条例》第三章"信访事项的提出和受理"的规定处理。二是事项涉及外国政府、外国政党的，根据有关规定和部门职责，分别转送外交部、中共中央对外联络部等部门。

（八）适用简易办理的事项

根据《信访事项简易办理办法（试行)》第六条、第七条的规定，对于适用简易办理的事项，信访部门可以提出简易办理建议，通过信访信息系统直接转送有权处理的机关、单位。不具备直接转送条件的，各中间层级单位应当依次在收到事项之日起 1 个工作日内完成转送。

（九）处理时需要注意的问题

1. 关于处理的期限。根据《信访工作条例》第二十二条第一款的规定，信访部门应当自收到信访事项之日起 15 日内完成登记、甄别和处理。需要明确三点：（1）15 日为自然日，而非工作日。（2）收到之日的认定，对于以信件形式提出的信访事项，以信访部门接收登记邮件日期为准；对于以网上信访形式提出的信访事项，以信访部门对外公布的电子邮箱、网络平台接收信息日期为准；对于以走访形式提出的，以信访人到专门设立的接待场所提出信访事项之日为准。（3）如果事项需要转送，无论是直接转送还是层级转送，在 15 日内均应转送至有权处理机关、单位。

2. 关于处理的告知。告知信访人信访事项去向的责任主体是有权处理的机关、单位，而非党委和政府信访部门。主要是基于以下三个方面的原因：（1）信访部门转送、交办的机关、单位是其认为有权受理的机关、单位，但是由于信访事项的复杂性和各个职能领域分工的专业性、职权的交叉性，不能保证信访部门认为的受理机关、单位一定是有权受理的机关、单位，如果转送、交办错误，告知信访人信访事项去处将会错误引导信访人到非有权受理机关、单位。对此，根据《信访工作条例》第二十三条第三款的规定，“不属于本机关、单位或者本系统职权范围的，有关机关、单位应当自收到之日起5个工作日内提出异议，并详细说明理由，经转送、交办的信访部门或者上级机关、单位核实同意后，交还相关材料”。（2）根据《信访工作条例》第二十三条第三款的规定，“对党委和政府信访部门或者本系统上级机关、单位转送、交办的信访事项，属于本机关、单位职权范围的，有关机关、单位应当自收到之日起15日内书面告知信访人接收情况以及处理途径和程序”。信访人可以在此时得知信访事项的去向。（3）信访工作顺利进行的基础就是分流，只有有序分流才能保证信访工作的顺利开展，信访人权益才能得到应有保护。因此，对于信访人的事项“件件有答复，事事有回音”也要通过分流才能实现。

3. 关于信访信息的通报。根据《信访工作条例》第二十五条的规定，主要是将信访信息通报相关主管部门，在职责范围内依法及时采取措施，防止不良影响的产生、扩大。（1）对于在来信来访或网上信访反映问题过程中，有危害他人生命和财产安全等滋事言行，或其他带有闹事苗头和极端行为倾向、可能影响正常生产生活和社会秩序，需要紧急处理的情形，应坚持“党政同责、一岗双责，属地管理、分级负责，谁主管、谁负责”的原则作出迅速处理。对来信、网上信访的，应在第一时间将相关信息通报至有权处理机关、单位以及信访人所在地信访部门，或送有关地方和部门负责同志，妥善处理。对来访的，应在第一时间进行批评、教育和劝阻，做好思想疏导工作，视情可通知相关地方和部门将其接回。对扬言性质恶劣的，视情可通报公安部门处理。（2）对反映事项不予受理、不再受理的信访人，要将相关信息及时通报有权处理机关、单位以及信访人所在地信访部门，按照诉求合理的解决问题到位、诉求无理的思想教育到位、生活困难的帮扶救助到位、行为违法的依法处理的要求，做好疏导教育、矛盾化解、帮扶救助等工作。

《信访工作条例》第四十三条规定了信访部门登记、转送、交办责任，明确各级党委和政府信访部门对收到的信访事项应当登记、转送、交办而未按照规定登记、转送、交办，或者应当履行督办职责而未履行的，由其上级机关责令改正；造成严重后果的，对直接负责的主管人员和其他直接责任人员依规依纪依法严肃处理。

第三节　信访部门以外其他机关、单位的受理程序

信访部门以外其他机关、单位的受理主要是接收信访事项后，登记、甄别是否符合其法定的实体受理条件。

信访部门以外其他机关、单位接收信访事项主要有两个来源：一是信访人直接提出的，二是信访部门或者本系统上级机关、单位转送、交办的。

一、登　记

基本要求与信访部门相同，需对信访人基本情况、反映事项概况等进行记录。

对于来自信访部门或者本系统上级机关、单位转送、交办的信访事项，已经接入信访信息系统的机关、单位，需要核对系统传来的信访事项信息；没有接入信访信息系统的机关、单位，需要自行记录相关信息。

二、甄别和处理

（一）甄别是否应由本机关、单位受理

对属于本机关、单位职权范围的事项，应当受理。对属于本系统下级机关、单位职权范围的事项，转送、交办有权处理的机关、单位。对不属于本机关、单位或者本系统职权范围的事项，不予受理。如果是信访部门或者本系统上级机关、单位转送、交办的，应当自收到之日起5个工作日

内提出异议，并详细说明理由，经转送、交办的信访部门或者上级机关、单位核实同意后，交还相关材料。

关于提出异议、交还材料，需要注意以下四点：一是提出异议的期限，是收到之日起5个工作日内。对于收到之日的认定，如果转送、交办的仅为纸质材料，以该机关、单位收到纸质材料之日计算；如果转送、交办是通过信息系统流转，以该机关、单位的节点收到流转的电子信息之日计算，即使转送、交办是采用电子信息流转和纸质材料流转并行的方式，依然以收到流转的电子信息之日计算。特别强调的是，无论收到的是纸质材料还是电子信息，都以机关、单位为准，而不是以该机关、单位内设的信访工作机构为准。因此，转送、交办的对象是有权处理的机关、单位，而非内设的信访工作机构；有权作出处理的也是机关、单位，不是内设的信访工作机构。二是对于提出异议的对象，是转送、交办该事项的机关、单位。谁转送、交办，就向谁提出异议，不能越级。三是提出异议的程序，需要说明理由并经转送、交办的机关、单位核实，不能单方面交还材料。四是交还后的甄别处理期限，依然是原来的15日，不能因转送、交办错误而顺延。

（二）甄别处理途径和程序

根据《信访工作条例》第二十三条第一款的规定，对属于本机关、单位职权范围的，应当告知信访人接收情况以及处理途径和程序。

这里的“处理途径和程序”就是指《信访工作条例》第三十一条明确的六种情形及对应的处理程序。概括而言就是：（1）涉法涉诉信访事项办理程序；（2）仲裁程序；（3）办理党员申诉等事项的党内程序；（4）办理行政复议等事项的特定行政程序；（5）依法履职程序；（6）不属于以上情形的事项，听取信访人陈述事实和理由，并调查核实，出具信访处理意见书，适用于所有机关、单位。

（三）甄别是否属于重复信访事项

一是根据《信访工作条例》第十九条第三款的规定，信访事项已经受理或者正在办理的，信访人在规定期限内向受理、办理机关、单位的上级机关、单位又提出同一信访事项的，上级机关、单位不予受理。二是根据《信访工作条例》第三十六条第三款的规定，信访人对复核意见不服，仍然以同一事实和理由提出投诉请求的，各级党委和政府信访部门和其他机关、单位不再受理。

关于“受理”“办理”“规定期限”“上级机关、单位”的范围以及不予（再）受理的情形，同前述信访部门程序性受理的内容。

三、告　知

关于告知的规定集中在《信访工作条例》第二十三条。第一款规定，对属于本机关、单位职权范围的，应当告知信访人接收情况以及处理途径和程序；对属于本系统下级机关、单位职权范围的，应当转送、交办有权处理的机关、单位，并告知信访人转送、交办去向；对不属于本机关、单位或者本系统职权范围的，应当告知信访人向有权处理的机关、单位提出。第二款规定，对信访人直接提出的信访事项，有关机关、单位能够当场告知的，应当当场书面告知；不能当场告知的，应当自收到信访事项之日起 15 日内书面告知信访人，但信访人的姓名（名称）、住址不清的除外。第三款规定，对党委和政府信访部门或者本系统上级机关、单位转送、交办的信访事项，属于本机关、单位职权范围的，有关机关、单位应当自收到之日起 15 日内书面告知信访人接收情况以及处理途径和程序。这就要求其他机关、单位必须告知，这是受理阶段信访部门与其他机关、单位的关键区别之一。

（一）告知的内容

具体分为三种情形：一是对属于本机关、单位职权范围的，告知信访人接收情况以及处理途径和程序。特别强调的是，对需要当事人申请才能启动其他法定途径的，如行政许可、行政复议、鉴定等，还应当告知信访人申请需要提供的相关材料。法律、法规或者规章对受理的时间和告知的形式、内容另有规定的，从其规定。二是对属于本系统下级机关、单位职权范围，已转送、交办有权处理机关、单位的，告知信访人转送、交办去向。三是对不属于本机关、单位或者本系统职权范围的，告知信访人向有权处理的机关、单位提出。

（二）告知的形式

具体有两点要求：一是当场告知是常态，非当场告知是例外。能够当场告知的，应当当场书面告知；不能当场告知的，应当自收到信访事项之日起 15 日内书面告知。二是无论是当场告知还是非当场告知，都必须以书面形式。参照《中华人民共和国民法典》第四百六十九条的规定，《信访工作条例》中所称的书面形式是告知书、信件、电报、电传、传真等可以有形地表现所载内容的形式。以电子数据交换、电子邮件等方式能够有形地表现所载内容，并可以随时调取查用的数据电文，视为书面形式。

需要强调的是：一是告知书需加盖机关、单位印章或者业务办理专用印章。加盖印章的法律意义在于盖章之人所为的是职务行为而非个人行为，是代表机关、单位作出的意思表示。二是信访人的姓名（名称）、住址不清的，可以不告知。这也是《信访工作条例》第十九条规定信访事项一般应当载明信访人姓名（名称）、住址和请求、事实、理由的原因。

（三）告知的期限

告知期限分两类：一是对于转送、交办的事项，或者不能当场答复是否受理的事项，应当自收到之日起 15 日内告知信访人。二是对适用简易办理的事项，根据《信访事项简易办理办法（试行）》第八条的规定，应当自收到之日起 3 个工作日内告知信访人。可以当即决定的，应当当即告知信访人。

与《信访条例》相比，《信访工作条例》注意兼顾不同机关、单位的特殊性，这一点在信访部门以外其他机关、单位的告知环节更加突出。一是其他机关、单位不再告知受理情况，而是告知接收情况或者转送、交办去向。《信访条例》第二十二条第二款规定："有关行政机关收到信访事项后，能够当场答复是否受理的，应当当场书面答复；不能当场答复的，应当自收到信访事项之日起 15 日内书面告知信访人……"《信访工作条例》第二十三条则调整为告知接收情况或者转送、交办去向。这样调整是为了更好地实现信访程序与其他程序的有序衔接，因为其他程序在接收事项后，还要按照特定的法律法规规定进一步决定是否受理。比如，《纪检监察机关处理检举控告工作规则》第二章把检举控告的接收和受理分别规定，既强调应当接收检举控告人通过规定方式提出的检举控告，又明确检举控告工作按照管理权限实行分级受理。二是《信访工作条例》第二十三条第四款规定："政法部门处理涉及诉讼权利救济事项、纪检监察机关处理检举控告事项的告知按照有关规定执行。"比如，《最高人民法院关于人民法院办理执行信访案件若干问题的意见》《人民检察院信访工作规定》等对特定事项的告知作出了特殊规定。

四、实体性受理

有权处理机关、单位经过甄别处理后，对属于本机关、单位职权范围的信访事项，决定实体性受理，明确事项的处理途径和程序，准备进入实体性办理。具体需要做好以下四个环节工作：一是有权处理机关、单位负责信访工作的机构应当与本机关、单位对该诉求负有办理责任的部门进行会商，确定处理途径和程序。二是负责信访工作的机构与责任部门经会商无法就分类处理信访诉求达成一致意见的，由负责信访工作的机构会同本机关、单位法制工作机构提出处理意见后报请本机关、单位负责人决定。三是对涉及多个机关、单位或者涉及多个法定程序的重大、疑难、复杂诉求，可以申请党委和政府信访部门组织有关机关、单位协商合议，提出解决问题的方案和工作分工。各方无法达成一致意见时，由党委和政府信访部门会同同级政府法制工作机构等有关单位提出方案、分工后，报请本级信访工作联席会议或者党委和政府决定。四是负责信访工作的机构依照职责、会商意见或者决定，将信访事项移送本机关、单位责任部门，导入相应程序办理。

五、受理争议

（一）管辖权争议

《信访工作条例》第二十四条第一款规定：“涉及两个或者两个以上机关、单位的信访事项，由所涉及的机关、单位协商受理；受理有争议的，由其共同的上一级机关、单位决定受理机关；受理有争议且没有共同的上一级机关、单位的，由共同的信访工作联席会议协调处理。”

1. 协商受理。涉及两个或者两个以上机关、单位的信访事项，由所涉及的机关、单位协商受理。协商存在以下两种情形：（1）由其中的一个机关、单位受理。一般情况是，该机关、单位与发生受理争议的信访事项的关系更加密切，或者该机关、单位受理在先。（2）由争议的机关、单位共同受理。也就是该事项由两个机关、单位联合办理。

2. 决定受理。如果受理有争议不能通过协商解决，则由其共同的上一级机关、单位决定受理机关、单位。比如，上一级党委或政府的部门和下一级党委或政府之间存在受理争议，则由上一级党委或政府决定受理机关、单位。又如，两个同一级别的不同党委或政府之间存在受理争议，则由他们共同的上级党委或政府决定受理机关、单位。

3. 协调处理。由于信访问题错综复杂，多重交织，综合性、关联性强，特别是有些事项跨地区、跨部门、跨行业，受理有争议但没有共同的上一级机关、单位。这样就由共同的信访工作联席会议协调处理。《信访工作条例》第十三条赋予了地方各级信访工作联席会议协调处理发生在本地区的重要信访问题的职责。需要强调的是，协调处理是指明确责任分工和化解方案，并不是由信访工作联席会议直接作为受理机关、单位。

对于实践中某机关、单位受理后发现自己对该事项没有管辖权的问题，《信访工作条例》并没有明确规定，但出于方便信访人的考虑，对于已经受理的事项，不能在发现自己没有管辖权后向信访人再作出不予受理的决定，而应当与有权处理的机关、单位协商并将事项移送至有权处理的机关、单位。

（二）管辖权继承

《信访工作条例》第二十四条第二款规定："应当对信访事项作出处理的机关、单位分立、合并、撤销的，由继续行使其职权的机关、单位受理；职责不清的，由本级党委和政府或者其指定的机关、单位受理。"

1. 机关、单位分立，即一个主体分解为两个以上主体。一般有两种情况：（1）新设式分立，指撤销原机关、单位，分立为两个或以上新的机关、单位。（2）派生式分立，指原机关、单位存续，分出部分设立一个以上新的机关、单位。"继续行使其职权的机关、单位"就是分立后，继承该事项所涉及职权的新的机关、单位。

2. 机关、单位合并，即两个以上的主体集合为一个主体。一般有两种情况：（1）创设式合并，是指两个以上的机关、单位归并为一个新的机关、单位，原机关、单位消亡。（2）吞并式合并，是指一个机关、单位吸收被合并的其他机关、单位，合并后只有一个机关、单位存续，被合并的机关、单位消亡。"继续行使其职权的机关、单位"就是合并后新的机关、单位。

3. 机关、单位撤销，即一个主体的资格从法律上丧失。撤销一般是由两种原因造成的：（1）该机关、单位被解散。对于这种情形，原机关、单位虽然丧失了法律资格，但在其享有资格期间所实施的行为效果应由其撤销机关、单位承受。所以，应当对信访事项作出处理的原机关、单位被撤销的，由撤销原机关、单位的机关、单位受理该信访事项。（2）授权机关、单位收回授权或授权期限已满。在这种情形下，授权主体的行为效果由给予授权的机关、单位承受。所以，受理该信访事项的机关、单位为授权机关、单位。

第四节 重大、紧急信访信息报告制度

做好重大、紧急信访信息的报告工作，是准确应对各种情况，妥善处置重大事件，维护社会稳定，促进经济和社会各项事业健康发展的需要。信访领域的重大、紧急信息报告工作，是党委、政府重大、紧急信息报告工作的重要组成部分。

《信访工作条例》第二十五条第一款规定："各级机关、单位对可能造成社会影响的重大、紧急信访事项和信访信息，应当及时报告本级党委和政府，通报相关主管部门和本级信访工作联席会议办公室，在职责范围内依法及时采取措施，防止不良影响的产生、扩大。"在《信访条例》相关规定的基础上，《信访工作条例》对重大、紧急信访事项和信访信息，在要求通报相关主管部门的同时，增加通报"本级信访工作联席会议办公室"的规定。第二款关于"地方各级党委和政府信访部门接到重大、紧急信访事项和信访信息，应当向上一级信访部门报告，同时报告国家信访局"的规定，是快速反应、及时处理重大信访问题的需要，也是工作实践的总结固化。

一、重大、紧急信访信息的报告范围

重大、紧急信访事项，是指可能或已经对某一地区的政治、经济和社会生活造成一定影响的信访事项。重大、紧急信访事项的线索及有关情况为重大、紧急信访信息。

重大、紧急信访信息的报告范围主要包括：(1) 涉信访的群体性事件；(2) 已经或有可能引发群众信访的重大交通事故、重大职工伤亡事故、公共场所伤亡事故等重大恶性事故；(3) 已经或有可能引发群众信访的对生活、生产环境造成严重影响的灾害疫情；(4) 已经或有可能引发群

众信访的情节恶劣、影响重大的严重犯罪案件；（5）重大社情民意及可能危及社会安定的苗头性和倾向性问题；（6）其他需要报告的重大、紧急信访信息。

二、重大、紧急信访信息的报告程序

重大、紧急信访信息的报告程序应包括信息接收、传递、处理、报送、跟踪等各个环节。总体上有以下制度性要求。

（一）严格重大、紧急信访信息报送的时限

发生重大、紧急信访情况，要在积极有效协调处置的同时，按照有关规定第一时间向本级党委和政府报告或向相关主管部门、本级信访工作联席会议办公室报告。同时，接到有关核实情况、报送信息的通知后，要立即响应、迅速处置、及时反馈。

（二）明确报告方式和主要内容

重大紧急信访信息报送以书面报告为主，必要时和有条件的，可采用音像摄录等形式；情况特别紧急时，可立即用电话口头初报，随后再书面报告。

报告要写清事件发生的时间、地点、人数及原因，事件当事人基本情况，事件的影响与危害程度，当地处置情况等内容。

（三）层级上报和直接上报相结合制度

为减少环节，确保时效，信访部门接到重大、紧急信访信息后，应当向上一级信访部门报告，同时报告国家信访局。

（四）跟踪、续报制度

各级机关、单位在规定时限内初报已掌握的情况之后，应跟踪事件或情况的发展变化，续报事态进展、处置措施等情况。

（五）规范报送审核签发程序

报送的重大、紧急信访信息必须经过核实，要真实准确，避免因道听

途说、表达含糊、重点不明、文字歧义等引起理解偏差或信息失实。上报的重大、紧急信访信息须经本机关、单位分管领导审核签发，必要时应报请主要领导签发，确保上报信息真实有效。

三、重大、紧急信访信息的报送责任制

重大、紧急信访信息的报送工作是政务信息的重要组成部分，是各级机关、单位的重要职责，对各级党委和政府及时掌握辖区动态，科学决策，迅速化解和处理重大突发性事件，维护社会稳定具有重要作用。各级机关、单位要建立健全重大、紧急信访信息报送责任制。

（一）领导责任制和岗位责任制

各级机关、单位的主要负责人为重大、紧急信访信息报送工作第一责任人，报送重大、紧急信访信息应当指定专门部门及专人负责，落实岗位责任。

（二）检查、考核制

各级机关、单位要对接受其主管或业务指导的下级单位不定期地进行制度建设和落实情况的检查，定期通报重大、紧急信访信息的报送情况并予以考核。

（三）责任追究制

对可能造成社会影响的重大、紧急信访事项和信访信息，隐瞒、谎报、缓报，或者授意他人隐瞒、谎报、缓报，造成严重后果的，对直接负责的主管人员和其他直接责任人员依规依纪依法给予党纪政纪处分；构成犯罪的，依法追究刑事责任；对缓报、漏报、误报、瞒报紧急信访信息的单位提出警告或通报批评；对制度不健全、工作不落实的单位要限期整改。

各级机关、单位要特别关注重点地区、重点领域和重点部门，分析预测可能出现的重大、紧急情况，及时发现和掌握苗头性问题，并有针对性地采取应对措施，未雨绸缪，把问题解决在萌芽状态，把矛盾化解在基

层，做到早发现、早报告、早控制、早解决。要配备必要的应急设施和技术保障力量，确保安全、保密、快捷，做到报告及时、信息畅通。要建立健全定期培训制度，对于本机关、单位负责信访信息工作的分管领导和工作人员进行业务培训，增强他们的政治敏感性、应急报送意识，熟练掌握报送流程、熟练操作报送设备。

第四章　信访事项的办理

信访事项的办理，是指有权处理机关、单位依据职责对已经登记、接收的，信访部门或者上级机关、单位转送、交办的信访事项，进行研究论证或者调查核实后，依规依纪依法作出决定予以处理的行为。

第一节　办理流程和基本要求

无论是党委和政府信访部门，还是其他信访工作机构，在收到群众提出的信访事项之后，都需要交由有权处理机关、单位具体办理。有权处理机关、单位，是指对信访事项有直接管辖权，能够进行实体处理的机关、单位。

一、有权处理机关、单位的认定及信访事项办理流程

（一）有权处理机关、单位的认定

《信访工作条例》保留了《信访条例》“属地管理、分级负责，谁主管、谁负责”的基本原则，因此在确定具体信访事项的有权处理机关、单位时，既要在横向上分清系统领域，确定主管部门，也要在纵向上分清地域权限，确定管辖层级。对于同一信访事项包含多个诉求的，要逐一确定有权处理机关、单位。需要说明的是，一般情况下，有权处理机关、单位能够依规依纪依法将信访事项导入特定程序进行实体处理，对于不能导入的，有权处理机关、单位可以通过告知书、处理意见书等形式进行解释说明。

信访部门作为综合协调部门，在具体信访事项处理中，主要是通过转送、交办、督办等方式推动问题解决，一般而言，信访部门并不是信访事项的直接有权处理机关，不直接对具体信访事项作出处理。但在特殊情形下，信访部门可能成为有权处理机关，比如信访反映的对象是信访部门及其工作人员，既包括提出工作建议意见，也包括对信访部门及其工作人员进行投诉，还包括检举揭发工作作风问题等。这种情形下，信访部门自然是该信访事项的有权处理机关。

实践中，有些情况下信访部门不是有权处理机关，但容易被误认为是有权处理机关：（1）本级党委和政府交由信访部门处理信访事项。这种情形实质是一种委托授权关系。虽然从行为表象看，信访部门在具体处理信访事项，但有权处理机关是党委和政府，信访部门不能以自己名义直接作出处理，应当提出办理意见建议并经党委和政府同意后，以党委和政府的名义作出处理。（2）其他部门、单位请求信访部门牵头协调办理信访事项。这主要是由于信访事项复杂交织，有时牵涉多个部门、单位，需要合力化解。一般情况下，对于同一信访事项包含多个诉求，能够确定主要诉求的，由主要诉求的有权处理机关、单位作为牵头单位组织化解；无法确定主要诉求，经协商无法达成一致的，可以请求信访部门（通常是信访工作联席会议办公室）牵头协调办理，这种情形下信访部门主要是牵头联络、协调处理，有权处理机关、单位是诉求对应的各级机关、单位，而非信访部门。信访部门牵头协调办理的，应根据信访事项的诉求，形成分工化解方案，分别由相应的机关、单位予以处理，最终办理结果可以通过各有权处理机关、单位名义共同作出，也可以由各有权处理机关、单位以各自名义分别作出。

（二）信访事项办理流程

在信访事项办理程序上，《信访工作条例》吸纳了诉访分离、依法分类处理等党的十八大以来信访工作制度改革成果，按照“大口进入、分类处理”的原则，将信访事项区分为建议意见类、检举控告类、申诉求决类，按照相关法律法规分别导入相应途径处理。办理流程见下图4-1、图4-2。

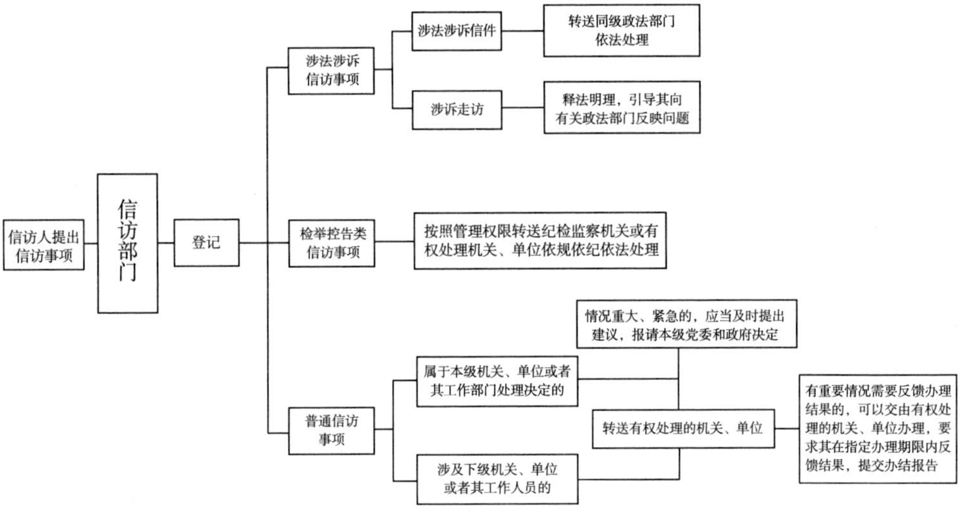

图4－1　信访部门处理流程

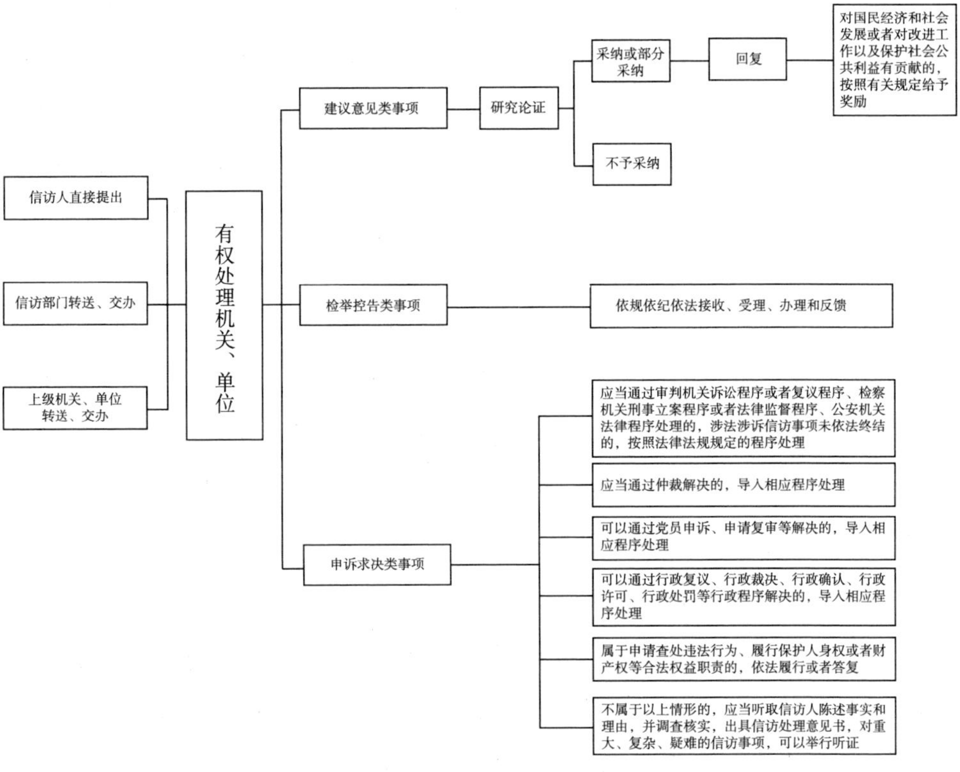

图4－2　有权处理机关、单位办理流程

二、“三到位一处理”要求

（一）“三到位一处理”要求的内涵及意义

《信访工作条例》第二十七条规定：“各级机关、单位及其工作人员应当根据各自职责和有关规定，按照诉求合理的解决问题到位、诉求无理的思想教育到位、生活困难的帮扶救助到位、行为违法的依法处理的要求，依法按政策及时就地解决群众合法合理诉求，维护正常信访秩序。”实践中简称为“三到位一处理”要求，是处理信访事项的基本要求。

“三到位一处理”要求是习近平总书记关于加强和改进人民信访工作的重要思想的重要组成部分，是一个有机联系、相互贯通、辩证统一的整体，蕴含着真挚为民情怀、鲜明法治精神、强烈责任担当、科学思想方法，是解决信访问题、化解信访矛盾的根本遵循和行动指南。落实“三到位一处理”，要求信访工作必须处理好维权和维稳的关系，维权是维稳的基础，维稳的实质是维权，对涉及维权的维稳问题，首先要把群众合法合理的利益诉求解决好，坚决防止以“一处理”代替“三到位”；要求信访工作必须千方百计为群众排忧解难，把解决信访问题的过程作为践行党的群众路线、做好群众工作的过程；要求做好信访工作必须强化法治的引领、规范和保障作用，确保群众信访权利得到依法保护，诉求表达依法理性，合法合理的诉求依照法律规定和程序就能得到合法合理的结果；要求信访工作必须坚持科学方法，善于发挥党的群众工作优势，坚持运用法治思维和法治方式解决问题、化解矛盾，多方帮扶救助解决群众实际困难，实现政治效果、法律效果、社会效果的有机统一。

（二）“三到位一处理”要求的工作标准

1. 诉求合理的解决问题到位

（1）诉求合理：一是符合现行法律法规和政策规定，有明确依据的信访诉求。二是虽无现行法律法规和政策规定作为明确依据，但符合情理、法理、公平正义原则及按照社会大众的普遍认知，应当予以解决的信访诉求。

（2）解决问题到位，至少应做到：一是所有合理诉求都依法按政策或者按照公平正义原则予以回应。二是所有合理诉求都在法律法规和政策规定的，或者社会大众普遍认知的范围内，形成解决方案。三是严格落实解决方案，不打折扣、不搞变通。

（3）方式方法：核心思想是要坚持人民至上，深刻把握信访工作的人民性，在不违背法律法规和政策强制性规定的前提下，按照社会矛盾纠纷多元预防调处化解要求，综合运用法律、政策、经济、行政等手段和教育、协商、疏导等办法，个性化解决群众合理诉求，推动矛盾纠纷有效化解。

2. 诉求无理的思想教育到位

（1）诉求无理：主要指没有法律法规和政策规定依据，且不符合情理、法理、公平正义原则，按照社会大众的普遍认知也不应当解决的信访诉求。对于无理诉求的认定要慎重，对于同一信访事项包含多个诉求的，不能因为其中个别诉求无理，就认定整个信访事项无理。对具体诉求的认定要透过现象看本质，表面无理的诉求可能背后隐含着合理的救济请求权。尤其是一些重复信访诉求，回溯到信访事项的源头，往往具有合理的成分。因此，需要耐心细致听取、分析信访人的全部诉求，条分缕析，区分合理与无理诉求予以解决。

（2）思想教育到位，至少应做到：一是对确定为无理诉求的，应告知信访人判定依据。二是加强与信访人的沟通交流，讲明解决问题、化解矛盾、纾解困境的具体办法。三是跟进法治教育，引导信访人通过适当方式理性反映诉求、规范信访行为。

（3）方式方法：可采取上门走访、公开听证、普法教育、情感沟通等方式进行劝导，必要时可引入心理咨询师、律师、矛盾纠纷调解员、信访人亲属等社会力量参与沟通，疏导信访人情绪，提升思想教育质效。

3. 生活困难的帮扶救助到位

（1）生活困难：主要是指信访人反映的是生活困难问题，或是信访人的合理诉求解决后，仍存在无稳定就业或收入来源、身患重病或近亲属患有重病、无法定扶养义务人或法定扶养义务人无法有效履行扶养责任等困难情况，或信访人的诉求无理但存在上述困难的情况。

（2）帮扶救助到位，至少应做到：对符合民政部门救助条件的，纳入民政部门救助对象，落实相应的救助标准；对有劳动能力但无生活来源的信访人及其家庭成员，开展就业援助和帮扶，帮助提高家庭收入水平；对因残、因病致贫，无劳动能力的，用好医疗保障、政府救助、社会救济、民间互助等政策和手段，在帮扶资金上给予倾斜，有效缓解家庭经济负担；对家庭出现重大变故的，及时走访慰问，给予关心帮助。

（3）方式方法：全面准确地了解信访人收入、住房、家庭成员等实际情况，深入分析信访人在生活、医疗、就业等方面存在的实际困难，系统设计帮扶救助方案，实施精准帮扶，在解决实际困难中打开信访人心结。同时加强动态跟踪和定期评估，对信访人经过帮扶救助后摆脱困境的，要适时引入救助措施退出机制，引导信访人自力更生、自主生活。

4. 行为违法的依法处理

对在信访活动中实施或以信访为名实施法律法规明确禁止的扰乱社会秩序、危害公共安全、进行人身攻击、借机敛财以及其他违法行为的信访人，由政法部门依照相关法律法规进行处理，维护正常信访秩序和社会公共秩序。实践中，要注意将上述行为同正常的信访行为加以区分、审慎认定。通过信息网络、书信、电话、传真、逐级走访等形式，向各级机关、单位反映情况，提出建议、意见或者投诉请求，是公民、法人或者其他组织的法定权利。对于正常信访的群众，不得随意处罚、拘押；对于越级走访的群众，有关机关、单位工作人员应当进行劝阻、批评或者教育。仅对于那些有“六个不得”、诬告陷害等违反《中华人民共和国治安管理处罚法》《中华人民共和国刑法》等相关法律法规的行为，才依法给予治安管理处罚，乃至追究刑事责任。简言之，信访行为本身并非行政或刑事处罚的法定事由。

三、一般性要求

（一）恪尽职守规定

《信访工作条例》第二十八条第一款规定：“各级机关、单位及其工作人员办理信访事项，应当恪尽职守、秉公办事，查明事实、分清责任，加强教育疏导，及时妥善处理，不得推诿、敷衍、拖延。”这是对信访工作的职业道德性要求。恪尽职守、秉公办事，不得推诿、敷衍、拖延，是公职人员的基本操守；查明事实、分清责任，是信访矛盾纠纷化解的基本前提；加强教育疏导，及时妥善处理是群众工作的基本要求。

（二）诉访分离原则

《信访工作条例》第二十八条第二款规定：“各级机关、单位应当按照诉讼与信访分离制度要求，将涉及民事、行政、刑事等诉讼权利救济的信访事项从普通信访体制中分离出来，由有关政法部门依法处理。”

为了解决诉讼与信访交织的问题，厘清信访与诉讼之间的界限，进一步树立司法权威，中共中央办公厅、国务院办公厅《关于依法处理涉法涉诉信访问题的意见》提出实行诉讼与信访分离制度，把涉及民商事、行政、刑事等诉讼权利救济的信访事项从普通信访体制中分离出来，由政法部门依法处理；要求建立涉法涉诉信访事项导入司法程序机制，严格落实依法按程序办理制度，建立涉法涉诉信访依法终结制度，健全国家司法救助制度。中央政法委印发文件，对建立涉法涉诉信访事项导入法律程序工作机制、建立涉法涉诉信访执法错误纠正和瑕疵补正机制、健全涉法涉诉信访依法终结制度作出了明确规定。最高人民法院、最高人民检察院、公安部、司法部印发了各自的涉法涉诉信访事项处理规程，根据各自职责及相关法律规定，对分别导入诉讼程序、法律监督程序、司法程序作了详细规定。《信访工作条例》吸收了诉访分离制度改革成果，固化提升为信访事项办理的基本要求。

各级政法部门是依法处理涉法涉诉信访问题的责任主体，要准确区分涉法涉诉信访事项的“诉”与“访”。对符合法律法规规定，属于政法部门管辖的信访事项，可以通过司法程序或相应法定救济途径解决的，作为“诉”类事项办理；对政法部门依法不能通过司法程序或其他法定救济途径解决的信访事项，作为“访”类事项办理。同时，诉访分离并不是说各级机关、单位特别是信访部门，可以将涉法涉诉事项向政法部门一推了之。要做好登记、甄别和引导工作，同时做好终结事项解释疏导和帮扶救助，对于涉法涉诉事项依法终结后，信访人仍然不服处理决定、仍然感到不满意的情况，地方党委和政府及其基层组织包括地方信访部门，既要尊重政法部门作出的结论，也要积极做好信访人的思想工作，帮助信访人理解政法部门作出的结论，做到事心双解，促使信访人真正息诉息访。

（三）回避制度

《信访工作条例》第二十八条第三款规定：“各级机关、单位工作人员与信访事项或者信访人有直接利害关系的，应当回避。”具体包含两种情形：（1）与信访事项有直接利害关系，例如是信访投诉、举报的对象；（2）与信访人有直接利害关系，例如是信访人的近亲属。回避是指不得参与信访事项的处理，已经参与的要退出处理程序。回避既可由工作人员主动提出，也可经信访人、信访对象申请提出。信访事项中有相当比例的申诉求决类、检举控告类事项，都要求工作人员公平公正办理，以确保工作的权威性、可信度。回避恰是为了防止徇私枉法而对职务履行采取的一种限制性措施，体现了程序正义的特点和要求。

（四）不得打击报复规定

《信访工作条例》第十八条第四款规定：“任何组织和个人不得打击报复信访人。”第四十六条规定了对于打击报复信访人的责任追究，明确依据情节轻重，责令改正或者依规依纪依法严肃处理，构成犯罪的，依法追究刑事责任。批评、建议、申诉、控告、检举是公民的基本权利。《中华人民共和国宪法》第四十一条第一款、第二款规定：“中华人民共和国公民对于任何国家机关和国家工作人员，有提出批评和建议的权利；对于任何国家机关和国家工作人员的违法失职行为，有向有关国家机关提出申诉、控告或者检举的权利，但是不得捏造或者歪曲事实进行诬告陷害。对于公民的申诉、控告或者检举，有关国家机关必须查清事实，负责处理。任何人不得压制和打击报复。”《中华人民共和国刑事诉讼法》第一百一十条第一款、第二款规定：“任何单位和个人发现有犯罪事实或者犯罪嫌疑人，有权利也有义务向公安机关、人民检察院或者人民法院报案或者举报。被害人对侵犯其人身、财产权利的犯罪事实或者犯罪嫌疑人，有权向公安机关、人民检察院或者人民法院报案或者控告。”《中国共产党章程》第四十条第三款规定：“党内严格禁止用违反党章和国家法律的手段对待党员，严格禁止打击报复和诬告陷害。违反这些规定的组织或个人必须受到党的纪律和国家法律的追究。”《纪检监察机关处理检举控告工作规则》第三十七条明确要求被检举控告人尊重检举控告人和处理检举控告工作人员，不得进行打击报复。《中国共产党党和国家机关基层组织工作条例》第二十六条明确机关基层党组织应当支持党员行使监督权利，履行监督义务，防止各种形式的打击报复。《中国共产党纪律处分条例》第八十八条第二款规定：“对批评人、检举人、控告人、证人及其他人员打击报复的，从重或者加重处分。”《中国共产党党内监督条例》第四十三条规定：“党组织应当保障党员知情权和监督权，鼓励和支持党员在党内监督中发挥积极作用。提倡署真实姓名反映违纪事实，党组织应当为检举控告者严格保密，并以适当方式向其反馈办理情况。对干扰妨碍监督、打击报复监督者的，依纪严肃处理。”为了最大限度保护检举揭发人，鼓励人民群众检举揭发违纪违法行为，同不正之风和腐败现象作坚决斗争，《信访工作条例》第三十条第三款还特别规定了保密制度，明确不得将信访人的检举、揭发材料以及有关情况透露或者转给被检举、揭发的人员或者单位，努力从源头上消除打击报复。

第二节 建议意见类事项办理

建议意见类信访事项是指人民群众通过信访渠道对党的建设、国家发展以及社会治理各方面提出建议意见，表达对公共政策和涉及公共利益的决策的看法，反映法律、法规和政策等实施中存在的问题等情形。

根据我国宪法规定，人民依照法律规定，通过各种途径和形式，管理国家事务，管理经济和文化事业，管理社会事务。通过规范的制度程序，保障人民群众参与到国家治理中来，是由我国国家性质所决定的，也是推进国家治理体系和治理能力现代化的必然要求。信访制度是人民群众政治参与的重要渠道，信访工作把保障人民政治参与的权利作为一项重要的工作目标。一方面，信访制度确保了政治参与的广泛性和直接性。信访渠道是人民行使民主权利的重要途径，社会各阶层、各群体都可以提出涉及国家和社会治理各方面的建议意见，表达对公共政策和涉及公共利益的决策的看法，反映法律、法规和政策等实施中存在的问题。另一方面，信访制度确保了政治参与的有效性。通过信访渠道，人民群众能够普遍、合法、经常、广泛地参与国家和社会治理，其呼声和愿望能够得到充分表达，意见和建议能够成为决策参考。信访渠道确保了能够将来源于基层、反映群众切身利益的问题通过适当的形式传递给决策者和领导机关，通过对信访信息进行综合分析，深入研究群众关心的热点难点问题，对面临的形势和任务作出准确客观、实事求是的研判，发现并解决好政策不连续、不平衡、不完善、落实不到位等问题，把人民群众通过信访渠道反映的情况转化为有效治理国家的重要资源。

对于建议意见类事项，工作实践中通常结合建议意见内容等情况，采取上报本级党委和政府或转送相关部门参阅等方式进行处理，很多重要的建议意见得到了采纳。

一、办理程序

《信访工作条例》第二十九条第一款规定："对信访人反映的情况、提出的建议意见类事项，有权处理的机关、单位应当认真研究论证。对科学合理、具有现实可行性的，应当采纳或者部分采纳，并予以回复。"

建议意见类信访事项的办理有其自身的特殊性：（1）一般不适用强制性的程序，办理流程较为灵活。（2）研究论证的形式由有权处理的机关、单位自由裁量确定，可以灵活采用常识判断、资料对照、会议研究、专家论证、实地调研等方法。（3）对于采纳或者部分采纳的建议意见，需向信访人作出回复，予以告知。

工作实践中，人大机关、政协机关除了接收代表建议、委员提案，经常收到人民群众通过来信来访提出的对各方面工作的建议意见。例如，人大机关收到的群众建议中，有相当一部分是立法建议，通常的做法是，对未进入人大常委会审议阶段的立法项目，交由人大相关专门委员会或中央有关部门研究论证；对已进入人大常委会审议阶段的立法项目，交由人大常委会法制工作委员会研究处理。党委和政府工作部门对于收到的本部门职责范围内的建议意见，通常交由内部业务部门研究论证，重要的建议意见上报党委和政府领导同志参阅。

二、表彰奖励

为鼓励人民群众参与国家和社会治理，积极为党和国家建言献策，《信访工作条例》第二十九条第二款对建议意见的表彰奖励作出规定，明确"信访人反映的情况，提出的建议意见，对国民经济和社会发展或者对改进工作以及保护社会公共利益有贡献的，应当按照有关规定给予奖励"。

合理化建议奖励制度常见于企业，通过表彰奖励，可以鼓励员工积极建言献策，改善生产经营管理，提高工作效率，增强内部活力，实现企业更好发展。实践中，关于谁来奖励的问题，一般情况下，对于人民群众提出的优秀建议意见，有权处理的机关、单位是表彰奖励的主体，这主要是考虑有权处理机关、单位不仅能够研究论证群众所提建议意见的先进性、可行性，而且能够予以实施，进而对国民经济和社会发展或者社会公共利益等有所增益。关于奖励谁的问题，需要说明的是，一般应奖励建议意见的提出人，尽管有些建议意见是人民群众通过信访渠道提出，但信访人的概念仅限于信访事项的处理，群众的建议意见经有关机关、单位研究认定对国民经济和社会发展或者对改进工作以及保护社会公共利益有贡献的，应按照有关规定给予奖励，可见奖励的对象应依据有关规定的指称予以明确。关于奖励的形式，既可以是精神上的，也可以是物质上的，通常以精神奖励为主、物质奖励为辅，奖励的具体标准由各地区各部门研究制定。

三、人民建议征集制度

《信访工作条例》还对党委和政府主动问计于民、向人民群众征集建议意见作出规定，第二十九条第三款明确“各级党委和政府应当健全人民建议征集制度，对涉及国计民生的重要工作，主动听取群众的建议意见”。坚持人民主体地位，忠实践行靠人民执政、为人民执政，问计于民，共谋发展。

当前，上海、北京、黑龙江、湖北等地对人民建议征集工作进行了积极探索，取得了较好成效。以上海市为例，2011 年，上海市信访办成立人民建议征集处，专门负责梳理分析群众建议意见，为市委市政府科学决策提供参考。2020 年，揭牌成立上海市人民建议征集办公室，把人民建议征集工作作为出台涉及群众切身利益的政策和重大项目实施前的前置程序，做到问需问计问效于民，把尊重民意、汇集民智、凝聚民力、改善民生贯穿城市建设发展的全过程和各方面。2021 年，出台实施全国首部人民建议征集地方性法规《上海市人民建议征集若干规定》，规定人民建议征集应当坚持以人民为中心，遵循倾听民意、广纳民智、畅通渠道、便捷高效、推动转化、优化治理、公开透明、接受监督等原则。明确市各级国家机关是开展人民建议征集工作的主体，根据需要确定负责人民建议征集的工作机构，或者配备从事人民建议征集工作的人员，并保障工作所需经费。要求建立市、区两级人民建议征集办公室，负责组织推动、协调落实市人民建议征集工作。强调市各级国家机关采取主动征求、收集和日常接收等方式，征集人民建议，并按照规定的时限要求，登记、受理、转送、办理人民建议，并对具有价值的建议予以充分吸纳、落实。鼓励市各级国家机关开展优秀人民建议评选并予以表扬，对具有重要价值的建议，按照国家和上海市有关规定予以奖励，奖励经费纳入相关工作经费。上海市委办公厅、市政府办公厅发布的《上海市人民建议征集工作规定》中明确，市委、市政府信访办公室是市委、市政府开展人民建议征集工作的专门机构。人民建议征集工作机构收到人民建议后，应当在15日内按照建议内容分类登记，并根据不同情况作出受理、转送、交办、解释、告知等处理。对涉及政策性、倾向性、普遍性、典型性问题的人民建议事项，人民建议征集工作机构应当及时报告本级党委和政府，同时抄送下一级党委和政府及本级党委和政府有关工作部门。对有利于改进党委和政府工作，促进经济社会发展、保护社会公共利益的人民建议事项，有权处理部门应当与建议人当面沟通，并研究论证，积极采纳。人民建议事项的研究论证，可以采取座谈会、研讨会、听证会等方式，并邀请建议人参加。建议人提出的人民建议事项，对改进党委和政府工作、促进经济社会发展、保护社会公共利益有突出贡献的，可以以适当方式给予表扬鼓励或者奖励。自人民建议征集工作开展以来，累计向市、区两级党委、政府报送重要建议1600余件，职能部门采纳率达98.5%。群众的“金点子”正源源不断转化为推动城市发展的“金钥匙”。其中，普陀区人民政府还制定印发了《普陀区优秀人民建议奖励办法》，推动人民建议征集、奖励表彰工作。

第三节　检举控告类事项办理

检举控告类信访事项是指人民群众通过信访渠道对行使公权力的机关、单位及其工作人员失职渎职等违纪违法行为进行检举或者控告，要求查处的情形。

我国在对行使公权力的主体进行监督的体制设计中，除了有党内监督、国家机关监督、民主监督、司法监督、舆论监督之外，还有群众监督。群众信访、群众举报和申诉、控告是群众监督的重要内容。信访监督是受宪法保障的，是每一个公民的权利。习近平总书记在浙江工作时曾指出："重视群众信访，接受群众监督，经常听取群众的意见、建议和批评，不仅对我们工作中的漏洞和缺陷可以起到补救和改进作用，而且还可以遏制腐败现象，保障人民民主权利在信访这一环节的落实。"[①] 这些重要论述，为信访工作发挥民主监督功能提供了坚实的思想和理论基础。人民群众的民主监督权利得到了保障，才能不断推进政治文明的发展，我们党才能不断赢得人民群众的拥护和信赖，党的执政地位才能不断巩固。

实践中，群众除直接向纪检监察部门反映外，也向党委和政府、领导同志及信访部门提出检举控告类事项，即使在建议意见类、申诉求决类事项中，也包含着群众对有关机关、单位及其工作人员遵纪守法情况和工作作风的监督。对于检举控告类事项，工作实践中通常根据干部管理权限转相关纪检监察机关、组织（人事）部门或相关地方及部门处理。《信访工作条例》将检举控告类事项的办理单列一条，主要体现了纪检监察机关、组织（人事）部门处理信访事项的程序要求。

---

① 习近平：《干在实处 走在前列——推进浙江新发展的思考与实践》，中共中央党校出版社2006年版，第384页。

一、办理程序

《信访工作条例》第三十条第一款规定："对信访人提出的检举控告类事项，纪检监察机关或者有权处理的机关、单位应当依规依纪依法接收、受理、办理和反馈。"实质就是，检举控告类事项从信访渠道接收登记后，后续的办理就依照纪检监察相关纪法规定的专门程序和要求进行，主要是指《纪检监察机关处理检举控告工作规则》规定的以下程序和要求。

（一）接　收

纪检监察机关归口接收检举控告。对于信访人通过信件、电话、网络举报受理平台、指定场所走访等渠道反映的检举控告事项，纪检监察机关应当予以接收；对其他机关、部门、单位转送的属于纪检监察机关受理范围的检举控告，纪检监察机关应当按规定予以接收。

（二）受　理

依据《纪检监察机关处理检举控告工作规则》第十一条、第十二条的规定，纪检监察机关按照管理权限实行检举控告工作分级受理：（1）中央纪委国家监委受理反映中央委员、候补中央委员，中央纪委委员，中央管理的领导干部，党中央工作机关、党中央批准设立的党组（党委），各省、自治区、直辖市党委、纪委等涉嫌违纪或者职务违法、职务犯罪问题的检举控告。（2）地方各级纪委监委受理反映同级党委委员、候补委员，同级纪委委员，同级党委管理的党员、干部以及监察对象，同级党委工作机关、党委批准设立的党组（党委），下一级党委、纪委等涉嫌违纪或者职务违法、职务犯罪问题的检举控告。（3）基层纪委受理反映同级党委管理的党员，同级党委下属的各级党组织涉嫌违纪问题的检举控告；未设立纪律检查委员会的党的基层委员会，由该委员会受理检举控告。各级纪委监委按照管理权限受理反映本机关干部涉嫌违纪或者职务违法、职务犯罪问题的检举控告。对反映党的组织关系在地方、干部管理权限在主管部门的党员、干部以及监察对象涉嫌违纪或者职务违法、职务犯罪问题的检举控告，由设在主管部门、有管辖权的纪检监察机关受理。地方纪检监察机关接到检举控告的，经与设在主管部门、有管辖权的纪检监察机关协调，可以按规定受理。

（三）办 理

依据《纪检监察机关处理检举控告工作规则》第十四条、第十七条、第二十五条的规定，纪检监察机关信访举报部门经筛选，对属于本级受理的初次检举控告，应当移送本机关监督检查部门或者相关部门，并按规定将移送情况通报案件监督管理部门；对于重复检举控告，按规定登记后留存备查，并定期向有关部门通报情况。承办部门应当指定专人负责管理，逐件登记、建立台账。纪检监察机关监督检查部门应当对收到的检举控告进行认真甄别，对没有实质内容的检举控告或者属于其他纪检监察机关受理的检举控告，在沟通研究、经本机关分管领导批准后，按程序退回信访举报部门处理。监督检查部门对属于本级受理的检举控告，应当结合日常监督掌握的情况，进行综合分析、适当了解，经集体研究并履行报批程序后，以谈话函询、初步核实、暂存待查、予以了结等方式处置，或者按规定移送审查调查部门处置。对实名检举控告，纪检监察机关优先办理、优先处置、给予答复。

（四）反 馈

依据《纪检监察机关处理检举控告工作规则》第二十六条、第二十七条的规定，纪检监察机关信访举报部门对属于本机关受理的实名检举控告，应当在收到检举控告之日起 15 个工作日内告知实名检举控告人受理情况。重复检举控告的，不再告知。承办的监督检查、审查调查部门应当将实名检举控告的处理结果在办结之日起 15 个工作日内向检举控告人反馈，并记录反馈情况。检举控告人提出异议的，承办部门应当如实记录，并予以说明；提供新的证据材料的，承办部门应当核查处理。

按照管理权限，相关机关、单位是具体检举控告事项的有权处理机关、单位的，该机关、单位的纪检监察部门或承担相关工作职责的机构、人员，应以该机关、单位的名义，参照上述流程，对信访人提出的检举控告类事项，依规依纪依法接收、受理、办理和反馈。

二、向组织（人事）部门通报报送制度

为加强对干部选拔任用工作的监督，《党政领导干部选拔任用工作条例》第六十三条规定，实行地方党委组织部门和纪检监察、巡视巡察、机构编制、审计、信访等有关机构联席会议制度，就加强对干部选拔任用工作的监督，沟通信息、交流情况、研究问题，提出意见和建议。按照信访工作“党政同责、一岗双责”要求，各级领导干部既要对所在岗位具体业务工作负责，又要对所在岗位应当承担的信访工作任务负责。因此，《信访工作责任制实施办法》第十条第二款进一步明确，“各级组织人事部门在干部考察工作中，应当听取信访部门意见，了解掌握领导干部履行信访工作职责情况”。

为了充分发挥信访举报的监督作用，便于相关部门和领导同志掌握情况，国家信访局与中央组织部等部门建立了工作衔接机制，按照干部监督工作联席会议及相关部门联合印发的有关规定，定期向有关领导同志及相关部门报送反映干部问题的信访情况。《信访工作条例》第三十条第二款固化提升了这一实践做法，明确“党委和政府信访部门应当按照干部管理权限向组织（人事）部门通报反映干部问题的信访情况，重大情况向党委主要负责同志和分管组织（人事）工作的负责同志报送。组织（人事）部门应当按照干部选拔任用监督的有关规定进行办理”。

三、保密制度

检举、揭发是公民、法人和其他组织监督违规违纪违法行为或者提供有关线索，保护国家和社会公共利益，维护公民合法权益的行为，是宪法和法律赋予公民的一项基本权利，同时也是人民群众同违规违纪违法行为作斗争的有力武器和重要手段，是纪检监察机关、司法机关以及其他有关

机关、单位发现和查处违规违纪违法案件的重要线索来源和渠道。

依法保护举报人是各级机关、单位的一项重要责任。《中华人民共和国刑事诉讼法》第一百一十一条第三款规定，公安机关、人民检察院或者人民法院应当保障报案人、控告人、举报人及其近亲属的安全。报案人、控告人、举报人如果不愿公开自己的姓名和报案、控告、举报的行为，应当为他保守秘密。《纪检监察机关处理检举控告工作规则》第四十七条规定，纪检监察机关应当建立健全检举控告保密制度，严格落实保密要求，对检举控告人的姓名（单位名称）、工作单位、住址等有关情况以及检举控告内容必须严格保密，严禁将检举控告材料、检举控告人信息转给或者告知被检举控告的组织、人员。该规则第五十二条进一步规定，纪检监察机关及其工作人员泄露检举控告人信息或者检举控告内容等，或者将检举控告材料转给被检举控告的组织、人员的，依规依纪严肃处理；涉嫌职务违法、职务犯罪的，依法追究法律责任。为了进一步保障公民、法人或者其他组织的检举、揭发权利，《信访工作条例》第三十条第三款规定了保密制度，明确“不得将信访人的检举、揭发材料以及有关情况透露或者转给被检举、揭发的人员或者单位”，以求制度性消除人民群众举报的后顾之忧，切实保障举报人的人身安全和合法权益。对于违反保密制度，将信访人的检举、揭发材料或者有关情况透露、转给被检举、揭发的人员或者单位的，《信访工作条例》第四十六条进一步规定了责任追究，明确由其上级机关、单位责令改正；造成严重后果的，对直接负责的主管人员和其他直接责任人员依规依纪依法严肃处理；构成犯罪的，依法追究刑事责任。

第四节　申诉求决类事项办理

申诉求决类信访事项是指人民群众通过信访渠道反映生产生活中遇到困难和问题、遭受不法侵害等，要求帮助解决困难、问题，满足自身特定利益需求的情形。

“治理之道，莫要于安民；安民之道，在于察其疾苦。”[①] 维护群众合法权益，解决好人民群众最关心最直接最现实的利益问题，使群众由衷感到权利受到了公平对待、利益得到了有效维护，是信访制度的核心功能。对于申诉求决类事项，工作实践中主要通过转送、交办有权处理机关、单位依法分类处理。依法分类处理，是指在信访与诉讼分离的基础上，对信访人提出的投诉请求，能够通过信访途径以外的法定途径解决的，导入这些途径依法按程序处理；不能通过这些途径解决、符合受理条件的，采用信访“兜底”处理。2015 年，中共中央、国务院印发《法治政府建设实施纲要（2015—2020 年）》，提出了“推进通过法定途径分类处理信访投诉请求，引导群众在法治框架内解决矛盾纠纷”的要求。2016 年，根据中央关于推进依法分类处理信访诉求工作部署，37 个中央和国家机关按照“系统抓、抓系统”的要求，相继出台了本系统本领域的依法分类处理信访诉求清单并由国家信访局汇编成册，发挥了很好的指导作用。2018 年，根据十三届全国人大一次会议通过的《国务院机构改革方案》，已经出台依法分类处理清单的部分中央和国家机关职责发生了变化，为保证依法分类处理信访诉求清单的准确适用，相关中央和国家机关及时调整更新了清单，目前绝大部分已在国家信访局网站公开。各地也相继出台了分类处理工作规程，山东、河北、浙江等地已经将分类处理的成果纳入了相关地方性法规。实行依法分类处理信访诉求，有利于在行政体系内厘清信访与其他法定途径的界限，合理划分解决主体和方式，避免所有诉求不分情况和性质一律按照信访程序处理；有利于推动行政机关按照“法定职责必须为，法无授权不可为”的要求依法履职，避免以信访答复代替行政处理、以信访程序代替依法履职等情况，更好发挥行政程序在处理信访诉求中的主渠道作用。

① 张居正：《答福建巡抚耿楚侗》。

一、办理程序

《信访工作条例》以《信访条例》关于申诉求决类信访事项办理的规定为基础，充分吸纳诉访分离、依法分类处理等党的十八大以来信访工作制度改革成果，结合信访工作领域全覆盖的要求，将申诉求决类信访事项按照相关法律法规区分六种途径分别予以处理。

（一）政法部门诉访分离

《信访工作条例》第三十一条第一项规定，“应当通过审判机关诉讼程序或者复议程序、检察机关刑事立案程序或者法律监督程序、公安机关法律程序处理的，涉法涉诉信访事项未依法终结的，按照法律法规规定的程序处理”，主要适用于政法部门处理相关事项。

各级政法部门对信访部门按规定转交的涉法涉诉信访事项，应当及时接收，依法处理。工作中应充分尊重和保障信访人的申诉控告权利，耐心听取和了解信访人反映的问题和诉求。认真做好“诉”与“访”的审查分流工作，对属于本单位管辖的涉法涉诉信访事项，要认真审查信访材料，准确把握信访问题的性质和类别，一般应在 15 日内决定是否受理，并及时答复信访人；对不属于本单位管辖的信访事项，要详细解释相关法律规定，告知信访人向有管辖权的部门或层级反映问题，或者将信访材料转交相关部门处理。

各级政法部门应当建立涉法涉诉信访事项导入司法程序机制。（1）对涉法涉诉信访事项，应当及时审查、甄别。对于正在法律程序中的，继续依法按程序办理；对于已经结案，但符合复议、复核、再审条件的，依法转入相应法律程序办理；对于已经结案，不符合复议、复核、再审条件的，做好不予受理的解释说明工作；对于不服有关行政机关依法作出的行政复议决定，经释法明理仍不服的，可引导其向人民法院提起行政诉讼。有关处理程序和结果，应当严格按照规定的期限和方式，及时告知当事人。（2）严格落实依法按程序办理制度。对于已经进入法律程序处理的案件，应当依法按程序在法定时限内公正办结。对经复议、审理、复核，确属错案、瑕疵案的，依法纠正错误、补正瑕疵；属于国家赔偿范围的，依照国家赔偿法的有关规定办理。对经复议、审理、复核，未发现错误的，依法维持原裁决，并按照有关规定及时告知当事人。（3）建立涉法涉诉信访依法终结制度。对涉法涉诉信访事项，已经穷尽法律程序的，依法作出的判决、裁定为终结决定。对在申诉时限内反复缠访缠诉，经过案件审查、评查等方式，并经中央或省级政法部门审核，认定其反映问题已经得到公正处理的，除有法律规定的情形外，依法不再启动复查程序，但要及时通报同级党委和政府信访部门帮助做好对信访人的解释、疏导工作。地方党委和政府及其基层组织要尊重政法部门依法作出的法律结论，自觉落实教育帮扶和矛盾化解等工作措施。（4）健全国家司法救助制度。在党委和政府的领导和支持下，统筹解决信访群众的法律问题和实际困难。对于因执法问题给当事人造成伤害或损失的，依法予以纠错、补偿。对于因遭受犯罪侵害或民事侵权，无法经过诉讼获得有效赔偿，造成当事人生活困难，符合救助规定的，及时给予司法救助。对于给予司法救助后仍然存在实际困难的，通过民政救济、社会救助等方式帮助解决实际困难。

需要强调的是，在《信访工作条例》中，“终结”这一概念只适用于涉法涉诉信访事项。实际工作中，要慎用终结手段，防止因随意终结影响信访事项公正处理，甚至激化矛盾。对当事人诉求尚有法律救济渠道的，应当引导其依法行使权利，一般不宜终结。因刑事案件失去破案条件、民事案件无财产可供执行等造成信访人生活严重困难的信访事项，原则上不予终结，重点是做好对信访人的救助帮扶和教育疏导工作。也就是说，对于应当通过审判机关诉讼程序或者复议程序、检察机关刑事立案程序或者法律监督程序、公安机关法律程序处理的事项，未依法终结的，由政法部门按照法律法规规定的相关程序处理；已依法终结的，由地方党委和政府以及基层党组织和基层单位做好疏导教育工作。

（二）仲裁程序

《信访工作条例》第三十一条第二项规定，“应当通过仲裁解决的，导入相应程序处理”，常见的有合同争议和劳动争议等。

1. 当事人双方自愿达成有效民事仲裁协议的。《中华人民共和国仲裁法》第五条规定：“当事人达成仲裁协议，一方向人民法院起诉的，人民法院不予受理，但仲裁协议无效的除外。”《中华人民共和国民事诉讼法》第一百二十七条进一步明确，对于双方当事人达成书面仲裁协议的，人民法院应告知原告向仲裁机构申请仲裁。依据《中华人民共和国仲裁法》第六条、第九条、第十八条的规定，仲裁不实行级别管辖和地域管辖。双方当事人约定仲裁的，应选定仲裁委员会。对仲裁事项或者仲裁委员会没有约定或者约定不明确的，当事人可以补充协议；达不成补充协议的，仲裁协议无效。仲裁实行一裁终局制度。裁决作出后，当事人就同一纠纷再申请仲裁或者向人民法院起诉的，仲裁委员会或者人民法院不予受理。裁决被人民法院依法裁定撤销或者不予执行的，当事人就该纠纷可以根据双方重新达成的仲裁协议申请仲裁，也可以向人民法院起诉。

2. 用人单位与劳动者发生劳动争议的。主要包括：因确认劳动关系发生的争议，因订立、履行、变更、解除和终止劳动合同发生的争议，因除名、辞退和辞职、离职发生的争议，因工作时间、休息休假、社会保险、福利、培训以及劳动保护发生的争议，因劳动报酬、工伤医疗费、经济补偿或者赔偿金等发生的争议。《中华人民共和国劳动争议调解仲裁法》第五条规定：“发生劳动争议，当事人不愿协商、协商不成或者达成和解协议后不履行的，可以向调解组织申请调解；不愿调解、调解不成或者达成调解协议后不履行的，可以向劳动争议仲裁委员会申请仲裁；对仲裁裁决不服的，除本法另有规定的外，可以向人民法院提起诉讼。”劳动争议申请仲裁的时效期间为 1 年。仲裁时效期间从当事人知道或者应当知道其权利被侵害之日起计算。一般情况下，劳动者对劳动争议案件的仲裁裁决不服的，可以自收到仲裁裁决书之日起 15 日内向人民法院提起诉讼，期满不起诉的，裁决书发生法律效力。但是对于追索劳动报酬、工伤医疗费、经济补偿或者赔偿金，不超过当地月最低工资标准12个月金额的争议，以及因执行国家的劳动标准在工作时间、休息休假、社会保险等方面发生的争议，仲裁裁决为终局裁决，裁决书自作出之日起发生法律效力。劳动者对该仲裁裁决不服的，可以自收到仲裁裁决书之日起15日内向人民法院提起诉讼；用人单位有证据证明仲裁裁决有适用法律法规错误、管辖错误、违反法定程序、证据系伪造以及索贿受贿、徇私舞弊、枉法裁决等情形的，可以自收到仲裁裁决书之日起30日内向劳动争议仲裁委员会所在地的中级人民法院申请撤销裁决。

此外，农村土地承包纠纷也经常适用仲裁程序，但需要注意的是，依据《中华人民共和国农村土地承包经营纠纷调解仲裁法》第四条规定，“当事人和解、调解不成或者不愿和解、调解的，可以向农村土地承包仲裁委员会申请仲裁，也可以直接向人民法院起诉”。也就是说，仲裁不是必经程序，申请仲裁或直接提起诉讼，当事人具有选择权。

（三）党内申诉程序

《信访工作条例》第三十一条第三项规定，“可以通过党员申诉、申请复审等解决的，导入相应程序处理”，主要适用于党的机关处理相关事项。

1. 党员对所受处理、处分不服，提出申诉或者申请复审的。《中国共产党章程》第四十三条明确党员对处分决定不服的，可以提出申诉。《中国共产党问责条例》第二十条规定，问责对象对问责决定不服的，可以自收到问责决定之日起1个月内，向作出问责决定的党组织提出书面申诉。作出问责决定的党组织接到书面申诉后，应当在1个月内作出申诉处理决定，并以书面形式告知提出申诉的党组织、领导干部及其所在党组织。申诉期间，不停止问责决定的执行。《中国共产党纪律检查机关监督执纪工作规则》第五十九条规定，对不服处分决定的申诉，由批准或者决定处分的党委（党组）或者纪检监察机关受理；需要复议复查的，由纪检监察机关相关负责人批准后受理。申诉办理部门成立复查组，调阅原案案卷，必要时可以进行取证，经集体研究后，提出办理意见，报纪检监察机关相关负责人批准或者纪委常委会会议研究决定，作出复议复查决定。决定应当告知申诉人，抄送相关单位，并在一定范围内宣布。坚持复议复查与审查审理分离，原案审查、审理人员不得参与复议复查。复议复查工作应当在3个月内办结。

2. 党政领导班子和领导干部对考核结果有异议提出复核或者申诉的。《党政领导干部考核工作条例》第三十六条明确考核对象对考核结果有异议的，可以按照有关规定提出复核或者申诉。

（四）特定行政程序

《信访工作条例》第三十一条第四项规定："可以通过行政复议、行政裁决、行政确认、行政许可、行政处罚等行政程序解决的，导入相应程序处理。"除本项列举的行政复议、行政裁决、行政确认、行政许可、行政处罚等较为常见的处理信访事项的行政程序外，还包括国家赔偿中的行政赔偿、行政补偿、行政强制以及特定类型的申诉、复查（复核、复审、复检）以及信息公开等。

行政复议是指公民、法人或者其他组织认为行政主体的行政行为侵害其合法权益，依法向行政复议机关提出复查该行政行为的申请，行政复议机关依照法定程序对被申请的行政行为进行合法性、适当性审查，并作出行政复议决定的活动。行政复议与行政诉讼、行政赔偿等共同构成我国行政救济制度。

行政裁决是指行政主体根据当事人的申请，根据法律法规授权，居中对当事人之间发生的与行政管理活动密切相关的民事纠纷进行裁处的行为。依据我国现行法律规定，行政裁决主要有损害赔偿裁决、权属纠纷裁决、侵权纠纷裁决等。

行政确认是指行政主体依法对公民、法人或者其他组织的法律地位、法律关系或有关法律事实进行甄别，给予确定、认定、证明（或证伪）并予以宣告的行政行为。例如，公安机关进行户口登记，质量技术监督部门对产品质量是否合格进行认定等。

行政许可是指行政主体根据公民、法人或者其他组织的申请，经依法审查，准予其从事特定活动的行为。行政许可的性质是对法律一般禁止性规定的解除，通常表现为通过颁发许可证或执照等形式，依法赋予公民、法人或者其他组织从事某种活动或实施某种行为的权利或资格。例如，颁发营业执照、医师执业证书、教师资格证书等。

行政处罚是指行政主体依法对违反行政管理秩序的公民、法人或者其他组织，以减损权益或者增加义务的方式予以惩戒的行为。例如，警告、罚款、暂扣许可证件、行政拘留等。

对于可以通过行政复议、行政裁决、行政确认、行政许可、行政处罚等行政程序解决的事项，有权处理的行政机关内的信访部门与业务部门应当进行会商确认，由业务部门依据相关的法律法规分别导入相应的程序，并出具法定途径告知书送达信访人，同时对投诉请求作出相应行政行为处理决定，以行政机关名义制作行政程序处理决定文书，加盖行政机关的公章，并告知行政相对人不服处理决定的行政复议、行政诉讼、申诉等法定救济途径。

（五）行政履职程序

《信访工作条例》第三十一条第五项规定，“属于申请查处违法行为、履行保护人身权或者财产权等合法权益职责的，依法履行或者答复”，主要是指确属行政机关法定职责，但无具体强制性处理程序的事项。需要说明的是，此处仅限于“查处违法行为、履行保护人身权或者财产权等合法权益”职责，例如因邻居建筑物影响其采光，认为不符合日照采光规定，属于违规高层建筑，要求有关机关进行查处；因小区住户夜间施工，噪音超标，严重影响正常生活作息，要求查处。对于行政机关其他无具体强制性处理程序的法定职责，如内部安全管理、保密等，则不在此项规定的适用范围。

特定行政程序和行政履职程序，均为行政程序，区别在于前者通常是有法定的程序规定，并应正式作出行政处理决定，而后者通常只是依法履职，一般没有具体的强制性程序规定，也不需要作出正式的处理决定。在实际工作中，有一种特殊情况，就是对于没有具体程序和期限规定的怎么办？根据《中华人民共和国行政诉讼法》第四十七条第一款“公民、法人或者其他组织申请行政机关履行保护其人身权、财产权等合法权益的法定职责，行政机关在接到申请之日起两个月内不履行的，公民、法人或者其他组织可以向人民法院提起诉讼”的规定精神，应当在接到申请之日起两个月内履行或者答复。

（六）信访“兜底”处理

对于不属于以上情形的，比如对于群众反映的历史遗留问题、法律法规尚无明确规定的问题、政策调整产生的问题、无法导入到其他法定途径的问题，以及“三跨三分离”等疑难复杂问题，通过信访“兜底”处理，适用于《信访工作条例》第二条规定的所有机关、单位。

二、信访处理意见书

通过信访“兜底”处理的，《信访工作条例》第三十一条第六项规定，“应当听取信访人陈述事实和理由，并调查核实，出具信访处理意见书。对重大、复杂、疑难的信访事项，可以举行听证”。对于这类情形，第三十四条规定，“应当自受理之日起60日内办结；情况复杂的，经本机关、单位负责人批准，可以适当延长办理期限，但延长期限不得超过30日，并告知信访人延期理由”。

（一）听取信访人陈述并进行调查核实

有权处理机关、单位应当认真听取信访人陈述，这是一种为信访人提供主张权利、陈述理由和提供证据事实的程序规定，并在此基础上进行调查核实。调查要遵循主动调查、全面调查、信访当事人参与三项原则，且必须以不影响在法定或指定的期限内作出办理决定为基本要求。

调查核实主要有以下方式：一是要求信访当事人（包括信访投诉对

象、相关利益方等）说明情况，既可以要求其口头说明，也可以要求其书面说明，可以要求信访人和被投诉的有关组织、人员双方当事人共同到场说明情况，确保双方当事人都有陈述、申辩的机会和权利；二是向第三人、证人和相关方进行调查，以认定信访人所提供情况的真实性、合法性，扩大信息来源，准确查明事实；三是查阅档案资料，查询信息系统；四是实地调查，通过实地走访、调研、勘测等方式进一步查实、查证相关资料、信息。

对重大、复杂、疑难的信访事项，可以举行听证，听证应当公开举行，通过质询、辩论、评议、合议等方式，查明事实、分清责任。

（二）作出处理意见

有权处理的机关、单位开展完调查活动后，以调查认定的事实为基础，依据有关法律、法规、规章及其他有关规定作出处理意见。

信访处理意见书应当以书面形式作出，载明信访人投诉请求、事实和理由、处理意见及其法律、法规依据，加盖信访业务专用章，告知信访人申请复查、复核的途径和期限。对于请求事实清楚，符合法律、法规、规章或者其他有关规定的，应当予以支持；对于请求事由合理但缺乏法律依据的，应当作出解释说明；对于请求缺乏事实根据或者不符合法律、法规、规章或者其他有关规定的，不予支持。

（三）信访处理意见书的送达

通过信访“兜底”处理作出的信访处理意见，需制作送达回证，包括送达文书及件数、送达方式、送达地址、送达时间、信访人签字及意见、代收人签字及代收理由、送达人签字、备注等内容，最后由承办单位盖章。有关送达要求参照《中华人民共和国民事诉讼法》的相关规定。

（四）信访处理意见书的执行

有权处理的机关、单位作出支持信访请求意见的，应当督促有关机关或者单位执行；不予支持的，应当做好信访人的疏导教育工作。《信访工作条例》第四十条明确信访部门对于机关、单位拒不执行信访处理意见的，应当及时督办，并提出改进工作的建议。对在信访工作中推诿、敷衍、拖延、弄虚作假造成严重后果的机关、单位及其工作人员，应当向有管理权限的机关、单位提出追究责任的建议。对信访部门提出的改进工作、完善政策、追究责任的建议，有关机关、单位应当书面反馈采纳情况。第四十二条进一步明确因拒不执行有权处理机关、单位作出的支持信访请求意见导致信访事项发生，造成严重后果的，对直接负责的主管人员和其他直接责任人员，依规依纪依法严肃处理；构成犯罪的，依法追究刑事责任。

（五）信访处理意见书的效力

关于行政机关的信访处理行为的性质及其可诉性问题，《最高人民法院关于适用〈中华人民共和国行政诉讼法〉的解释》第一条第二款第九项规定，行政机关针对信访事项作出的登记、受理、交办、转送、复查、复核意见等行为不属于人民法院行政诉讼的受案范围。《最高人民法院关于进一步保护和规范当事人依法行使行政诉权的若干意见》也有类似规定。相关司法判例也表明，信访制度是与行政复议和行政诉讼制度相互独立、相互分离的权利救济制度。一般而言，信访答复意见、复查复核意见对当事人权利义务并不产生实际影响，不属于行政复议、行政诉讼的受案范围。但有两点例外：（1）对当事人权利义务造成实际影响的信访答复意见、复查复核意见，是能够申请复议、可诉的行为。（2）以信访处理代替履行法定职责的可诉。对属于公民、法人或者其他组织申请政府职能部门履行法定职责的事项，行政机关如果将其作为信访事项，适用信访“兜底”处理，一般被称为“信访代替履职”，这种处理方式不但可诉，而且属于适用法律依据错误。

三、复查复核

（一）复　查

复查是指信访人不服办理机关、单位的信访处理意见而提出申请，依法由原办理机关、单位的上一级机关、单位对该信访事项处理意见和有关情况进行审查并作出信访复查意见的过程。复查机关是指原办理机关、单位的上一级机关、单位。办理机关是非垂直领导的党委或政府工作部门的，复查机关可以是办理机关的上级主管部门，也可以是本级党委或政府；办理机关是实行垂直领导的部门，复查机关为其上一级主管部门；办理机关是地方党委或政府的，复查机关只能是上一级党委或政府；办理机关是省级党委或政府工作部门的，复查机关是本级党委或政府。

《信访工作条例》第三十五条规定，信访人对信访处理意见不服的，可以自收到书面答复之日起 30 日内请求原办理机关、单位的上一级机关、单位复查。收到复查请求的机关、单位应当自收到复查请求之日起 30 日内提出复查意见，并予以书面答复。在信访工作实践中，复查的启动和办理一般有三个环节。

1. 申请。（1）申请复查的基本条件：①申请人必须是不服信访事项处理意见的信访人；②有具体的复查请求和事实依据；③向有权复查的机关提出申请；④在申请复查的期限范围内，即信访人应当自收到书面答复之日起 30 日内申请复查。（2）申请复查的方式：信访人一般应当采用书面方式申请复查，并载明申请人的姓名（名称）、住址（地址）和办理机关的主要答复意见，申请复查的主要事实、理由、时间。信访人书面申请复查有困难的，也可以口头申请，收到申请的工作人员应当当场记录以上内容，并要求复查申请人采用签字等方式予以确认。

2. 审查。（1）形式审查：对不符合申请复查基本条件的，收到复查申请的机关、单位不予复查，告知信访人相关理由，同时出具不予复查书面说明。对符合申请复查基本条件的，接受复查申请；申请事由部分不清的，可以要求申请人在合理的期限内补正。（2）实质审查：主要是审查事实认定是否准确，处理程序是否符合分类处理要求，处理意见是否依法依规、是否适当等。

3. 作出复查意见。复查机关、单位对信访人提出的有效申请进行审查后，应当自收到复查申请之日起 30 日内，向信访人出具书面复查意见。

（1）处理意见事实清楚、依据充分、处理恰当的，维持原处理意见。（2）处理意见事实不清、依据不足或者处理不恰当的，依职权直接变更、撤销原处理意见或者责令原办理机关、单位重新办理。其中，对应当适用信访"兜底"处理以外的其他法定途径而未适用的，应当区分情况，撤销信访处理意见，要求原办理机关、单位适用其他法定途径重新处理，或者变更原处理意见。

复查机关责令原办理机关、单位重新处理的，原办理机关、单位不得以同一事实或理由作出与原处理意见相同或基本相同的意见。

（二）复　核

复核是指信访人不服复查机关、单位的信访复查意见而提出申请，依法由复查机关、单位的上一级机关、单位对该信访事项的复查意见和有关情况进行审查并作出信访复核意见的过程。复核机关是指复查机关、单位的上一级机关、单位。复查机关是非垂直领导的设区的市级以下党委或政府工作部门的，复核机关可以是复查机关的上级主管部门，也可以是本级党委或政府；复查机关是实行垂直领导的部门，复核机关为其上一级主管部门；复查机关是省级党委或政府工作部门的，复核机关是本级党委或政府。

《信访工作条例》第三十六条第一款规定，信访人对复查意见不服的，可以自收到书面答复之日起30日内向复查机关、单位的上一级机关、单位请求复核。收到复核请求的机关、单位应当自收到复核请求之日起30日内提出复核意见。复核环节与复查环节基本相同，复核机关、单位应当根据信访人的申请，书面答复其经核实认定的情况、复核意见及依据和理由。复核环节可以再次引入听证，如果复核期间举行听证，听证所需时间不计算在复核期限内。

信访人对复核意见不服，仍然以同一事实和理由提出投诉请求的，各级党委和政府信访部门和其他机关、单位不再受理。

需要说明的是，复查复核制度作为信访工作制度的重要组成部分，其初衷是通过严谨的程序设计，及时监督、纠正信访事项办理过程中存在的问题，解决群众合理诉求，保障群众合法权益。因此，不能简单从程序上理解复查复核，要坚决消除“重程序、轻实体”的错误思想，要把复查复核真正作为解决问题和化解矛盾的过程，把查清事实、明确责任、化解矛盾贯穿复查复核工作的始终，把“三到位一处理”要求贯穿复查复核工作的始终，真正做到对疑难复杂信访问题的事心双解，切实维护好人民群众的合法权益。

第五节　调解、和解与多元化解

一、调解、和解在信访工作中的运用

信访工作具有成本低，便利性强，注重协商、调解等柔性特点。工作实践中，调解、和解广泛运用于信访矛盾化解，取得了良好成效。《信访工作条例》第三十三条规定：“各级机关、单位在处理申诉求决类事项过程中，可以在不违反政策法规强制性规定的情况下，在裁量权范围内，经争议双方当事人同意进行调解；可以引导争议双方当事人自愿和解。经调解、和解达成一致意见的，应当制作调解协议书或者和解协议书。”

（一）调解、和解概述

调解是指当事人就矛盾纠纷，在人民法院、政府机关、人民调解委员会及有关组织主持下，自愿进行协商，通过教育疏导，促成各方依法达成协议、解决纠纷的活动。和解是指当事人自愿在平等的基础上就矛盾纠纷进行协商、互谅互让，进而达成妥协或协议的活动。

调解、和解都是在自愿、合法基础上进行友好协商，并最终达成一致的活动，都是柔性化解手段。两者之间经常可以相互转化，例如依据《最高人民法院关于人民法院民事调解工作若干问题的规定》第二条的规定，

当事人在诉讼过程中自行达成和解协议的，人民法院可以根据当事人的申请依法确认和解协议制作调解书。当事人在和解过程中申请人民法院对和解活动进行协调的，人民法院可以委派审判辅助人员或者邀请、委托有关单位和个人从事协调活动。

调解与和解的区别主要包括：（1）参与力量不同。调解有第三方的参与主持，而其中的第三方，即调解人的作用也是调解区别于审判和仲裁的关键因素——调解人没有权力对争执的双方当事人施加外部的强制力；而和解是当事人双方自主解决纠纷。（2）法律效力不同。司法调解协议或笔录，以及经司法确认的调解协议具有与判决书同等的法律效力，一方当事人拒绝履行或者未全部履行的，对方当事人可以向人民法院申请强制执行；和解协议作为双方当事人之间自行达成的协议，不具有与判决书同等的法律效力。（3）适用范围不同。调解一般应用于民商事领域；而和解既可以应用于民商事纠纷化解，也可以应用于行政纠纷化解，甚至还可以应用于某些刑事案件中。（4）适用程序不同。司法调解仅限于审判程序，包括开庭前和庭审中；而和解既可以适用于审判程序，也可以适用于执行程序。

调解、和解作为信访工作中化解矛盾纠纷的重要方式方法，核心在于引导当事人友好协商，这也是群众工作的基本方式方法，工作实践中各地区各部门要灵活掌握。需要说明的是，关于“信访调解”，现行法律法规中并无直接规定，实为对信访问题处理中运用的调解方式方法的笼统称谓，其性质和效力需要在具体信访问题处理中根据调解的主体、内容、程序等因素进行综合判定。

（二）调解的类别

依据不同的标准，调解有不同的分类，例如可根据达成的调解协议是否具有强制执行力，将调解分为有强制执行力的调解和无强制执行力的调解。工作实践中，通常根据调解人的身份和性质，将调解分为法院调解、行政调解、人民调解、仲裁庭调解、行业性专业性组织调解等。这些调解互有联系、互有区别，构成了一套完整的调解体系。

1. 人民调解

人民调解是指人民调解委员会通过说服、疏导等方法，促使当事人在平等协商基础上自愿达成调解协议，解决民间纠纷的活动。依据《中华人民共和国人民调解法》的有关规定，当事人可以向人民调解委员会申请调解；人民调解委员会也可以主动调解。当事人一方明确拒绝调解的，不得调解。人民调解委员会调解民间纠纷，不收取任何费用。

经人民调解委员会调解达成调解协议的：（1）可以制作调解协议书，载明当事人的基本情况，纠纷的主要事实、争议事项以及各方当事人的责任，当事人达成调解协议的内容，履行的方式、期限等。调解协议书自各方当事人签名、盖章或者按指印，人民调解员签名并加盖人民调解委员会印章之日起生效。（2）当事人认为无需制作调解协议书的，可以采取口头协议方式，人民调解员应当记录协议内容。人民调解委员会应当对调解协议的履行情况进行监督，督促当事人履行约定的义务。

人民调解虽然属于民间调解，但经过司法确认后便具有法律强制效力。依据《中华人民共和国人民调解法》第三十三条的规定，经人民调解委员会调解达成调解协议后，双方当事人认为有必要的，可以自调解协议生效之日起30日内共同向人民法院申请司法确认，人民法院应当及时对调解协议进行审查，依法确认调解协议的效力。人民法院依法确认调解协议有效，一方当事人拒绝履行或者未全部履行的，对方当事人可以向人民法院申请强制执行。人民法院依法确认调解协议无效的，当事人可以通过人民调解方式变更原调解协议或者达成新的调解协议，也可以向人民法院提起诉讼。《中华人民共和国民事诉讼法》第二百零一条规定，经依法设立的调解组织调解达成调解协议，申请司法确认的，由双方当事人自调解协议生效之日起30日内，共同向人民法院提出：（1）人民法院邀请调解组织开展先行调解的，向作出邀请的人民法院提出。（2）调解组织自行开展调解的，向当事人住所地、标的物所在地、调解组织所在地的基层人民法院提出；调解协议所涉纠纷应当由中级人民法院管辖的，向相应的中级人民法院提出。

2. 行政调解

行政调解又称政府调解，是指由行政机关主持，在其行使行政管理的职权范围内，通过说服教育等方式，促使民事纠纷或轻微刑事案件当事人自愿达成协议，解决纠纷的活动。行政调解和人民调解一样，都属于诉讼外调解，所达成的协议均不具有法律上的强制执行力，且都不收费。一般来讲，行政机关的调解具有权威性、高效率和低成本等优点，而且调解协议的履行也有一定的监督保证，因此具有重要的实践价值。

就目前而言，我国行政机关依法可以调解的种类很多，可以说行政机关对在行使行政管理职能过程中所遇到的纠纷，基本上都可以进行调解。但主要的行政调解有这样三类：（1）基层人民政府的调解。调解民事纠纷和轻微刑事案件一直是我国基层人民政府的一项职责，这项工作主要是由乡镇人民政府和街道办事处的司法助理员负责进行。司法助理员是基层人民政府的组成人员，也是司法行政工作人员，他们除了指导人民调解委员会的工作和法治宣传外，还要亲自调解大量的纠纷。（2）国家合同管理机关的调解。根据《中华人民共和国民法典》的规定，当事人对合同发生争议时，可以约定仲裁，也可以向人民法院起诉。国家规定的合同管理机关是市场监管机关。平等主体的自然人、法人和非法人组织之间的经济纠纷，都可以向市场监管机关申请调解。（3）公安机关的调解。《中华人民共和国治安管理处罚法》第九条规定，对于因民间纠纷引起的打架斗殴或者损毁他人财物等违反治安管理行为，情节较轻的，公安机关可以调解处理。这是法律授予公安机关调解的权利，有利于妥善解决纠纷。

3. 司法调解

司法调解又称法院调解、诉讼调解，是指在人民法院审判人员的主持下，当事人根据自愿和合法的原则，就民事权益争议进行平等协商，以达成协议，解决纠纷的活动。《中华人民共和国民事诉讼法》进一步强化调解制度，将调解贯彻诉讼程序始终，分别在第一百三十六条、第一百四十五条、第一百七十九条作出规定，开庭前可以调解的，采取调解方式及时解决纠纷；判决前能够调解的，还可以进行调解；对上诉案件可以进行调解。

司法调解既是人民法院在审理民事案件过程中，贯彻调解原则所进行的一项诉讼活动，又是人民法院行使审判权，解决民商事纠纷，结束诉讼程序的一种方式。因此，与人民调解、行政调解不同，司法调解具有和司法审判同等的法律效力，一方当事人拒绝履行或者未全部履行的，对方当事人可以向人民法院申请强制执行。

依据《中华人民共和国民事诉讼法》第一百条、第一百零一条的规定，经司法调解达成协议的，人民法院应当制作调解书，载明诉讼请求、案件的事实和调解结果，由审判人员、书记员署名，加盖人民法院印章，经双方当事人签收后具有法律效力。对于调解和好的离婚案件、调解维持收养关系的案件、能够即时履行的案件等，人民法院可以不制作调解书，但应当记入笔录，由双方当事人、审判人员、书记员签名或者盖章后具有法律效力。

需要说明的是，有一些案件需要人民法院主动启动调解程序，如《中华人民共和国民法典》第一千零七十九条第二款明确规定，人民法院审理离婚案件应当进行调解，这也就是通常所说的“调解前置”“先行调解程序”。关于哪些纠纷属于“调解前置”，依据《中华人民共和国民事诉讼法》第一百二十五条，当事人起诉到人民法院的民事纠纷，适宜调解的，先行调解，但当事人拒绝调解的除外。条文中关于具体的“适宜”标准，并未明确说明。实践中，通常依据《最高人民法院关于适用简易程序审理民事案件的若干规定》第十四条的规定，对下列民事案件，在开庭审理时先行调解：（1）婚姻家庭纠纷和继承纠纷；（2）劳务合同纠纷；（3）交通事故和工伤事故引起的权利义务关系较为明确的损害赔偿纠纷；（4）宅基地和相邻关系纠纷；（5）合伙合同纠纷；（6）诉讼标的额较小的纠纷。

但是根据案件的性质和当事人的实际情况不能调解或显然没有调解必要的除外。

4. 仲裁庭调解

仲裁庭调解又称仲裁调解，主要是指仲裁机构在仲裁中所进行的调解。由于仲裁机构本质上属于民间性组织，因此此类调解也属于民间调解的范畴。实践做法是，仲裁庭在作出裁决前，可以对所审理的案件进行调解，当事人自愿调解的，仲裁庭应当调解；调解是在当事人完全自愿、案件事实基本清楚的基础上进行的；仲裁庭可以通过灵活的方式促使双方当事人自愿达成和解；调解达成协议的，仲裁庭应当制作调解书或根据协议结果制作裁决书。根据《中华人民共和国仲裁法》第五十一条的规定，仲裁调解所达成的调解书与仲裁裁决书具有同等法律效力。一方当事人拒绝履行或者未全部履行的，对方当事人可以向人民法院申请强制执行。

二、多元化解

信访问题成因复杂多样，往往涉及多个部门，特别是在互联网时代，信访问题的综合性、跨界性、关联性不断增强。做好信访工作、解决信访问题，单靠一个部门、一个单位不够，单靠一种方式也不够，必须按照“党委统一领导、政府组织落实、信访工作联席会议协调、信访部门推动、各方齐抓共管”要求，统筹运用各方资源，广泛吸纳社会力量，不断增强信访工作的系统性、联动性、协同性，形成共同预防化解社会矛盾的工作格局。

（一）多元化解之主体多元

2015 年 10 月，中央全面深化改革领导小组审议通过了《关于完善矛盾纠纷多元化解机制的意见》，要求“充分发挥各部门职能作用，引导社会各方面力量积极参与矛盾纠纷化解”。以开放性架构吸纳社会力量，在更广范围统筹资源，构建共治共享格局，是推进国家治理体系和治理能力现代化的内在要求。做好信访工作，既要充分发挥党委和政府的作用，又要鼓励支持社会力量积极参与，形成解决信访问题的合力。社会力量作为中立的第三方，公信度较高，专业性较强，在分析解决问题方面更具客观性，在防止矛盾激化方面更具缓冲性，参与信访问题化解具有独特优势。

近年来，各地区各部门在吸收社会力量参与信访工作、解决信访问题方面进行了大量富有成效的探索和实践。有的地方邀请“两代表一委员”、法律工作者、心理咨询师、社会工作师，一些专业协会和行业协会人员以及老干部、老党员、老模范、老教师、老军人等第三方参与化解信访矛盾纠纷，取得良好效果；有的地方以购买法律服务形式，聘请律师以第三方身份参与征地拆迁、旧城改造等工作，参与信访积案、难案的处理，提供法律咨询、谈判指导、纠纷调处等服务，有效预防和解决了信访问题。

对社会力量参与信访工作，既要大力支持，特别是运用好市场、公益、慈善等途径，不断健全拓宽社会力量参与信访工作的制度化渠道，努力把各行各业的专业人员组织起来，把大街小巷中各类群体发动起来，让信访工作触角延伸到各个角落；又要有效引导，使其在解决信访问题、化解矛盾纠纷、维护群众利益、促进社会和谐等方面最大限度地释放正能量。特别要说明的是，社会力量参与信访工作，必须在党委和政府领导下有序进行。对于打着为信访群众争取利益的旗号，组织、煽动、教唆、串联、幕后操纵他人制造社会影响，借机敛财、牟取不正当利益等违法犯罪行为，必须依法处理。

（二）多元化解之方式多元

党的十八届四中全会审议通过的《中共中央关于全面推进依法治国若干重大问题的决定》中明确提出，“健全社会矛盾纠纷预防化解机制，完善调解、仲裁、行政裁决、行政复议、诉讼等有机衔接、相互协调的多元化纠纷解决机制”。作为矛盾纠纷多元化解体系的重要组成部分，信访工作既要加强与其他法定纠纷解决途径的衔接配合，也要在具体实践中落实好多元化解的要求，不断创新思路方法，深入开展领导干部接访下访，加强和规范联合接访，大力推行访调对接，把法治宣传、道德教化、关心关爱、帮扶救助贯穿工作全过程，既解决好群众的实际问题，也解决好群众的思想问题，努力实现事心双解、取得最好效果。

为此，《信访工作条例》第三十七条明确了各级机关、单位应当坚持社会矛盾纠纷多元预防调处化解，人民调解、行政调解、司法调解联动，综合运用法律、政策、经济、行政等手段和教育、协商、疏导等办法，多措并举化解矛盾纠纷。实践工作中，要严格落实“三到位一处理”要求，对诉求合法合理的，依法按政策解决好；对诉求无理的，向信访群众说透法理、说明事理、说通情理，努力做到以法为据、以理服人、以情感人，实现定分止争；对生活困难的，运用好司法救助、信访救助等制度，解决好法度之外、情理之中的问题。特别是对涉众型利益诉求，运用好民主协商、公开听证等方法，增强信访群众对解决方案的认可度；对历史遗留的利益诉求，做好信访群众的思想工作，引导信访群众确立与当前经济社会发展水平相适应的理性预期；对心态失衡、行为失常的特殊信访人员，加强心理疏导、人文关怀，让阳光照进他们的心田，防止发生极端行为。在个案处理中，针对不同情况，在坚守法律底线的同时，注重运用道德、习俗、伦理的力量调节社会关系，运用好各类调解平台，充分发挥相关行业性、专业性调解组织作用，推动矛盾化解。

（三）社会救助、司法救助

《信访工作条例》第三十七条同时对帮扶救助作出安排，明确对生活确有困难的信访人，可以告知或者帮助其向有关机关或者机构依法申请社会救助。符合国家司法救助条件的，有关政法部门应当按照规定给予司法救助。

1. 社会救助

社会救助是指国家和社会对由于各种原因而陷入生存困境的公民，给予财物接济和生活扶助，以保障其最低生活需要的制度。2020 年 8 月，中共中央办公厅、国务院办公厅印发《关于改革完善社会救助制度的意见》，明确指出社会救助事关困难群众基本生活和衣食冷暖，是保障基本民生、促进社会公平、维护社会稳定的兜底性、基础性制度安排，也是我们党全心全意为人民服务根本宗旨的集中体现。

依据《社会救助暂行办法》相关规定，社会救助主要包括：（1）最低生活保障，是指国家对共同生活的家庭成员人均收入低于当地最低生活保障标准，且符合当地最低生活保障家庭财产状况规定的家庭给予的救助。按照申请、调查核实、公示、审批的流程办理，实行动态管理、定期核查。对获批的家庭，按月发给最低生活保障金。（2）特困人员供养，是指国家对无劳动能力、无生活来源且无法定赡养、抚养、扶养义务人，或者其法定赡养、抚养、扶养义务人无赡养、抚养、扶养能力的老年人、残疾人以及未满16周岁的未成年人给予的救助。申请审批流程同最低生活保障；乡镇人民政府、街道办事处发现符合条件的应主动为其办理供养。（3）受灾人员救助，是指国家对基本生活受到自然灾害严重影响的人员提供的生活救助。包括灾时应急救助和灾后恢复救助。（4）医疗救助，是指国家对最低生活保障家庭成员、特困供养人员、县级以上人民政府规定的其他特殊困难人员给予的基本医疗卫生服务保障。原则上依申请办理，但对于最低生活保障家庭成员、特困供养人员的医疗救助，由县级人民政府医疗保障部门直接办理。（5）教育救助，是指国家对在义务教育阶段就学的最低生活保障家庭成员、特困供养人员给予的教育保障措施。根据不同教育阶段需求，采取减免相关费用、发放助学金、给予生活补助、安排勤工助学等方式实施，保障教育救助对象基本学习、生活需求。（6）住房救助，是指国家对符合规定标准的住房困难的最低生活保障家庭、分散供养的特困人员，给予的住房保障。通过配租公共租赁住房、发放住房租赁补贴、农村危房改造等方式实施。（7）就业救助，是指国家对最低生活保障家庭中有劳动能力的并处于失业状态的成员，通过贷款贴息、社会保险补贴、岗位补贴、培训补贴、费用减免、公益性岗位安置等办法给予的就业保障措施。（8）临时救助，是指国家对因火灾、交通事故等意外事件，家庭成员突发重大疾病等原因，导致基本生活暂时出现严重困难的家庭，或者因生活必需支出突然增加超出家庭承受能力，导致基本生活暂时出现严重困难的最低生活保障家庭，以及遭遇其他特殊困难的家庭给予的临时接济，以及对生活无着的流浪、乞讨人员提供临时食宿、急病救治、协助返回等生活扶助。

2. 司法救助

依据《最高人民法院关于加强和规范人民法院国家司法救助工作的意见》等相关规定，司法救助是指人民法院在审判、执行工作中，对权利受到侵害无法获得有效赔偿的当事人采取的一次性辅助救济措施。对同一案件的同一救助申请人只进行一次性国家司法救助。对于能够通过诉讼获得赔偿、补偿的，一般应当通过诉讼途径解决。应予司法救助的情形主要包括：（1）刑事案件被害人受到犯罪侵害，造成重伤或者严重残疾，因加害人死亡或者没有赔偿能力，无法通过诉讼获得赔偿，陷入生活困难的。（2）刑事案件被害人受到犯罪侵害危及生命，急需救治，无力承担医疗救治费用的。（3）刑事案件被害人受到犯罪侵害而死亡，因加害人死亡或者没有赔偿能力，依靠被害人收入为主要生活来源的近亲属无法通过诉讼获得赔偿，陷入生活困难的。（4）刑事案件被害人受到犯罪侵害，致使其财产遭受重大损失，因加害人死亡或者没有赔偿能力，无法通过诉讼获得赔偿，陷入生活困难的。（5）举报人、证人、鉴定人因举报、作证、鉴定受到打击报复，致使其人身受到伤害或财产受到重大损失，无法通过诉讼获得赔偿，陷入生活困难的。（6）追索赡养费、扶养费、抚养费等，因被执行人没有履行能力，申请执行人陷入生活困难的。（7）因道路交通事故等民事侵权行为造成人身伤害，无法通过诉讼获得赔偿，受害人陷入生活困难的。（8）人民法院根据实际情况，认为需要救助的其他人员。

需要说明的是，《诉讼费用交纳办法》第六章明确将诉讼费用的缓交、减交或者免交列为司法救助。中共中央政法委员会、财政部、最高人民法院、最高人民检察院、公安部、司法部于 2014 年 1 月 17 日印发的《关于建立完善国家司法救助制度的意见（试行）》规定，对于通过社会救助措施，已经得到合理补偿、救助的，一般不再给予司法救助。

第五章 监督和追责

有效的监督是推动信访工作落实的重要保障。《信访工作条例》围绕“谁来监督、怎么监督，追谁的责、追什么责”，作了全面系统的制度安排，构建起包括监督责任、监督机制、责任追究在内的较为完整的监督体系和责任追究体系。在监督主体上囊括了各级党委和政府、信访工作联席会议及其办公室、党委和政府信访部门、党委和政府督查部门；在监督方式上涵盖了督查、反馈、考核、通报、提出建议、报告情况等多个方面；在追责要求上与《中国共产党党内监督条例》《中国共产党纪律处分条例》《中华人民共和国公职人员政务处分法》《中华人民共和国治安管理处罚法》《中华人民共和国刑法》等法律法规实现有序衔接。

第一节 党委和政府监督

在新时代信访工作格局中，党委担负着统一领导之责，政府担负着组织落实之责。落实党中央、国务院关于信访工作的各项决策部署离不开各级党委和政府，解决信访问题、化解信访矛盾也离不开各级党委和政府。只有首先明确党委和政府信访工作监督职责，才能确保信访工作落实的权威和力度。《信访工作条例》第三十八条、第三十九条，分别从督查、考核两个方面，规定了各级党委和政府信访工作监督职责。

一、信访工作督查

《信访工作条例》第三十八条从党委和政府、信访工作联席会议及其办公室和信访部门、党委和政府督查部门三个层面，对信访工作督查的主体、方式等作出规定，明确了有关内容和要求。

（一）党委和政府信访工作督查

《信访工作条例》第三十八条第一款规定："各级党委和政府应当对开展信访工作、落实信访工作责任的情况组织专项督查。"这一规定吸收了《信访工作责任制实施办法》有关"各级党政机关应当将信访工作纳入督查范围"等内容，在工作实践中，应当从以下几个方面把握。

1. 督查的主体为党委和政府。区别于信访工作联席会议及其办公室和信访部门、党委和政府督查部门，专指在信访与督查职能部门之上，由党委和政府组织、以党委和政府名义进行、对党委和政府负责的督查。

2. 督查的形式为专项督查。根据《政府督查工作条例》第十四条的规定，政府督查通常包括综合督查、专项督查、事件调查、日常督办、线索核查等。《信访工作条例》从督查的任务、特点出发，将党委和政府信访工作督查定性为专项督查，既对督查进行准确定位，又进一步明确了督查要聚焦信访工作主题、专注信访工作领域。

3. 督查的对象为本级党委和政府所属部门、下级党委和政府。所属部门包括所有担负受理、办理信访事项职责的机关及单位。上级党委和政府对下级党委和政府进行信访工作督查，可以督查下一级党委和政府及其所属部门，必要时可以督查所辖各级党委和政府及其所属部门。

4. 督查的内容为开展信访工作、落实信访工作责任的情况。《信访工作条例》规定了各级机关、单位领导和组织开展信访工作的职责，明确了相应责任。党委和政府信访工作督查应当紧紧围绕这些职责要求进行，突出政治性、全局性，体现严肃性、权威性。

（二）信访工作联席会议及其办公室和信访部门督查

信访工作联席会议机制是加强党对信访工作领导的重要抓手，信访部门是开展信访工作的专门机构，二者是推动信访工作落实的中坚力量，发挥着支柱性作用。《信访工作条例》第三十八条第二款规定，“信访工作联席会议及其办公室、党委和政府信访部门应当根据工作需要开展督查，就发现的问题向有关地方和部门进行反馈，重要问题向本级党委和政府报告”，这是在设立中央信访工作联席会议等相关规定的基础上，总结固化党的十八大以来信访工作督查实践作出的规定，既给信访工作联席会议及其办公室和信访部门赋予了督查职权，也规定了督查责任。

1. 督查类型及方式。信访工作联席会议和信访部门督查，根据督查内容可以分为指示批示督查、决策督查、信访事项督查。指示批示督查主要指督促检查各地区各部门贯彻落实中央领导同志以及本地区、本部门、本单位领导同志关于信访工作重要指示精神和批示要求情况。决策督查主要指督促检查各地区各部门贯彻落实党中央、国务院以及地方各级党委和政府、各级信访工作联席会议关于信访工作决策部署情况。信访事项督查主要指督促检查群众反映的信访问题特别是普遍性、典型性信访突出问题化解情况，以及信访工作联席会议办公室、信访部门交办督办事项化解情况。信访工作督查根据督查方式可以分为非现场督查和实地督查。非现场督查主要采取网上、视频、发函、约谈等方法进行，实地督查主要包括听取情况介绍、座谈、访谈、约见信访人、查看现场、查阅资料、反馈督查意见等。

2. 督查基本要求。督查工作作为信访工作联席会议和信访部门的重要职责，在推进信访改革措施落地、解决信访突出问题等方面具有不可替代的重要作用。要紧紧围绕信访工作新形势新任务新要求，强化责任、突出重点，通过督查打通信访工作高质量发展的大动脉，推动各项决策部署落地，推动各类信访矛盾化解。一是要围绕中心。坚持把推动贯彻落实习近平总书记重要指示精神和党中央、国务院决策部署贯穿始终，深入督查贯彻党中央关于信访工作重要部署、加强党对信访工作领导、化解突出信访问题等情况，着力解决思想认识不到位、化解矛盾不用力、工作作风不扎实等突出问题，确保党中央、国务院和中央信访工作联席会议工作部署到哪里，信访督查工作就跟进到哪里。二是要完善机制。深入研究信访工作新形势新特点，认真总结信访督查工作好思路、好经验、好做法，不断健全完善督查工作机制，推动信访督查工作科学化、制度化、规范化。着力构建“全覆盖”督查工作机制，充分调动各地各有关部门的积极性，形成上下联动、部门协同、分工负责、合力攻坚的信访督查工作格局。着力构建“全流程”督查工作机制，把督查工作贯穿于信访工作各环节、全过程，完善事前事中事后督查，形成督查工作完整链条，及时发现纠正信访工作中的不规范不到位问题，确保每一件事有人管、每一项措施有人盯、每一个环节有人查，一盯到底直至案结事了。三是要创新方法。新时代信访工作督查要体现时代性、把握规律性、富于创造性。大力开展联合督查，本着“谁主管、谁负责”的原则，坚持“系统抓、抓系统”，在信访工作联席会议的统筹协调下，充分发挥职能部门作用，有效整合督查资源力量，实现事项共选、人员共派、成果共享。积极探索提级督查，对于本级难以推动解决的疑难复杂信访问题，通过一事一报等方式，提请党委和政府或上级信访部门督查督办，在更高层面推动问题解决。创新开展网上督查、视频督查，在加强实地督查、调研督查、发函督办、日常督办等传统督查方式基础上，强化信息技术在信访工作督查中的运用，深入运用互联网、云计算、大数据、人工智能等科技手段，加强分析研判，及时梳理重点地区、重点领域存在的突出问题，增强督查的针对性和实效性，不断提高督查效率和水平。四是要务求实效。聚焦重点任务，把督查与当前信访重点工作有机结合起来，确保信访重点工作圆满完成。聚焦重点问题，加大对群众反映强烈的热点难点问题的督查力度，持续抓好集资融资、房地产、劳动社保、征地拆迁、教育医疗、交通运输等重点领域典型事项督查，通过督查解决好人民群众的急难愁盼问题。聚焦重点时期，坚持日常督查和集中督查相结合，突出加强对领导干部接访下访、矛盾纠纷排查化解、重点问题风险防控、重要敏感信息核查处置等工作的督查，严防潜在隐患转化为现实危害或引发连锁反应。聚焦基层基础，深入基层一线，奔着问题去、跟着问题走，研究破除制约基层信访工作发展的瓶颈问题，坚持解剖麻雀、举一反三，既推动解决个案，又督促指导面上工作，不断提高基层化解矛盾的能力水平。

3. 督查反馈和报告。为充分发挥督查作用，确保督查效果，《信访工作条例》明确了督查反馈和报告有关要求，强调督查之后应当反馈，而且要着重反馈督查发现的问题，重要问题应当报告本级党委和政府。反馈应紧紧围绕督查目的和内容进行，指出问题要客观公正，适用法规要准确恰当，提出建议要科学合理。被督查地区或部门应根据督查反馈的意见建议，及时形成整改落实的具体措施。信访事项督查反馈通常包括对信访事项事实和责任主体认定、工作中存在的问题、解决问题的工作建议等。反馈提出的建议应充分考虑工作实际，努力做到既能在政策上说得通，又能在实践中行得通；应广泛积聚正能量，既维护群众合法权益，又维护基层工作权威；应注重以点带面，既推动解决具体问题，又促进政策落实和完善，推动类似问题成批解决。建立健全督查与提出改进工作、完善政策、追究责任建议相贯通的工作机制，根据督查情况，对贯彻落实党中央决策部署和要求不及时不到位的限期整改，对发现的普遍性、典型性信访突出问题督促化解，对严重侵害群众合法权益的依法问责，对发现的党员干部涉嫌违纪违法问题线索移送有关纪检监察机关或主管部门处理。跟踪督查反馈落实情况，形成督查、反馈、整改工作闭环，对落实督查反馈打折扣、做选择、搞变通的，采取通报、约谈等方式督促整改。对督查过程中发现的好经验好做法，也可在反馈时一并予以肯定，及时总结宣传推广，树立先进典型，拓展督查成果。

（三）党委和政府督查部门支持信访工作机制

党的十八大以来，国家信访局按中共中央办公厅督查室、国务院办公厅督查室要求，积极为有关专项督查及国务院大督查提供问题线索，推动解决了一大批疑难复杂信访问题。有的地方信访部门也探索建立与党委和政府督查部门联动机制，围绕房地产、劳动社保等重点领域开展专项督查，形成强大工作合力，明显提升了督查权威和效能。《信访工作条例》第三十八条第三款总结实践经验做法，规定“各级党委和政府督查部门应当将疑难复杂信访问题列入督查范围”，对党委和政府督查部门提出了要求，为解决疑难复杂信访问题拓宽了渠道。党委和政府督查部门应当定期或不定期向信访部门征集问题线索，把解决疑难复杂信访问题当作分内之事，列入督查计划，尽到督查之责。信访部门要积极作为，主动加强与党委和政府督查部门的沟通，建立健全协调对接机制，经常性分专题、分地域梳理有关信访问题，向党委和政府督查部门提供问题线索，将疑难复杂信访问题列入党委和政府督查部门督查范围，高位推动解决。在集中提供信访突出问题线索的同时，对于确需通过党委和政府督查部门推动解决的重要问题，可采取“一事一议”的方式，按程序报党委和政府督查部门开展督查。

二、信访工作考核

开展信访工作考核，对压实信访工作责任、推动及时就地解决问题、提升信访工作整体水平具有十分重要的意义。实践证明，只要考核体系、项目和指标设计科学合理，就能促使相关地方和部门切实把信访工作摆上重要议事日程，落实好上级党委和政府关于信访工作的决策部署；就能规范相关地方和部门的决策和行为，从源头上预防和减少信访问题的发生；就能激发相关地方和部门解决信访问题的积极性和创造性，更好地维护群众合法权益。

中共中央办公厅、国务院办公厅印发的《关于创新群众工作方法解决信访突出问题的意见》强调，改进和完善考核方式，综合考虑各地区经济社会发展情况、人口数量、地域特点、信访总量、诉求构成、解决问题的质量和效率等因素，合理设置考核项目和指标，不简单以信访数量多少为标准进行考评，推动各地区把工作重点放在预防和解决问题上。国家信访局下发《信访工作考核办法》，对考核总体要求、考核内容、考核依据、组织实施、结果运用等作出规定，同时指导各省区市和新疆生产建设兵团结合实际制定具体考核意见或办法，要求各地进一步规范信访工作考核，科学精准制定考核办法、坚持公开透明客观公正、健全完善考核备案制度、强化考核结果的运用等。《信访工作条例》第三十九条总结实践经验，对信访工作考核作出规定，要求各级党委和政府以依规依法及时就地解决信访问题为导向，每年对信访工作情况进行考核，考核结果在适当范围内通报，注重对考核结果的运用，以考核推动党委和政府监督落地，促进信访工作落实。

（一）考核主要原则和要求

考核是指挥棒、风向标，在一定程度上影响甚至引领工作方向。《信访工作条例》规定信访工作考核以依规依法及时就地解决信访问题为导向，阐明了考核应当把握的主要原则，指引了信访工作应当坚持的正确方向。其中，解决信访问题是信访工作的基本职责所在；依规依法是建设法治信访，将信访纳入法治化轨道的必然要求；及时就地是从解决信访问题的客观规律和维护社会稳定的现实需要出发，突出时效性，突出属地管理、分级负责，旨在引导各地区各部门把问题化解在早、化解在小、化解在基层，防止矛盾积累、问题上行、风险升级。总的来看，信访工作年度考核应当坚持实事求是、简便易行，下考一级、压实责任，突出重点、综合考量，公开透明、客观公正，用好结果、树立导向等原则，科学精准设置考核项目和指标，采取定性与定量评价相结合的方式，突出信访工作中的重点难点问题，对解决信访问题、维护信访秩序、完成年度重点工作、信访工作创新等情况进行综合考核。

（二）考核结果运用

《信访工作条例》吸收《信访工作责任制实施办法》有关内容，从两个方面对考核结果的运用作出规定。首先，回答了“用在哪里”这个问题，明确考核结果应当在适当范围内通报，并作为对领导班子和有关领导干部综合考核评价的重要参考。其中，通报旨在表彰先进、鞭策后进，推动信访工作形成比学赶超的良好氛围；作为对领导班子和有关领导干部综合考核评价的重要参考，则是依据《党政领导干部考核工作条例》有关规定，落实了考核领导班子、领导干部群众工作本领，以及坚持以人民为中心、密切联系群众、为群众排忧解难情况等要求。其次，就“怎么用”从正反两方面作出规定：对在信访工作中作出突出成绩和贡献的机关、单位或者个人，可以按照有关规定给予表彰和奖励；对在信访工作中履职不力、存在严重问题的领导班子和领导干部，视情节轻重，由信访工作联席会议进行约谈、通报、挂牌督办，责令限期整改。需要特别说明的是，约谈、通报、挂牌督办，责令限期整改是由信访工作联席会议代表党委和政府进行。其中，通报和责令限期整改是延续了《信访工作责任制实施办法》第十三条已有要求，而约谈、挂牌督办则是依据《信访工作条例》第十一条、第十三条有关信访工作联席会议领导组织信访工作责任制落实、督导考核等职责规定，借鉴安全生产、生态环境保护等行业领域做法，结合近年来信访工作考核实践，从工作需要出发新增的考核结果运用方式。从近年来工作实践看，不少省份都对信访工作落后的市县及其相关领导干部进行了通报、约谈，有效强化了考核权威，传导了责任和压力，推动了信访事项真解决、真化解，取得了良好效果。

（三）考核需要注意的问题

信访工作考核的主要目的是树立正确导向，一方面引导地方和基层把主要精力放在解决问题、化解矛盾上，另一方面引导信访人依法理性反映诉求。各级党委和政府、信访工作联席会议及其办公室和信访部门，应当正确看待当前和今后一个时期社会矛盾凸显、信访问题多发的客观现实，严格落实党中央关于统筹规范督查检查考核工作的要求，不断完善信访工作考核评价体系，科学设置考核项目和指标，规范考核程序和实际操作办法，突出预防和解决信访问题的实际效果，增强考核的科学性和可操作性。在工作实践中，应力戒层层加码、变形走样、过度考核等问题，比如，考核不能简单以信访数量为标准，特别是不能简单以赴省进京访数量为标准；考核分值设置不能颠倒解决信访问题与维护信访秩序的权重比例，特别是不能随意设置评比控制性指标，动辄取消资格、“一年白干”；考核不能无限拔高指标，过度运用考核结果，特别是不能盲目确定“零登记”等过高要求，不能把问责简单化为“一票否决”。

第二节　信访部门监督

信访问题往往并非由信访部门产生，也不是信访部门能直接解决的，但信访部门有责任去推动有权处理机关、单位解决。新时代信访工作格局明确信访部门的职责重在“推动”，强化信访部门监督是保证“推动”有抓手、不落空的重要手段。《信访工作条例》从提出“三项建议”、报告信访情况、建立信访与巡视巡察衔接机制等方面对信访部门监督作了安排。

一、信访部门提出“三项建议”

自《信访条例》赋予信访部门提出改进工作、完善政策和追究责任“三项建议”的职责之后，各级信访部门普遍结合自身实际制定相关工作规则，推动提出“三项建议”工作科学化、制度化、规范化，围绕预防和减少问题发生积极提出完善政策建议，围绕解决重点难点问题及时提出改进工作建议，围绕维护工作纪律的严肃性提出纪律处分建议，其中绝大多数建议都被本级政府和有关部门采纳，使一些可能引发群体性事件、个人极端事件、负面舆论炒作等信访问题及时化解在萌芽状态，取得良好的社会效应。有的省份探索实行信访督办函、风险提醒函、问责建议函“三函”制度，对信访工作被动的地区和部门，通过发函方式，定向督办重点案件、提示风险隐患、提出问责建议，为信访部门充分履行“三项建议”工作职责提供制度载体，为提升信访督查权威性提供有力抓手，取得良好效果。同时，有的信访部门对提出“三项建议”的职责认识不足，把握不准，一定程度上存在不敢提、不会提等问题。为充分发挥信访部门监督作用，保障信访部门监督有抓手，《信访工作条例》第四十条对信访部门提出改进工作、完善政策和追究责任“三项建议”作出规定，并强调“对信访部门提出的改进工作、完善政策、追究责任的建议，有关机关、单位应当书面反馈采纳情况”。《信访工作条例》在《信访条例》仅规定有关行政机关对改进工作的建议应当书面反馈情况的基础上，规定有关机关、单位对信访部门提出的完善政策、追究责任的建议也要书面反馈采纳情况，扩充了对“三项建议”的要求，进一步强化了信访部门提出“三项建议”的权威性和约束力。

（一）提出改进工作的建议

《信访工作条例》第四十条第一款规定：“党委和政府信访部门发现有关机关、单位存在违反信访工作规定受理、办理信访事项，办理信访事项推诿、敷衍、拖延、弄虚作假或者拒不执行信访处理意见等情形的，应当及时督办，并提出改进工作的建议。”从工作实际看，不按规定受理、办理信访事项等问题主要包括：受理环节应当受理的不予受理、未出具受理告知书、转送交办去向不正确；办理环节主体不适格、未落实分类处理要求、未经调查核实草率作出处理；答复环节未按期出具处理意见、处理意见书格式不规范、事实调查了解不清楚、引用政策法规依据不准确、未正面回应群众诉求、避重就轻作选择性答复甚至弄虚作假；送达环节未履行送达职责、假冒信访人签收；出具了处理意见书但未落实兑现等。对上述问题应当及时督办，并指出存在的问题，提出改进工作建议。提出改进工作建议一般与督查督办结合进行，形式通常与督查督办方式相适应，即采取网上督办方式的对应网上提出改进工作建议，采取发函督办方式的对应发函提出改进工作建议，实地督查可口头提出后以书面方式正式提出。督查督办并提出改进工作建议后，若问题仍然存在、工作没有明显改进，可再次督办并再次提出改进工作建议，也可不经督办直接单独提出改进工作建议。单独提出改进工作建议一般应以发函的方式提出。无论采取何种方式提出改进工作的建议，接收建议的机关、单位都应以书面形式向提出建议的信访部门反馈采纳情况。

（二）提出完善政策的建议

群众来信来访体现着社会主要矛盾在群众生产生活中的细微变化，是人民的“心声”，是检验为政得失的窗口。党和国家的政策制定是否科学、执行是否到位，群众最有发言权，这些问题在群众来信来访中有最直接、最具体的反映。《信访工作条例》第四十条第二款规定：“对工作中发现的有关政策性问题，应当及时向本级党委和政府报告，并提出完善政策的建议。”信访部门应当自觉发挥参谋助手作用，多维度、全视角、深层次地发掘群众来信来访信息，通过群众信访的反映，发现政策制定、执行中存在的问题和不足。特别要针对政策空白、政策“落伍”、政策“打架”、政策不周延、政策不落实等问题，强化信息综合工作，积极开展调查研究，增强工作前瞻性、主动性，努力为党委和政府科学民主决策提供高价值、高水准的信息服务，推动各项政策措施更加符合群众期盼和社会发展实际。完善政策的建议，一般由信访部门以书面形式向本级党委和政府提出。党委和政府对信访部门提出的完善政策建议应当认真研究，指定有关职能部门组织研究论证，有关职能部门应就建议办理及政策完善等情况向信访部门作出书面反馈。

（三）提出追究责任的建议

依法履职、勤勉尽责是党员干部践行为人民服务宗旨的基本要求，也是机关、单位及其工作人员履行职责应当遵守的行为准则。党章党规、法律法规等对此均有要求，对庸懒无为、效率低下，消极应付、推诿扯皮，弄虚作假、欺上瞒下等问题均有处罚规定。信访工作能够比较准确地反映出有关机关、单位及其工作人员依法履职、勤勉尽责情况。《信访工作条例》第四十条第三款规定："对在信访工作中推诿、敷衍、拖延、弄虚作假造成严重后果的机关、单位及其工作人员，应当向有管理权限的机关、单位提出追究责任的建议。"本规定主要是指信访部门根据处理信访事项过程中了解的情况，就有关机关、单位的违法失职行为，向其上级有管理权限的机关、单位提出追责建议；就某些机关、单位工作人员的违法失职行为，向有人事任免权限的机关、单位提出追责建议。追责的情形主要是在信访工作中推诿、敷衍、拖延、弄虚作假，为防止追责被泛化滥用，还同时明确应是"造成严重后果的"。造成严重后果通常是指导致信访矛盾积累激化，引发个人极端行为、大规模聚集，造成严重不良影响、引发负面舆论炒作等情形。信访部门应当以书面形式提出追究责任的建议。有管理权限的机关、单位对信访部门提出的追究责任的建议应当认真研究处理，并及时向信访部门书面反馈采纳情况。

二、信访情况年度报告

信访情况报告是信访部门履行监督职责，为党委和政府提供决策参考的重要方式。《信访工作条例》第四十一条第一款在《信访条例》关于定期提交信访情况分析报告的基础上，吸收借鉴国家信访局组织编写信访情况年度报告等经验做法，进一步健全了信访情况报告制度，旨在通过信访渠道了解和监督各级机关、单位工作，促进有关机关、单位及信访部门积极履行职责、主动改进工作，推动解决人民群众反映突出的信访问题，更好服务党和国家工作大局。

（一）报告主体

梳理总结信访工作领域整体工作情况，深入进行分析研究，是信访部门的重要工作内容。《信访工作条例》明确报告主体为党委和政府信访部门，将报告信访情况规定为信访部门的应尽职责，为信访部门开展相关工作、行使相关职权提供了法规依据。党委和政府信访部门以外的其他机关、单位的信访工作机构，也可参照执行，建立健全向所在机关、单位党组（党委）报告信访情况制度。

（二）报告对象

相对于《信访条例》仅规定向本级政府报告信访情况，《信访工作条例》扩大了报告对象范围。一方面，随着《信访工作条例》适用范围全覆盖，报告对象从本级政府扩展到本级党委和政府；另一方面，为加强上级信访部门对下级信访部门的指导，加大信访系统信息资源整合共享力度，规定同时应向上一级党委和政府信访部门报告信访情况。党务政务公开、接受社会监督是现代社会治理的要求，随着条件逐步成熟，还应积极进行探索，逐步将信访情况报告向社会公布，接受社会公众监督。

（三）报告形式

信访部门报告工作、报告信访信息形式丰富、载体多样，工作总结、工作部署和重要事项等需要向党委和政府报告的，应当随时报告。区别于上述工作总结、工作部署和重要事项报告，以及一般信访信息报送载体，《信访工作条例》专门规定应当编制信访情况年度报告，明确特定的报告形式，固定报告周期为一年一报，强化了报告的严肃性、系统性。信访情况年度报告可以是内部综合性报告，也可以是公开出版物。

（四）报告内容

《信访工作条例》规定，年度报告内容包括：信访事项的数据统计、信访事项涉及领域以及被投诉较多的机关、单位；党委和政府信访部门转送、交办、督办情况；党委和政府信访部门提出改进工作、完善政策、追究责任建议以及被采纳情况；其他应当报告的事项。究其实质，主要是分析报告群众提出信访事项情况、信访事项处理情况、信访部门监督作用发挥情况，以此反映社情民意，映射有关机关、单位工作。

1. 报告信访事项数据统计及涉及领域。信访事项的数据统计是指反映情况，提出建议、意见或者投诉请求的数量和占比等数据，包括通过数据分析得出的形势判断和特点描述。信访事项涉及的领域是指信访事项属于哪个方面的问题，如城乡建设、互联网金融、农业农村等，需要着重分析重点领域重点群体突出信访问题。通过对这些数据、领域的汇总分析，让党委和政府全面了解信访形势，了解群众所急所盼所想，及时调整政策、改进工作。

2. 报告被投诉较多的机关、单位。被投诉较多的机关、单位，通常也是引发信访问题较多的机关、单位。向党委和政府报告被投诉较多的机关、单位，是如实反映群众诉求的客观需要，是体现信访制度价值、间接发挥群众监督作用的必然要求，也是督促有关机关、单位依法履职，为民解难、为党分忧，解决信访问题、化解信访矛盾的有力抓手。信访部门应当准确认定被投诉较多的机关、单位，严肃认真、客观公正地向党委和政府报告，不能当“老好人”，算“糊涂账”。

3. 报告转送、交办、督办及提出“三项建议”情况。转送、交办情况是指信访部门向哪些机关、单位转送、交办了多少信访事项，包括事项类别、办理及汇报情况等。督办情况是指信访部门督办了哪些机关、单位，哪些机关、单位存在违反信访工作规定受理、办理信访事项，办理信访事项推诿、敷衍、拖延、弄虚作假或者拒不执行信访处理意见等情形，相应的数量、占比等。“三项建议”提出和采纳情况是指信访部门向哪些部门提出了多少建议，建议被采纳的数量、效果及未被采纳的数量、原因等。转送、交办、督办，提出改进工作、完善政策、追究责任建议，是信访部门处理信访事项、推动解决信访问题的主要职责和任务。向党委和政府以及上级信访部门报告相关情况，既是对信访事项处理情况的梳理分析，也是信访部门检视自身履行职责情况，接受党委和政府以及上级信访部门监督的基本要求，是年度信访情况报告不可或缺的重要内容，信访部门应当认真总结，详细报告。向党委和政府以及上级信访部门报告转送、交办、督办及提出“三项建议”情况，也有利于党委和政府以及上级信访部门了解有关机关、单位处理信访事项的总体情况，特别是报告有关机关、单位对“三项建议”的采纳情况，有利于提高信访部门提出“三项建议”的权威性、严肃性，提高有关机关、单位对“三项建议”的重视程度，间接起到督促有关机关、单位妥善处理信访问题、积极化解信访矛盾的作用。

三、信访工作与巡视巡察工作衔接

《信访工作条例》第四十一条第二款规定信访部门应根据需要配合巡视巡察工作，向巡视巡察机构提供被巡视巡察地区、单位领导班子及其成员和下一级主要负责人有关信访举报，落实信访工作责任制，具有苗头性、倾向性的重要信访问题，需要巡视巡察工作关注的重要信访事项等情况。这一规定主要来源于中央巡视办与国家信访局建立的工作协调机制，将已有实践做法扩展到全国，既是落实加强党风廉政建设的内在要求，也是坚持以党内监督为主导，推动信访监督与其他监督有机贯通、相互协调的具体举措。

（一）法规依据

本款规定，源自《中国共产党巡视工作条例》有关要求。《中国共产党巡视工作条例》第十四条规定“纪检监察机关、组织部门应当协助同级党组织开展巡视工作，宣传、统战、政法、保密、审计、财政、统计、信访等部门和单位应当支持巡视工作”；第二十一条规定“巡视组开展巡视前，根据工作需要，应当听取同级纪检监察机关和组织、宣传、统战、政法、保密、审计、财政、统计、信访等部门和单位关于被巡视党组织领导班子及其成员的有关情况通报”。《信访工作条例》与《中国共产党巡视工作条例》相关规定有机衔接，明确了信访工作与巡视巡察工作衔接的具体措施。

（二）实践做法

中央巡视办与国家信访局建立了工作协调机制。每次中央开展巡视，国家信访局都要向中央巡视办通报有关信访举报情况，以及被巡视地区和单位贯彻落实习近平总书记对信访工作重要指示批示精神、落实信访工作责任制等情况。一些省份也探索建立了相应机制，一方面，发挥信访举报渠道作用，为巡视巡察提供服务；另一方面，借力巡视巡察工作，进一步提高信访部门监督水平。

（三）主要任务

信访部门配合巡视巡察工作应建立健全工作机制，主要做好以下工作：一是进驻前情况通报。主要是信访部门向巡视巡察机构通报被巡视巡察党组织领导班子及其成员和下一级主要负责人有关信访举报情况，以及被巡视巡察地区单位贯彻落实习近平总书记对信访工作重要指示批示精神、落实信访工作责任制等情况。二是提供综合分析情况。主要是信访部门依据群众信访反映，向巡视巡察机构提供有关地方、部门年度相关数据统计、综合分析材料及信访工作考核情况。三是抄送重要信访情况。主要是信访部门将相关信访信息材料中具有典型性、苗头性、倾向性的重要信访问题，以及需要巡视巡察工作关注的重要信访事项等及时抄送巡视巡察机构。在信访部门配合巡视巡察工作的同时，巡视巡察机构也应适时向信访部门通报巡视巡察推动解决有关信访问题情况。

第三节　责任追究

责任追究是法律、法规、规章的重要组成部分。行为主体违反法律法规规章必须承担相应的不利后果，应当被追究相应责任。《信访工作条例》第四十二条至第四十七条，对涉及信访事项发生、提出、受理办理和督办的所有主体，都作出了责任追究的规定。责任追究的对象，既包括机关、单位及其工作人员，还包括信访人；责任追究的类型，既有引发问题的责任，还有信访事项受理办理等责任；责任追究的方式强调依规依纪依法严肃处理，包括责令改正、批评教育、治安管理处罚乃至追究刑事责任，实现了与党内法规和国家法律的有序衔接。

《信访工作条例》关于责任追究的规定，主要有三个特点：一是注重各方责任平衡。对信访事项涉及的所有主体，从机关、单位，到机关、单位工作人员，再到信访人，都一一列明应当承担的责任，体现了责任追究对各方一视同仁、平等对待。二是坚持责任环节全覆盖。从引发信访问题，到信访人提出信访事项，再到有关机关、单位受理、办理信访事项，针对每个阶段的特点，都明确了相应的要求和责任，体现了权责对等和权利义务相统一。三是突出责任类型多样化。既有按照党内法规应当承担的责任，也有行政责任，还有法律责任。“依规依纪依法严肃处理”，所指的处理依据，涵盖了党章党规党纪、国家法律法规规章，主要包括《中国共产党章程》《中国共产党党内监督条例》《中国共产党纪律处分条例》《中华人民共和国公职人员政务处分法》《中华人民共和国治安管理处罚法》《中华人民共和国集会游行示威法》《中华人民共和国刑法》《行政机关公务员处分条例》等。《信访工作条例》第四十二条至第四十七条，采用“依规依纪依法严肃处理”的表述，充分反映了责任类型多样、多种责任并存的特点，这也是依据《信访工作条例》定责、追责时需要准确把握的重点。

一、引发信访问题的责任

最大限度地从源头上预防和减少信访问题的发生，是信访工作的重要内容，也是做好信访工作的治本之策。为了从源头上减少信访问题的发生，《信访工作条例》第四十二条规定：“因下列情形之一导致信访事项发生，造成严重后果的，对直接负责的主管人员和其他直接责任人员，依规依纪依法严肃处理；构成犯罪的，依法追究刑事责任：（一）超越或者滥用职权，侵害公民、法人或者其他组织合法权益；（二）应当作为而不作为，侵害公民、法人或者其他组织合法权益；（三）适用法律、法规错误或者违反法定程序，侵害公民、法人或者其他组织合法权益；（四）拒不执行有权处理机关、单位作出的支持信访请求意见。”本条沿用了《信访条例》有关内容，规定了引发信访事项的责任人的责任，以督促有关机关、单位及其工作人员严格依法办事、积极履行职责。

（一）责任追究的对象

本条没有明确规定责任追究的对象，但结合信访问题产生的原因及《信访工作条例》第二条明确的适用范围来理解，追责对象应当是所有引发信访问题的行使公权力或者提供公共服务的组织或人员。《信访工作条例》第二条规定："本条例适用于各级党的机关、人大机关、行政机关、政协机关、监察机关、审判机关、检察机关以及群团组织、国有企事业单位等开展信访工作。"所述机关、单位均与行使公权力或者提供公共服务密切相关，所述机关、单位的工作人员因行使公权力或者提供公共服务不当引发信访问题，理应被作为追责对象。需要注意的是，所在机关、单位的属性和引发信访问题的行为是确定责任追究对象的必要条件，但并非充分条件，是否被作为追责对象、是否被追责，还要看引发的信访问题严重与否。

本条所述的直接负责的主管人员是指机关、单位内部对有关工作和事项负有直接领导和管理职责，对外代表机关、单位主体实施相关行为，对引发信访问题起决定性作用的人员。其他直接责任人员，是指具体承办人员和协助主管人员的分管人员。

（二）责任追究的情形

《信访工作条例》采取列举的方式，归纳了需要追究引发信访问题责任的四种情形。

1. 超越或者滥用职权，侵害公民、法人或者其他组织合法权益。（1）超越职权主要是指超越法定职权范围，违法决定、处理其无权决定、处理的事项，给公民、法人或者其他组织造成权益损害。超越法定职权范围通常包括超越事务管辖权限、地域管辖权限或层级管辖权限。比如：超标准、超范围向群众筹资筹劳、摊派费用，加重群众负担引发信访问题；违反有关规定扣留、收缴群众款物或者处罚群众引发信访问题；克扣群众财物，或者违反有关规定拖欠群众钱款引发信访问题；干涉生产经营自主权，致使群众财产遭受较大损失引发信访问题，等等。（2）滥用职权主要是指自由裁量权行使不当，造成显失公正后果等。主要表现是：受不正当动机和目的支配致使行为背离法定目的和利益，任意无常，不遵循既成的先例和惯例；强人所难，要求相对人履行客观上无法履行的义务，等等。常见问题有：在社会保障、政策扶持、扶贫脱贫、救灾救济款物分配等事项中优亲厚友、明显有失公平引发信访问题；盲目举债、铺摊子、上项目，搞劳民伤财的“形象工程”“政绩工程”，致使群众财产和利益遭受较大损失引发信访问题，等等。

2. 应当作为而不作为，侵害公民、法人或者其他组织合法权益。主要是指机关、单位负有实施某种积极行为的义务，能够实行而不实行，通常包括不履行法定职责、拖延履行法定职责等。比如，不按照规定公开党务、政务、厂务、村（居）务，侵犯群众知情权引发信访问题；对群众反映的属于本单位职责范围的问题，应当解决却拖延推诿不予解决引发信访问题，等等。

3. 适用法律、法规错误或者违反法定程序，侵害公民、法人或者其他组织合法权益。（1）适用法律、法规错误主要是指机关、单位作出决定、处理事项，没有按照法律、法规、规章的要求进行，或者错误地援引了法律、法规、规章，包括没有适用法律、法规、规章，适用无效的法律、法规、规章，应适用效力等级较高的法律、法规却适用了效力等级较低的法规、规章，适用法律、法规、规章存在遗漏，适用了不应适用的其他法律、法规、规章或规范性文件等。（2）违反法定程序主要是指违反了法律、法规、规章规定的程序、步骤、方式、时限等。比如，作出行政决定未充分且具体地说明理由；行政主体作出剥夺或限制相对人的权利和自由的决定时，没有为相对人提供陈述及申辩的机会，等等。在常见的房屋征收类信访问题上，《国有土地上房屋征收与补偿条例》第十条第二款规定“市、县级人民政府应当组织有关部门对征收补偿方案进行论证并予以公布，征求公众意见。征求意见期限不得少于30日”，有的地方没有公布补偿方案，没有征求公众意见，或征求意见期限少于30日，即属于本条所述违反法定程序的情形。

4. 拒不执行有权处理机关、单位作出的支持信访请求意见。主要是指有权处理信访事项的机关、单位作出的支持信访请求的处理意见，没有得到有效执行，未能实现信访人寻求权利救济、维护自身合法权益的目的，包括不执行处理意见、无故拖延执行处理意见等。有的机关、单位没有牢固树立以人民为中心的发展思想，对信访矛盾、群众通过信访反映的利益诉求视而不见，甚至对已经作出支持信访请求的处理意见不执行不落实，搪塞应付，敷衍了事。《信访工作条例》明确规定对拒不执行有权处理机关、单位作出的支持信访请求意见的进行追责，旨在强化信访处理意见书的约束力，保障信访处理意见管用、有效，切实发挥纠偏、救济的作用。

（三）责任追究的情节条件

只有导致信访事项发生，造成严重后果的，才追究引发信访问题责任。可从两个方面理解：一是导致了信访事项发生。没有发生信访事项，则不能依据《信访工作条例》追究引发信访问题的责任。二是造成了严重后果。并非所有的信访事项都要追究引发信访问题的责任。如果发生了信访事项，但并未造成严重后果，则无需追责。严重与否，一般从对信访人合法权益的影响和对国家社会的影响两方面来判断。如对群众生命健康权、人身自由权、财产权等合法权益造成损害，或者损害了国家利益，或者造成了不良社会影响，其后果一般应认定为严重。

二、信访部门登记、转送、交办、督办责任

《信访工作条例》第四十三条沿用《信访条例》有关内容，规定："各级党委和政府信访部门对收到的信访事项应当登记、转送、交办而未按照规定登记、转送、交办，或者应当履行督办职责而未履行的，由其上级机关责令改正；造成严重后果的，对直接负责的主管人员和其他直接责任人员依规依纪依法严肃处理。"该规定与《信访工作条例》第十四条信

访部门应当履行受理、转送、交办、督促检查职责，以及《信访工作条例》第二十二条有关登记、转送、交办的时限、原则、去向等具体要求相呼应，对违反相应职责要求的明确予以追究责任。

（一）把握信访部门责任与有权处理机关、单位责任的区别

本条所列责任专指党委和政府信访部门的责任，且明确为登记、转送、交办、督办相关责任。《信访工作条例》单列信访部门责任，既是对信访部门的严格要求，也旨在强调各主体处理信访问题的自身定位和各自责任，避免出现信访部门越俎代庖、“包打天下”等问题，避免发生问题后问责问错对象、“打错板子”。工作实践中，不乏发生信访问题就要信访部门去直接解决，发生信访问题就要追究信访部门责任等混淆职责边界、错误定责追责的现象。这些错误的定责、追责，不仅容易挫伤信访部门的工作积极性，而且掩盖了有权处理机关、单位的问题，不利于真正落实信访工作责任，不利于有效解决信访问题、化解信访矛盾。

（二）责任追究的情形

1. 未按规定登记。通常包括未登记、未如实登记等。未登记，对已经建设或联通信访信息系统的信访部门，通常是指未将信访事项录入信访信息系统。未如实登记，主要是指未如实登记信访人基本信息及其反映的诉求和相关事实、理由等。

2. 未按规定转送。通常包括应转送未转送、未在规定期限内转送，以及未转送到合适的有权处理机关、单位等。其中，未转送到合适的有权处理机关、单位主要是指将信访事项转送到没有相应事权的机关或单位。比如，有的事项应当转送市县职能部门却转送给没有事权的乡镇；有的事项涉及两个以上机关、单位，未经认真研究事权关系，随意选择其中一个机关或单位一转了之；有的事项责任主体为中直单位或央企，却转到地方处理。

3. 未按规定交办。是否交办，通常从信访诉求、社会影响等方面进行衡量。需着重考虑群众反映强烈、较为重要典型、存在风险隐患、需要

及时妥善处理并反馈办理结果等因素。符合上述条件却未予交办的，通常属于应被追究责任的范围。

4. 未按规定督办。主要是指应督未督的问题。信访事项受理办理过程中出现以下情形应当督办，如未督办即属于未履行相应职责，应予追责：（1）未按规定受理信访事项；（2）未按规定办理信访事项，包括办理方式不恰当、办理不及时、办理主体不适格、延期办理但未出具延期办理告知书；（3）未按规定反馈信访事项办理结果，包括未按期出具处理（复查、复核）意见书、处理（复查、复核）意见书格式不规范、未正确履行送达职责、未将办理情况及时录入信访信息系统、信访部门未对交办事项的汇报履行审核责任；（4）处理意见明显不当，包括事实认定不清楚、定性不准确、政策法规适用错误、未全面回应群众诉求、以过程性意见代替结果性意见；（5）不执行信访处理意见；（6）办理信访事项推诿、敷衍、拖延或弄虚作假；（7）其他未落实“三到位一处理”要求需要督查督办的。

（三）责任追究的方式

《信访工作条例》根据未按规定转送、交办、督办的情节轻重，分别规定了需要承担的相应责任。对情节较轻的，明确由其上级机关责令改正；对造成严重后果的，明确对直接负责的主管人员、其他直接责任人员都要依规依纪依法严肃处理。

三、有权处理机关受理、办理责任

针对《信访工作条例》第二十三条以及第二十七条至第三十七条有关有权处理机关、单位受理和办理职责，《信访工作条例》第四十四条沿用《信访条例》有关内容，规定了负有受理、办理信访事项职责的机关、单位的受理、办理责任。

（一）受理信访事项责任

《信访工作条例》第四十四条就受理信访事项列举了需要追究责任的

情形，分别是：对收到的信访事项不按照规定登记；对属于其职权范围的信访事项不予受理；未在规定期限内书面告知信访人是否受理信访事项。同时规定，对存在上述问题的，由其上级机关、单位责令改正；造成严重后果的，对直接负责的主管人员和其他直接责任人员依规依纪依法严肃处理。

在实际工作中，要注重把握以下三点：

一是对不按规定登记的认定。信访事项登记要如实、准确，对信访人身份信息以及主要诉求、问题属地等重要内容，应当实事求是，正确判定、准确概括并记录清楚。各地区各部门应当加强信访工作信息化建设，推进信访信息系统互联互通、信息共享，实现与国家信访信息系统的联通。负有受理信访事项职责的机关、单位应当尽量在国家信访信息系统或与国家信访信息系统联通的信访信息系统登记录入信访事项，做到事事可查询、可跟踪、可督办、可评价。条件确实不具备的，也应建立相应的信息登记系统，完善登记制度，做好信访事项登记工作。

二是对应予受理却不予受理的认定。机关、单位对属于其法定职权范围的信访事项负有受理职责，不得找任何借口予以推诿，不予受理。对涉及两个或者两个以上机关、单位的信访事项，《信访工作条例》第二十四条第一款规定“由所涉及的机关、单位协商受理；受理有争议的，由其共同的上一级机关、单位决定受理机关；受理有争议且没有共同的上一级机关、单位的，由共同的信访工作联席会议协调处理”。这一规定赋予了共同的上一级机关、单位及信访工作联席会议决定受理机关的职权，共同的上一级机关、单位及信访工作联席会议作出的相应决定具有法定效力。经共同的上一级机关、单位决定的受理机关，或由共同的信访工作联席会议协调确定的主责机关，应当贯彻执行有关决定，切实担负起信访事项受理责任。拒不执行有关决定，再以受理争议等为借口推诿不办的，应予追责。

三是对书面告知的认定。书面告知的内容主要包括被告知人、告知的事项、出具告知的机关或单位及日期等，告知的形式和载体可以是纸质，也可以是手机短信等。与口头告知相区别，提出书面告知的要求，主要是为保证所出具的告知能被作为查询、举证的凭证和证据。

（二）办理信访事项责任

《信访工作条例》第四十五条沿用《信访条例》及《信访工作责任制实施办法》有关内容，规定了对信访事项有权处理的机关、单位处理问题责任。列举了需要追究责任的情形，分别是：推诿、敷衍、拖延信访事项办理或者未在规定期限内办结信访事项；对事实清楚，符合法律、法规、规章或者其他有关规定的投诉请求未予支持；对党委和政府信访部门提出的改进工作、完善政策等建议重视不够、落实不力，导致问题长期得不到解决；其他不履行或者不正确履行信访事项处理职责的情形。同时规定，对存在上述问题的，由其上级机关、单位责令改正；造成严重后果的，对直接负责的主管人员和其他直接责任人员依规依纪依法严肃处理。

从工作实践看，一些信访问题之所以久拖不决，与少数机关、单位对群众合理的利益诉求漠不关心、对信访部门的工作部署和要求建议不够重视有关。比如：有的庸懒无为、效率低下，对涉及群众生产、生活等切身利益的问题依照政策或者有关规定能解决而不及时解决；有的形式主义、官僚主义严重，单纯以会议贯彻会议、以文件落实文件，在实际工作中不见诸行动。

对办理信访事项责任的理解，要注重把握以下三点：

一是对推诿、敷衍、拖延的认定。推诿主要是指有关机关、单位不履行法定职责，将本属于自己职责范围内的信访事项拒之门外、不予办理。敷衍主要是指虽然办理信访事项，但流于形式、程序空转，不认真解决实际问题。拖延主要是指效率低下，办理信访事项迟迟没有进展和结果。对申诉求决类信访事项，如拖延至 60 日办理期满尚未办结，或情况复杂经批准延长 30 日后仍未办结的，则按未在规定期限内办结信访事项追究责任。

二是对应予支持却未予支持的认定。《信访工作条例》第三十二条明确予以支持的前提条件是事实清楚，符合法律、法规、规章或者其他有关规定。信访投诉请求应当建立在事实和法律基础之上，合法合理、有事实证据支撑的请求应当得到支持。若事实清楚，符合法律法规却未得到支持，应认定构成本条违法情形。需要指出的是，“请求事实清楚，符合法律、法规、规章或者其他有关规定”是构成本条违法情形的前提条件，如不具备此前提，即使有权处理机关、单位作出不予支持的决定存在程序失当、认定事实不清、适用法律法规错误等情形，也不构成本条违法情形。

三是对落实信访部门建议不力导致问题长期得不到解决的认定。首先是信访部门已经提出了改进工作等建议；其次是建议未能得到及时有效落实或回应，并造成了问题久拖不决、信访人合法权益长期遭受侵害的结果。如果上述情况同时具备，即构成本条违法情形，应予追究责任。

四、其他责任

《信访工作条例》除按信访工作环节规定了信访部门转送、交办、督办责任及有权处理机关受理、办理信访事项责任之外，还针对在处理信访事项过程中可能存在的态度恶劣、作风粗暴，吃拿卡要、谋取私利等问题，整合《信访条例》及《信访工作责任制实施办法》相关规定，结合《中国共产党纪律处分条例》，单列第四十六条明确了有关机关、单位及其领导干部、工作人员处理信访事项的其他责任追究要求。主要包括以下情形。

（一）对待信访人态度恶劣、作风粗暴，损害党群干群关系

本项规定与《中国共产党纪律处分条例》第一百二十六条第三项“对待群众态度恶劣、简单粗暴，造成不良影响”应予处分等规定保持了衔接。信访工作是党的群众工作的重要组成部分，必须切实做到坚持群众路线，坚守人民情怀，践行为民宗旨，用心用情用力解决好人民群众急难愁盼问题，架好党和政府同人民群众的连心桥，努力为密切党群干群关

系作贡献。如果有关机关、单位工作人员对待信访人态度恶劣、作风粗暴，工作不讲究方式方法，就违背了信访工作的初心使命，不仅达不到化解矛盾的目的，还可能激化矛盾，不仅没有密切党群干群关系，反而会损害党群干群关系，出现这样的问题应当被追究责任。对实际工作中存在的一些无理缠访、无理取闹的信访人，也应当耐心细致地进行教育疏导，努力做到思想教育到位，同时还要坚持依法办事，努力化解矛盾。

（二）在处理信访事项过程中吃拿卡要、谋取私利

本项规定与《中国共产党纪律处分条例》第一百二十二条第一款第五项“在办理涉及群众事务时刁难群众、吃拿卡要”应予处分等规定保持了衔接，体现了信访工作领域正风肃纪的思想自觉和行动自觉。信访工作领域发生吃拿卡要、谋取私利等违纪违法问题，直接伤害的是信访人的权益和感情，损害的是党和政府在人民群众中的威信和形象，其伤害力、影响力比发生在别的领域更甚，也更易引发社会公众关注。为把全面从严治党引向深入，切实加强信访领域党风廉政建设，本项突出对吃拿卡要、谋取私利等重点问题的监管，强化监督和追责，旨在引导有关机关、单位工作人员在信访事项处理过程中切实知敬畏、存戒惧、守底线。

（三）对规模性集体访、负面舆情等处置不力，导致事态扩大

化解信访矛盾，促进社会和谐稳定，是信访工作的重要职责使命。规模性集体访、负面舆情等是影响社会稳定的突出风险和隐患，如果不能及时有效处置，很有可能从隐患变为“明火”，从潜在风险变为现实危害。本项专门针对规模性集体访、负面舆情等的处置提出责任追究要求，旨在倒逼有关机关、单位强化底线思维，增强风险意识，保持高度警惕，突出重点，扎实做好风险隐患排查和矛盾化解工作，切实守住底线。

（四）对可能造成社会影响的重大、紧急信访事项和信访信息隐瞒、谎报、缓报，或者未依法及时采取必要措施

为了建立重大、紧急信访事项和信访信息的应急报告和应急处理机制，《信访工作条例》第二十五条专门规定了各级机关、单位信访事项和

信访信息报告义务，还明确地方各级党委和政府信访部门接到报告后，应当向上一级信访部门报告，同时报告国家信访局。本项所称“隐瞒”，是指发现或者接到了重大、紧急信访事项和信访信息，但因害怕被追究责任，故意不按照本条例或者其他法律、法规的要求向上报告。所称“谎报”，主要是指将本来十分严重、紧急的情况故意淡化，也包括将不那么严重、紧急的情况报告得很严重、紧急，通常来说，谎报多在隐瞒不成、不得不报的情况下出现。所称“缓报”，是指故意不及时报告。所称“未依法及时采取必要措施”，从行为看，主要是指未及时果断进行现场处置、未落实有关工作预案等；从结果看，主要是指导致情况恶化、酿成群体性事件、严重影响社会稳定等。

（五）将信访人的检举、揭发材料或者有关情况透露、转给被检举、揭发的人员或者单位

本项与《信访工作条例》第二十八条第三款“各级机关、单位工作人员与信访事项或者信访人有直接利害关系的，应当回避”，以及第三十条第三款“不得将信访人的检举、揭发材料以及有关情况透露或者转给被检举、揭发的人员或者单位”的规定相对应，既是为了规范机关、单位及其工作人员的行为，更是为了保护信访人。将信访人的检举、揭发材料或者有关情况透露、转给被检举、揭发的人员或者单位，既包括将记载有关信息的书面材料、电子存储设备等物质载体转给被检举、揭发对象，也包括以任何形式披露给被检举、揭发对象，使被检举、揭发对象知晓有关情况。需要注意的是，一些申诉求决类信访事项，往往也伴随着对有关机关、单位及其工作人员违法犯罪行为的揭露和检举，其中涉及揭露和检举的内容不应被透露、转给被检举、揭发对象，但转送其中的申诉求决事项则符合解决信访问题、维护信访人权益的要求，不属于本项应予追究责任的情形。对主要反映个人诉求，或对领导干部具体工作行为不满，或不服执法裁定、司法判决，声称检举、揭发领导干部或党委和政府、公检法机关、信访部门、责任单位等机构问题，但所述问题不具体、牵强附会、道

听途说、无实质要素的，则不能按检举控告类信访事项对待，转送此类事项亦不属于本项应予追究责任的情形。

（六）打击报复信访人

本项与《信访工作条例》第十八条第四款“任何组织和个人不得打击报复信访人”的规定相对应。主要是指有关机关、单位及其工作人员滥用职权，对提出批评、举报、控告、申诉等投诉请求的信访人实施报复陷害，比如，制造理由和借口拖延解决信访人反映的问题，取消低保待遇，克扣工资福利，压制职称评定、职务晋升等。

五、信访人法律责任

《信访工作条例》规定的信访人法律责任，主要是指信访人违反《信访工作条例》有关规定，扰乱信访工作秩序，诬告陷害他人而应承担的法律责任。信访工作为群众提出批评、建议、申诉、控告或者检举构建了一个通道，公民、法人和其他组织通过信访渠道反映问题也应当遵守有关程序规定。《信访工作条例》作为对信访工作作出全面规范的法规性文件，在规范机关、单位的同时，第十九条第二款、第二十条、第二十六条也明确了信访人进行信访活动应当遵从的要求，第二十七条规定了“行为违法的依法处理”的要求。与此呼应，《信访工作条例》第四十七条按照权利与义务对等、法律责任与行为相适应的原则，规定了信访人扰乱信访工作秩序、诬告陷害等违法行为的法律后果。

需要说明的是，与《信访条例》相比，《信访工作条例》维护信访秩序的导向更加鲜明，但始终坚持依规依纪依法的原则，并未创设新的处罚条款，也没有直接规定对违法信访人采取哪些强制措施以及给予哪些处罚。对信访活动中违法行为的处理，不能直接适用《信访工作条例》，仍应当适用《中华人民共和国治安管理处罚法》《中华人民共和国刑法》等相关规定。主要考虑是：对信访活动中违法行为采取的处罚和处置措施，都有可能限制当事人的自由，根据《中华人民共和国立法法》的规定，限制人身自由的强制措施和处罚，只能由法律法规来规定。《信访工作条例》并未单独设立限制人身自由的处罚和强制措施，出现相应情形，需要援引有关法律法规来处置。

（一）处罚的主体和方式

处罚的主体包括信访部门、有权处理机关及有关政法部门。处罚的方式依据情节轻重逐级递进，从劝阻、批评或教育，到给予治安管理处罚、依法追究刑事责任。

劝阻、批评或教育的实施主体是有关机关、单位工作人员，主要是指与信访事项受理、办理直接相关的机关、单位工作人员，包括信访部门，有权处理的机关、单位及公安机关的相关工作人员。

采取现场处置措施、给予治安管理处罚的实施主体则依据职责法定的原则，明确为公安机关。《信访条例》对信访人违反有关规定的行为，曾作过责任追究的规定。《信访工作条例》延续相关规定，对部分内容作了修改调整，删除了“由公安机关予以警告、训诫或者制止”等内容，主要考虑是在司法实践中，对缠访闹访等行为的处罚一直适用的是《中华人民共和国治安管理处罚法》《中华人民共和国刑法》等相关规定，而非直接适用《信访条例》，且“由公安机关予以警告、训诫或者制止”，已被“有关机关、单位工作人员应当对其进行劝阻、批评或者教育”“由公安机关依法采取必要的现场处置措施、给予治安管理处罚”所涵盖，作此修改，既不影响工作实践中对相关违法行为的处罚，于法规制定本身又更为严谨。

依法追究刑事责任的实施主体是有关政法部门，包括公安机关、检察机关和审判机关等。

（二）滋事扰序、缠访闹访的责任

《信访工作条例》为了回应工作实践中维护信访秩序的需要，树立正确工作导向，针对极个别信访人扰乱信访秩序等问题，旗帜鲜明地点出“滋事扰序”“缠访闹访”这两个关键词，明确对滋事扰序、缠访闹访行为依法进行处理。

1. 坚决纠治滋事扰序、缠访闹访乱象

《信访工作条例》第四十七条第一款针对违反走访及维护信访秩序有关要求的信访人，规定有关机关、单位工作人员应当进行劝阻、批评或者教育。第二款进一步明确对信访人滋事扰序、缠访闹访情节严重，构成违反治安管理行为的，或者违反集会游行示威相关法律法规的，由公安机关依法采取必要的现场处置措施、给予治安管理处罚；构成犯罪的，依法追究刑事责任。这一规定，要求对有关信访人首先进行劝阻、批评或教育，经劝阻、批评或教育无效，滋事扰序、缠访闹访情节严重的，则强调应当依法严肃处理，既彰显了教育为先、文明执法的理念，又体现了坚决治理滋事扰序、缠访闹访问题的法治精神和鲜明导向。

"滋事扰序、缠访闹访"并非泛化的概念或主观判断，而是对《信访工作条例》第二十六条明确的"六个不得"行为的概括，具体适用的情形、法律依据以及处罚措施在《关于公安机关处置信访活动中违法犯罪行为适用法律的指导意见》中有详细的列举和规定。

（1）对"在机关、单位办公场所周围、公共场所非法聚集，围堵、冲击机关、单位，拦截公务车辆，或者堵塞、阻断交通"，符合《中华人民共和国集会游行示威法》第二十七条规定的，由人民警察予以制止、命令解散乃至强行驱散、强行带离现场、拘留；符合《中华人民共和国治安管理处罚法》第二十三条规定的，以扰乱单位、公共场所、交通秩序，聚众扰乱单位、公共场所、交通秩序依法予以治安管理处罚。情节严重，符合《中华人民共和国刑法》第二百九十条、第二百九十一条、第二百九十三条规定的，以聚众扰乱社会秩序罪，聚众冲击国家机关罪，扰乱国家机关工作秩序罪，聚众扰乱公共场所秩序、交通秩序罪，寻衅滋事罪追究刑事责任。

（2）对"携带危险物品、管制器具"，符合《中华人民共和国治安管理处罚法》第三十条、第三十二条规定的，以非法携带危险物质、管制器具依法予以治安管理处罚。情节严重，符合《中华人民共和国刑法》第一百三十条规定的，以非法携带枪支、弹药、管制刀具、危险物品危及公共安全罪追究刑事责任。

（3）对“侮辱、殴打、威胁机关、单位工作人员，非法限制他人人身自由，或者毁坏财物”，符合《中华人民共和国治安管理处罚法》第四十条、第四十二条、第四十三条、第四十九条规定的，以侮辱、威胁、殴打、故意伤害他人，非法限制人身自由，损毁公私财物依法予以治安管理处罚。情节严重，符合《中华人民共和国刑法》第二百三十四条、第二百三十八条、第二百四十六条、第二百七十五条、第二百七十六条、第二百九十三条规定的，以故意伤害罪、非法拘禁罪、侮辱罪、故意毁坏财物罪、破坏生产经营罪、寻衅滋事罪追究刑事责任。

（4）对“在信访接待场所滞留、滋事，或者将生活不能自理的人弃留在信访接待场所”，符合《中华人民共和国治安管理处罚法》第二十三条、第四十五条规定的，以扰乱单位秩序，遗弃被扶养人依法予以治安管理处罚。情节严重，符合《中华人民共和国刑法》第二百六十一条、第二百九十条、第二百九十一条、第二百九十三条规定的，以遗弃罪，聚众扰乱社会秩序罪，聚众冲击国家机关罪，扰乱国家机关工作秩序罪，聚众扰乱公共场所秩序、交通秩序罪，寻衅滋事罪追究刑事责任。

（5）对“煽动、串联、胁迫、以财物诱使、幕后操纵他人信访，或者以信访为名借机敛财”，符合《中华人民共和国治安管理处罚法》第二十三条、第四十九条规定的，以扰乱单位、公共场所、交通秩序，聚众扰乱单位、公共场所、交通秩序，敲诈勒索，诈骗依法予以治安管理处罚。情节严重，符合《中华人民共和国刑法》第二百六十六条、第二百七十四条、第二百九十条规定的，以诈骗罪，敲诈勒索罪，组织、资助非法聚集罪追究刑事责任。

（6）对“其他扰乱公共秩序、妨害国家和公共安全的行为”，符合《中华人民共和国治安管理处罚法》第三章第一、二、四节关于扰乱公共秩序、妨害公共安全、妨害社会管理相关规定的，依法予以治安管理处罚。情节严重，符合《中华人民共和国刑法》分则第一章、第二章、第六章关于危害国家安全罪、危害公共安全罪、妨害社会管理秩序罪相关规定的，依法追究刑事责任。

2. 对滋事扰序、缠访闹访的认定不能泛化滥用

对信访活动中违反规定的有关行为，只有在符合“情节严重”、违反相关法律规定的情况下，才能依法给予治安管理处罚直至追究刑事责任，对滋事扰序、缠访闹访的认定不能泛化，更不能滥用。需着重把握好以下两个问题。

（1）不能将进京走访、越级走访（俗称越级上访）简单认定为滋事扰序、缠访闹访。《信访工作条例》规定走访应当到有权处理的本级或者上一级机关、单位，即通常所称的“依法逐级走访”，判断依据主要是信访事项的性质和管辖层级，并非所有的进京走访都是越级走访，并非所有的进京走访、越级走访都是滋事扰序、缠访闹访。一方面，反映中央和国家机关或省级党委和政府及其工作人员职务行为的问题，跨省（自治区、直辖市）、跨部门、跨行业且一个省（自治区、直辖市）或一个部门无法独立解决的问题，以及省级党委和政府未按《信访工作条例》规定受理办理信访事项等，属于中央和国家机关应当受理、办理的范围，并未违反依法逐级的要求。另一方面，如果因属地责任不落实导致问题久拖不决，即使“超越本级和上一级反映问题”，违反了《信访工作条例》关于提出信访事项的程序性要求，在进行教育疏导的同时应加强督办，是否采取相应现场处置措施及处罚，取决于信访人在信访活动中是否存在《信访工作条例》第二十六条规定的“六个不得”行为，以及是否存在其他违反《中华人民共和国治安管理处罚法》《中华人民共和国集会游行示威法》等法律法规的行为。

（2）不能将已经复查复核事项的再次信访简单认定为滋事扰序、缠访闹访。《信访工作条例》第三十六条第三款规定：“信访人对复核意见不

服，仍然以同一事实和理由提出投诉请求的，各级党委和政府信访部门和其他机关、单位不再受理。”《信访工作条例》仅规定了“信访部门和其他机关、单位不再受理”，并非规定信访人不可以反映问题。同时，不再受理的前提应是“三到位”真正到位，应避免简单程序性终结。至于由此给信访工作带来的不利影响，应当从信访工作自身运行、考核等方面予以优化，而非限制信访人提出信访事项的权利，更不得以此对信访人进行处罚。是否采取相应现场处置措施及处罚，依然取决于信访人在信访活动中是否存在《信访工作条例》第二十六条规定的“六个不得”行为以及其他违法行为。

（三）诬告陷害的责任

在信访工作实践中，存在有些人通过信访途径捏造歪曲事实、诬告陷害他人的情况，这不但严重损害了被害人的合法权益，而且占用了信访部门和有关机关、单位大量的时间、精力和资源。为了杜绝并严厉打击这种违法甚至涉嫌犯罪的行为，《信访工作条例》第四十七条第三款依据《中华人民共和国刑法》《中华人民共和国公职人员政务处分法》《中国共产党纪律处分条例》等法律法规，与第十九条第二款有关信访人应当对其所提供材料内容的真实性负责等规定对应，规定了捏造歪曲事实、诬告陷害他人的法律责任。

诬告陷害是指采取捏造事实、伪造材料等方式反映问题，意图使他人受到不良政治影响、名誉损失、经济处罚或其他责任追究的行为。从司法实践看，如不足以引起司法机关追究被害人的刑事责任，可视为情节轻微，一般由公安机关依照治安管理处罚规定给予相应处罚。如捏造的事实足以引起司法机关追究被害人的刑事责任，且具有主观故意，则属情节严重，构成诬告陷害罪，按照《中华人民共和国刑法》第二百四十三条第一款、第二款的规定进行处理：“捏造事实诬告陷害他人，意图使他人受刑事追究，情节严重的，处三年以下有期徒刑、拘役或者管制；造成严重后果的，处三年以上十年以下有期徒刑。国家机关工作人员犯前款罪的，从重处罚。”需要指出的是，共产党员、公职人员诬告陷害他人，符合《中国共产党纪律处分条例》第五十九条第二款“政治品行恶劣，匿名诬告，有意陷害或者制造其他谣言，造成损害或者不良影响”，《中华人民共和国公职人员政务处分法》第三十二条第四项“诬告陷害，意图使他人受到名誉损害或者责任追究等不良影响”等规定情形的，还应接受相应党纪、政纪处理。

附　录

信访工作条例

（2022 年 1 月 24 日中共中央政治局会议审议批准　2022 年 2 月 25 日中共中央、国务院发布）

第一章　总　　则

第一条　为了坚持和加强党对信访工作的全面领导，做好新时代信访工作，保持党和政府同人民群众的密切联系，制定本条例。

第二条　本条例适用于各级党的机关、人大机关、行政机关、政协机关、监察机关、审判机关、检察机关以及群团组织、国有企事业单位等开展信访工作。

第三条　信访工作是党的群众工作的重要组成部分，是党和政府了解民情、集中民智、维护民利、凝聚民心的一项重要工作，是各级机关、单位及其领导干部、工作人员接受群众监督、改进工作作风的重要途径。

第四条　信访工作坚持以马克思列宁主义、毛泽东思想、邓小平理论、“三个代表”重要思想、科学发展观、习近平新时代中国特色社会主义思想为指导，贯彻落实习近平总书记关于加强和改进人民信访工作的重要思想，增强“四个意识”、坚定“四个自信”、做到“两个维护”，牢记为民解难、为党分忧的政治责任，坚守人民情怀，坚持底线思维、法治思维，服务党和国家工作大局，维护群众合法权益，化解信访突出问题，促进社会和谐稳定。

第五条　信访工作应当遵循下列原则：

（一）坚持党的全面领导。把党的领导贯彻到信访工作各方面和全过程，确保正确政治方向。

（二）坚持以人民为中心。践行党的群众路线，倾听群众呼声，关心群众疾苦，千方百计为群众排忧解难。

（三）坚持落实信访工作责任。党政同责、一岗双责，属地管理、分级负责，谁主管、谁负责。

（四）坚持依法按政策解决问题。将信访纳入法治化轨道，依法维护群众权益、规范信访秩序。

（五）坚持源头治理化解矛盾。多措并举、综合施策，着力点放在源头预防和前端化解，把可能引发信访问题的矛盾纠纷化解在基层、化解在萌芽状态。

第六条　各级机关、单位应当畅通信访渠道，做好信访工作，认真处理信访事项，倾听人民群众建议、意见和要求，接受人民群众监督，为人民群众服务。

第二章　信访工作体制

第七条　坚持和加强党对信访工作的全面领导，构建党委统一领导、政府组织落实、信访工作联席会议协调、信访部门推动、各方齐抓共管的信访工作格局。

第八条　党中央加强对信访工作的统一领导：

（一）强化政治引领，确立信访工作的政治方向和政治原则，严明政治纪律和政治规矩；

（二）制定信访工作方针政策，研究部署信访工作中事关党和国家工作大局、社会和谐稳定、群众权益保障的重大改革措施；

（三）领导建设一支对党忠诚可靠、恪守为民之责、善做群众工作的高素质专业化信访工作队伍，为信访工作提供组织保证。

第九条　地方党委领导本地区信访工作，贯彻落实党中央关于信访工作的方针政策和决策部署，执行上级党组织关于信访工作的部署要求，统筹信访工作责任体系构建，支持和督促下级党组织做好信访工作。

地方党委常委会应当定期听取信访工作汇报，分析形势，部署任务，研究重大事项，解决突出问题。

第十条 各级政府贯彻落实上级党委和政府以及本级党委关于信访工作的部署要求，科学民主决策、依法履行职责，组织各方力量加强矛盾纠纷排查化解，及时妥善处理信访事项，研究解决政策性、群体性信访突出问题和疑难复杂信访问题。

第十一条 中央信访工作联席会议在党中央、国务院领导下，负责全国信访工作的统筹协调、整体推进、督促落实，履行下列职责：

（一）研究分析全国信访形势，为中央决策提供参考；

（二）督促落实党中央关于信访工作的方针政策和决策部署；

（三）研究信访制度改革和信访法治化建设重大问题和事项；

（四）研究部署重点工作任务，协调指导解决具有普遍性的信访突出问题；

（五）领导组织信访工作责任制落实、督导考核等工作；

（六）指导地方各级信访工作联席会议工作；

（七）承担党中央、国务院交办的其他事项。

中央信访工作联席会议由党中央、国务院领导同志以及有关部门负责同志担任召集人，各成员单位负责同志参加。中央信访工作联席会议办公室设在国家信访局，承担联席会议的日常工作，督促检查联席会议议定事项的落实。

第十二条 中央信访工作联席会议根据工作需要召开全体会议或者工作会议。研究涉及信访工作改革发展的重大问题和重要信访事项的处理意见，应当及时向党中央、国务院请示报告。

中央信访工作联席会议各成员单位应当落实联席会议确定的工作任务和议定事项，及时报送落实情况；及时将本领域重大敏感信访问题提请联席会议研究。

第十三条 地方各级信访工作联席会议在本级党委和政府领导下，负责本地区信访工作的统筹协调、整体推进、督促落实，协调处理发生在本地区的重要信访问题，指导下级信访工作联席会议工作。联席会议召集人一般由党委和政府负责同志担任。

地方党委和政府应当根据信访工作形势任务，及时调整成员单位，健全规章制度，建立健全信访信息分析研判、重大信访问题协调处理、联合督查等工作机制，提升联席会议工作的科学化、制度化、规范化水平。

根据工作需要，乡镇党委和政府、街道党工委和办事处可以建立信访工作联席会议机制，或者明确党政联席会定期研究本地区信访工作，协调处理发生在本地区的重要信访问题。

第十四条 各级党委和政府信访部门是开展信访工作的专门机构，履行下列职责：

（一）受理、转送、交办信访事项；

（二）协调解决重要信访问题；

（三）督促检查重要信访事项的处理和落实；

（四）综合反映信访信息，分析研判信访形势，为党委和政府提供决策参考；

（五）指导本级其他机关、单位和下级的信访工作；

（六）提出改进工作、完善政策和追究责任的建议；

（七）承担本级党委和政府交办的其他事项。

各级党委和政府信访部门以外的其他机关、单位应当根据信访工作形势任务，明确负责信访工作的机构或者人员，参照党委和政府信访部门职责，明确相应的职责。

第十五条 各级党委和政府以外的其他机关、单位应当做好各自职责范围内的信访工作，按照规定及时受理办理信访事项，预防和化解政策性、群体性信访问题，加强对下级机关、单位信访工作的指导。

各级机关、单位应当拓宽社会力量参与信访工作的制度化渠道，发挥群团组织、社会组织和“两代表一委员”、社会工作者等作用，反映群众意见和要求，引导群众依法理性反映诉求、维护权益，推动矛盾纠纷及时有效化解。

乡镇党委和政府、街道党工委和办事处以及村（社区）“两委”应当全面发挥职能作用，坚持和发展新时代“枫桥经验”，积极协调处理化解发生在当地的信访事项和矛盾纠纷，努力做到小事不出村、大事不出镇、矛盾不上交。

第十六条 各级党委和政府应当加强信访部门建设，选优配强领导班子，配备与形势任务相适应的工作力量，建立健全信访督查专员制度，打造高素质专业化信访干部队伍。各级党委和政府信访部门主要负责同志应当由本级党委或者政府副秘书长〔办公厅（室）副主任〕兼任。

各级党校（行政学院）应当将信访工作作为党性教育内容纳入教学培训，加强干部教育培训。

各级机关、单位应当建立健全年轻干部和新录用干部到信访工作岗位锻炼制度。

各级党委和政府应当为信访工作提供必要的支持和保障，所需经费列入本级预算。

第三章 信访事项的提出和受理

第十七条 公民、法人或者其他组织可以采用信息网络、书信、电话、传真、走访等形式，向各级机关、单位反映情况，提出建议、意见或者投诉请求，有关机关、单位应当依规依法处理。

采用前款规定的形式，反映情况，提出建议、意见或者投诉请求的公民、法人或者其他组织，称信访人。

第十八条 各级机关、单位应当向社会公布网络信访渠道、通信地址、咨询投诉电话、信访接待的时间和地点、查询信访事项处理进展以及结果的方式等相关事项，在其信访接待场所或者网站公布与信访工作有关的党内法规和法律、法规、规章，信访事项的处理程序，以及其他为信访人提供便利的相关事项。

各级机关、单位领导干部应当阅办群众来信和网上信访、定期接待群众来访、定期下访，包案化解群众反映强烈的突出问题。

市、县级党委和政府应当建立和完善联合接访工作机制，根据工作需要组织有关机关、单位联合接待，一站式解决信访问题。

任何组织和个人不得打击报复信访人。

第十九条　信访人一般应当采用书面形式提出信访事项，并载明其姓名（名称）、住址和请求、事实、理由。对采用口头形式提出的信访事项，有关机关、单位应当如实记录。

信访人提出信访事项，应当客观真实，对其所提供材料内容的真实性负责，不得捏造、歪曲事实，不得诬告、陷害他人。

信访事项已经受理或者正在办理的，信访人在规定期限内向受理、办理机关、单位的上级机关、单位又提出同一信访事项的，上级机关、单位不予受理。

第二十条　信访人采用走访形式提出信访事项的，应当到有权处理的本级或者上一级机关、单位设立或者指定的接待场所提出。

信访人采用走访形式提出涉及诉讼权利救济的信访事项，应当按照法律法规规定的程序向有关政法部门提出。

多人采用走访形式提出共同的信访事项的，应当推选代表，代表人数不得超过 5 人。

各级机关、单位应当落实属地责任，认真接待处理群众来访，把问题解决在当地，引导信访人就地反映问题。

第二十一条　各级党委和政府应当加强信访工作信息化、智能化建设，依规依法有序推进信访信息系统互联互通、信息共享。

各级机关、单位应当及时将信访事项录入信访信息系统，使网上信访、来信、来访、来电在网上流转，方便信访人查询、评价信访事项办理情况。

第二十二条　各级党委和政府信访部门收到信访事项，应当予以登记，并区分情况，在 15 日内分别按照下列方式处理：

（一）对依照职责属于本级机关、单位或者其工作部门处理决定的，应当转送有权处理的机关、单位；情况重大、紧急的，应当及时提出建议，报请本级党委和政府决定。

（二）涉及下级机关、单位或者其工作人员的，按照“属地管理、分级负责，谁主管、谁负责”的原则，转送有权处理的机关、单位。

（三）对转送信访事项中的重要情况需要反馈办理结果的，可以交由有权处理的机关、单位办理，要求其在指定办理期限内反馈结果，提交办结报告。

各级党委和政府信访部门对收到的涉法涉诉信件，应当转送同级政法部门依法处理；对走访反映涉诉问题的信访人，应当释法明理，引导其向有关政法部门反映问题。对属于纪检监察机关受理的检举控告类信访事项，应当按照管理权限转送有关纪检监察机关依规依纪依法处理。

第二十三条 党委和政府信访部门以外的其他机关、单位收到信访人直接提出的信访事项，应当予以登记；对属于本机关、单位职权范围的，应当告知信访人接收情况以及处理途径和程序；对属于本系统下级机关、单位职权范围的，应当转送、交办有权处理的机关、单位，并告知信访人转送、交办去向；对不属于本机关、单位或者本系统职权范围的，应当告知信访人向有权处理的机关、单位提出。

对信访人直接提出的信访事项，有关机关、单位能够当场告知的，应当当场书面告知；不能当场告知的，应当自收到信访事项之日起 15 日内书面告知信访人，但信访人的姓名（名称）、住址不清的除外。

对党委和政府信访部门或者本系统上级机关、单位转送、交办的信访事项，属于本机关、单位职权范围的，有关机关、单位应当自收到之日起 15 日内书面告知信访人接收情况以及处理途径和程序；不属于本机关、单位或者本系统职权范围的，有关机关、单位应当自收到之日起 5 个工作日内提出异议，并详细说明理由，经转送、交办的信访部门或者上级机关、单位核实同意后，交还相关材料。

政法部门处理涉及诉讼权利救济事项、纪检监察机关处理检举控告事项的告知按照有关规定执行。

第二十四条 涉及两个或者两个以上机关、单位的信访事项，由所涉及的机关、单位协商受理；受理有争议的，由其共同的上一级机关、单位决定受理机关；受理有争议且没有共同的上一级机关、单位的，由共同的信访工作联席会议协调处理。

应当对信访事项作出处理的机关、单位分立、合并、撤销的，由继续行使其职权的机关、单位受理；职责不清的，由本级党委和政府或者其指定的机关、单位受理。

第二十五条 各级机关、单位对可能造成社会影响的重大、紧急信访事项和信访信息，应当及时报告本级党委和政府，通报相关主管部门和本级信访工作联席会议办公室，在职责范围内依法及时采取措施，防止不良影响的产生、扩大。

地方各级党委和政府信访部门接到重大、紧急信访事项和信访信息，应当向上一级信访部门报告，同时报告国家信访局。

第二十六条 信访人在信访过程中应当遵守法律、法规，不得损害国家、社会、集体的利益和其他公民的合法权利，自觉维护社会公共秩序和信访秩序，不得有下列行为：

（一）在机关、单位办公场所周围、公共场所非法聚集，围堵、冲击机关、单位，拦截公务车辆，或者堵塞、阻断交通；

（二）携带危险物品、管制器具；

（三）侮辱、殴打、威胁机关、单位工作人员，非法限制他人人身自由，或者毁坏财物；

（四）在信访接待场所滞留、滋事，或者将生活不能自理的人弃留在信访接待场所；

（五）煽动、串联、胁迫、以财物诱使、幕后操纵他人信访，或者以信访为名借机敛财；

（六）其他扰乱公共秩序、妨害国家和公共安全的行为。

第四章 信访事项的办理

第二十七条 各级机关、单位及其工作人员应当根据各自职责和有关规定，按照诉求合理的解决问题到位、诉求无理的思想教育到位、生活困难的帮扶救助到位、行为违法的依法处理的要求，依法按政策及时就地解决群众合法合理诉求，维护正常信访秩序。

第二十八条 各级机关、单位及其工作人员办理信访事项，应当恪尽职守、秉公办事，查明事实、分清责任，加强教育疏导，及时妥善处理，不得推诿、敷衍、拖延。

各级机关、单位应当按照诉讼与信访分离制度要求，将涉及民事、行政、刑事等诉讼权利救济的信访事项从普通信访体制中分离出来，由有关政法部门依法处理。

各级机关、单位工作人员与信访事项或者信访人有直接利害关系的，应当回避。

第二十九条 对信访人反映的情况、提出的建议意见类事项，有权处理的机关、单位应当认真研究论证。对科学合理、具有现实可行性的，应当采纳或者部分采纳，并予以回复。

信访人反映的情况、提出的建议意见，对国民经济和社会发展或者对改进工作以及保护社会公共利益有贡献的，应当按照有关规定给予奖励。

各级党委和政府应当健全人民建议征集制度，对涉及国计民生的重要工作，主动听取群众的建议意见。

第三十条 对信访人提出的检举控告类事项，纪检监察机关或者有权处理的机关、单位应当依规依纪依法接收、受理、办理和反馈。

党委和政府信访部门应当按照干部管理权限向组织（人事）部门通报反映干部问题的信访情况，重大情况向党委主要负责同志和分管组织（人事）工作的负责同志报送。组织（人事）部门应当按照干部选拔任用监督的有关规定进行办理。

不得将信访人的检举、揭发材料以及有关情况透露或者转给被检举、揭发的人员或者单位。

第三十一条 对信访人提出的申诉求决类事项，有权处理的机关、单位应当区分情况，分别按照下列方式办理：

（一）应当通过审判机关诉讼程序或者复议程序、检察机关刑事立案程序或者法律监督程序、公安机关法律程序处理的，涉法涉诉信访事项未依法终结的，按照法律法规规定的程序处理。

（二）应当通过仲裁解决的，导入相应程序处理。

（三）可以通过党员申诉、申请复审等解决的，导入相应程序处理。

（四）可以通过行政复议、行政裁决、行政确认、行政许可、行政处罚等行政程序解决的，导入相应程序处理。

（五）属于申请查处违法行为、履行保护人身权或者财产权等合法权益职责的，依法履行或者答复。

（六）不属于以上情形的，应当听取信访人陈述事实和理由，并调查核实，出具信访处理意见书。对重大、复杂、疑难的信访事项，可以举行听证。

第三十二条　信访处理意见书应当载明信访人投诉请求、事实和理由、处理意见及其法律法规依据：

（一）请求事实清楚，符合法律、法规、规章或者其他有关规定的，予以支持；

（二）请求事由合理但缺乏法律依据的，应当作出解释说明；

（三）请求缺乏事实根据或者不符合法律、法规、规章或者其他有关规定的，不予支持。

有权处理的机关、单位作出支持信访请求意见的，应当督促有关机关、单位执行；不予支持的，应当做好信访人的疏导教育工作。

第三十三条　各级机关、单位在处理申诉求决类事项过程中，可以在不违反政策法规强制性规定的情况下，在裁量权范围内，经争议双方当事人同意进行调解；可以引导争议双方当事人自愿和解。经调解、和解达成一致意见的，应当制作调解协议书或者和解协议书。

第三十四条　对本条例第三十一条第六项规定的信访事项应当自受理之日起 60 日内办结；情况复杂的，经本机关、单位负责人批准，可以适当延长办理期限，但延长期限不得超过 30 日，并告知信访人延期理由。

第三十五条　信访人对信访处理意见不服的，可以自收到书面答复之日起 30 日内请求原办理机关、单位的上一级机关、单位复查。收到复查请求的机关、单位应当自收到复查请求之日起 30 日内提出复查意见，并予以书面答复。

第三十六条 信访人对复查意见不服的，可以自收到书面答复之日起30日内向复查机关、单位的上一级机关、单位请求复核。收到复核请求的机关、单位应当自收到复核请求之日起30日内提出复核意见。

复核机关、单位可以按照本条例第三十一条第六项的规定举行听证，经过听证的复核意见可以依法向社会公示。听证所需时间不计算在前款规定的期限内。

信访人对复核意见不服，仍然以同一事实和理由提出投诉请求的，各级党委和政府信访部门和其他机关、单位不再受理。

第三十七条 各级机关、单位应当坚持社会矛盾纠纷多元预防调处化解，人民调解、行政调解、司法调解联动，综合运用法律、政策、经济、行政等手段和教育、协商、疏导等办法，多措并举化解矛盾纠纷。

各级机关、单位在办理信访事项时，对生活确有困难的信访人，可以告知或者帮助其向有关机关或者机构依法申请社会救助。符合国家司法救助条件的，有关政法部门应当按照规定给予司法救助。

地方党委和政府以及基层党组织和基层单位对信访事项已经复查复核和涉法涉诉信访事项已经依法终结的相关信访人，应当做好疏导教育、矛盾化解、帮扶救助等工作。

第五章 监督和追责

第三十八条 各级党委和政府应当对开展信访工作、落实信访工作责任的情况组织专项督查。

信访工作联席会议及其办公室、党委和政府信访部门应当根据工作需要开展督查，就发现的问题向有关地方和部门进行反馈，重要问题向本级党委和政府报告。

各级党委和政府督查部门应当将疑难复杂信访问题列入督查范围。

第三十九条 各级党委和政府应当以依规依法及时就地解决信访问题为

导向，每年对信访工作情况进行考核。考核结果应当在适当范围内通报，并作为对领导班子和有关领导干部综合考核评价的重要参考。

对在信访工作中作出突出成绩和贡献的机关、单位或者个人，可以按照有关规定给予表彰和奖励。

对在信访工作中履职不力、存在严重问题的领导班子和领导干部，视情节轻重，由信访工作联席会议进行约谈、通报、挂牌督办，责令限期整改。

第四十条　党委和政府信访部门发现有关机关、单位存在违反信访工作规定受理、办理信访事项，办理信访事项推诿、敷衍、拖延、弄虚作假或者拒不执行信访处理意见等情形的，应当及时督办，并提出改进工作的建议。

对工作中发现的有关政策性问题，应当及时向本级党委和政府报告，并提出完善政策的建议。

对在信访工作中推诿、敷衍、拖延、弄虚作假造成严重后果的机关、单位及其工作人员，应当向有管理权限的机关、单位提出追究责任的建议。

对信访部门提出的改进工作、完善政策、追究责任的建议，有关机关、单位应当书面反馈采纳情况。

第四十一条　党委和政府信访部门应当编制信访情况年度报告，每年向本级党委和政府、上一级党委和政府信访部门报告。年度报告应当包括下列内容：

（一）信访事项的数据统计、信访事项涉及领域以及被投诉较多的机关、单位；

（二）党委和政府信访部门转送、交办、督办情况；

（三）党委和政府信访部门提出改进工作、完善政策、追究责任建议以及被采纳情况；

（四）其他应当报告的事项。

根据巡视巡察工作需要，党委和政府信访部门应当向巡视巡察机构提供被巡视巡察地区、单位领导班子及其成员和下一级主要负责人有关信访举报，落实信访工作责任制，具有苗头性、倾向性的重要信访问题，需要巡视巡察工作关注的重要信访事项等情况。

第四十二条 因下列情形之一导致信访事项发生，造成严重后果的，对直接负责的主管人员和其他直接责任人员，依规依纪依法严肃处理；构成犯罪的，依法追究刑事责任：

（一）超越或者滥用职权，侵害公民、法人或者其他组织合法权益；

（二）应当作为而不作为，侵害公民、法人或者其他组织合法权益；

（三）适用法律、法规错误或者违反法定程序，侵害公民、法人或者其他组织合法权益；

（四）拒不执行有权处理机关、单位作出的支持信访请求意见。

第四十三条 各级党委和政府信访部门对收到的信访事项应当登记、转送、交办而未按照规定登记、转送、交办，或者应当履行督办职责而未履行的，由其上级机关责令改正；造成严重后果的，对直接负责的主管人员和其他直接责任人员依规依纪依法严肃处理。

第四十四条 负有受理信访事项职责的机关、单位有下列情形之一的，由其上级机关、单位责令改正；造成严重后果的，对直接负责的主管人员和其他直接责任人员依规依纪依法严肃处理：

（一）对收到的信访事项不按照规定登记；

（二）对属于其职权范围的信访事项不予受理；

（三）未在规定期限内书面告知信访人是否受理信访事项。

第四十五条 对信访事项有权处理的机关、单位有下列情形之一的，由其上级机关、单位责令改正；造成严重后果的，对直接负责的主管人员和其他直接责任人员依规依纪依法严肃处理：

（一）推诿、敷衍、拖延信访事项办理或者未在规定期限内办结信访事项；

（二）对事实清楚，符合法律、法规、规章或者其他有关规定的投诉请求未予支持；

（三）对党委和政府信访部门提出的改进工作、完善政策等建议重视不够、落实不力，导致问题长期得不到解决；

（四）其他不履行或者不正确履行信访事项处理职责的情形。

第四十六条 有关机关、单位及其领导干部、工作人员有下列情形之一的，由其上级机关、单位责令改正；造成严重后果的，对直接负责的主管人员和其他直接责任人员依规依纪依法严肃处理；构成犯罪的，依法追究刑事责任：

（一）对待信访人态度恶劣、作风粗暴，损害党群干群关系；

（二）在处理信访事项过程中吃拿卡要、谋取私利；

（三）对规模性集体访、负面舆情等处置不力，导致事态扩大；

（四）对可能造成社会影响的重大、紧急信访事项和信访信息隐瞒、谎报、缓报，或者未依法及时采取必要措施；

（五）将信访人的检举、揭发材料或者有关情况透露、转给被检举、揭发的人员或者单位；

（六）打击报复信访人；

（七）其他违规违纪违法的情形。

第四十七条 信访人违反本条例第二十条、第二十六条规定的，有关机关、单位工作人员应当对其进行劝阻、批评或者教育。

信访人滋事扰序、缠访闹访情节严重，构成违反治安管理行为的，或者违反集会游行示威相关法律法规的，由公安机关依法采取必要的现场处置措施、给予治安管理处罚；构成犯罪的，依法追究刑事责任。

信访人捏造歪曲事实、诬告陷害他人，构成违反治安管理行为的，依法给予治安管理处罚；构成犯罪的，依法追究刑事责任。

第六章 附 则

第四十八条 对外国人、无国籍人、外国组织信访事项的处理，参照本条例执行。

第四十九条 本条例由国家信访局负责解释。

第五十条 本条例自 2022 年 5 月 1 日起施行。

为加强和改进新时代信访工作提供有力制度保障*

——国家信访局负责人就《信访工作条例》答记者问

日前，中共中央、国务院印发了《信访工作条例》（以下简称《条例》）。国家信访局负责人就有关问题，回答了记者的提问。

问：请介绍一下《条例》制定出台的背景？

答：我们党历来高度重视信访工作。党的十八大以来，党中央对信访工作作出一系列重要决策部署，习近平总书记就加强和改进人民信访工作作出一系列重要指示批示，为做好新时代信访工作提供了根本遵循。随着中国特色社会主义进入新时代，我国社会主要矛盾已转化为人民日益增长的美好生活需要和不平衡不充分的发展之间的矛盾，信访工作面临着许多新情况新问题，必须主动适应形势的变化和任务的需要，全面加强党对信访工作的领导，全面提升信访工作的规范化法治化制度化水平，更好担负起为民解难、为党分忧的职责使命。党中央着眼健全为人民执政、靠人民执政的制度，对制定《条例》作出部署安排。按照党中央要求，国家信访局党组深入学习贯彻习近平总书记关于加强和改进人民信访工作的重要思想，认真总结党的十八大以来推进网上信访、诉访分离、依法分类处理等信访工作制度改革成果，全面吸收融合2005年发布实施的国务院《信访条例》内容，广泛征求吸纳各方意见，反复修改完善，形成《信访工作条例（送审稿）》报请党中央审议。2022年1月24日，习近平总书记主持召开中央政治局会议，审议批准《条例》。2月25日，中共中央、国务院发布《条例》。

问：《条例》的出台有何重大意义？

答：信访工作是党的群众工作的重要组成部分，是了解社情民意的重要

---

* 来源：新华社。

窗口。《条例》以习近平新时代中国特色社会主义思想为指导，深入贯彻习近平总书记关于加强和改进人民信访工作的重要思想，总结党长期以来领导和开展信访工作经验特别是党的十八大以来信访工作制度改革成果，坚持和加强党对信访工作的全面领导，理顺信访工作体制机制，进一步规范和加强信访工作，是新时代信访工作的基本遵循。第一，《条例》是坚持和加强党对信访工作领导的重要制度安排。制定出台《条例》，坚持党中央对信访工作的集中统一领导，坚持和加强党对信访工作的全面领导，对于提高党领导信访工作的制度化、规范化水平具有重要意义，必将充分发挥党总揽全局、协调各方的领导核心作用，确保信访工作始终沿着正确的政治方向前进。第二，《条例》是坚持人民至上、保持党和政府同人民群众血肉联系的重要举措。制定出台《条例》，坚持以人民为中心的发展思想，构建群众提出批评、建议、申诉、控告或者检举的通道，对于推动信访工作充分发挥了解民情、集中民智、维护民利、凝聚民心的作用，当好党和政府联系群众的桥梁纽带具有重要意义，必将进一步增强群众对党和政府的信任，厚植党长期执政的群众基础。第三，《条例》为加强和改进新时代信访工作提供有力制度保障。制定出台《条例》，站在新的历史起点上纵深推进信访工作制度改革，进一步理顺信访工作体制机制，对于提高信访工作能力和水平，及时反映群众呼声，着力化解突出问题具有重要意义，必将推动信访工作实现高质量发展，更加适应形势和任务需要，更好服务党和国家工作大局。

问：《条例》的主要内容是什么？

答：《条例》围绕做好新时代信访工作的体制机制、职责任务、处理程序、监督体系等进行顶层设计，共6章50条，主要有以下四个方面内容：一是规定做好新时代信访工作的总体要求。明确了《条例》的制定目的和依据、适用范围，对信访工作的地位作用、指导思想、主要原则及工作要求等作出规定。二是规定信访工作体制和工作格局。确立了党领导下的信访工作体制和格局，明确党委、政府、信访工作联席会议、信访部门以及各方力量在信访工作中的定位和职责，同时明确了信访工作保障措施。三是规定信访事项处理程序。明确各类信访事项提出、受理、办理的形式、渠道、程序和方式，体现了党的机关、人大机关、行政机关、政协机关、监察机关、审判机关、检察机关等处理信访事项不同的程序要求。四是规定信访工作监督体系。健全信访工作监督机制，对责任追究的情形和方式等作出明确规定。

问：《条例》明确的适用范围是什么？

答：《条例》适用于各级党的机关、人大机关、行政机关、政协机关、监察机关、审判机关、检察机关，以及群团组织、国有企事业单位等开展信访工作。公民、法人或者其他组织通过信访渠道，向上述各级机关、单位反映情况，提出建议、意见或者投诉请求等，应当符合《条例》规定要求。

问：《条例》对信访工作定位是如何规定的？

答：《条例》明确新时代信访工作“三个重要”的定位，即：信访工作是党的群众工作的重要组成部分，是党和政府了解民情、集中民智、维护民利、凝聚民心的一项重要工作，是各级机关、单位及其领导干部、工作人员接受群众监督、改进工作作风的重要途径。“三个重要”的定位遵循了习近平总书记关于加强和改进人民信访工作的重要思想，集中体现了信访工作的政治性和人民性，体现了信访工作在党和国家工作大局中的重要地位和承担的重要任务，进一步明确了新时代信访工作的发展方向和着力点。

问：《条例》对信访工作体制是如何规定的？

答：《条例》第二章“信访工作体制”，明确健全党领导信访工作的体制机制，构建党委统一领导、政府组织落实、信访工作联席会议协调、信访部门推动、各方齐抓共管的信访工作格局。在党委统一领导方面，明确党中央加强对信访工作的集中统一领导，规定地方党委领导本地区信访工作，贯彻落实党中央决策部署，执行上级党组织部署要求，统筹信访工作责任体系构建，支持和督促下级党组织做好信访工作。在政府组织落实方面，规定各级政府贯彻落实上级党委和政府以及本级党委部署要求，履行组织各方力量及时妥善处理信访事项，研究解决政策性、群体性信访突出问题和疑难复杂信访问题等职责。在信访工作联席会议协调方面，规定中央信访工作联席会议统筹协调、整体推进、督促落实全国信访工作，同时进一步规范地方信访工作联席会议的设置和运行。在信访部门推动方面，规定党委和政府信访部门是开展信访工作的专门机构，承担受理、转送、交办信访事项，协调解决重要信访问题，督促检查重要信访事项的处理和落实等工作职责，同时规定其他机关、单位应当根据信访工作形势任务明确负责信访工作的机构或者人员。在各方齐抓共管方面，规定各级党委和政府以外的其他机关、单位应当做好各自职责范围内的信访工作，拓宽完善社会力量参与信访工作的制度化渠道。《条例》还从信访部门建设、干部教育培训、经费支持等方面明确信访工作保障措施。

问：《条例》对信访人提出信访事项有哪些要求？

答：《条例》规定信访人可以采用信息网络、书信、电话、传真、走访等形式，向各级机关、单位反映情况，提出建议、意见或者投诉请求，并对信访人提出信访事项明确了三个方面的要求：一是规定信访人一般应当采用书面形式提出信访事项，提出信访事项应当客观真实，同时对信访事项已经受理或者正在办理的，信访人在规定期限内向受理、办理机关、单位的上级机关、单位又提出同一信访事项的等情形，作出了相关规定。二是规定信访人采用走访形式提出信访事项的，应当到有权处理的本级或者上一级机关、单位设立或者指定的接待场所提出；多人走访提出共同的信访事项，应当推选不超过 5 人的代表。走访提出涉及诉讼权利救济的信访事项，应当按照法律法规规定的程序向有关政法部门提出。进一步压实属地责任，规定各级机关、单位应当认真接待处理群众来访，把问题解决在当地，引导信访人就地反映问题。三是规定信访人在信访过程中应当遵守相关法律、法规，不得损害国家、社会、集体的利益和其他公民的合法权利，自觉维护社会公共秩序和信访秩序，不得有在机关、单位办公场所周围、公共场所非法聚集等行为。

问：《条例》中对信访事项的受理办理程序是如何规定的？

答：根据信访事项性质的不同，《条例》区分建议意见类、检举控告类、申诉求决类事项，分别明确了受理办理程序，保证合理合法诉求依照法律规定和程序就能得到合理合法的结果。针对建议意见类信访事项，规定有权处理的机关、单位应当认真研究论证；同时规定各级党委和政府应当健全人民建议征集制度，主动听取群众的建议意见。针对检举控告类信访事项，规定纪检监察机关或者有权处理的机关、单位应当依规依纪依法接收、受理、办理和反馈，党委和政府信访部门应当按照干部管理权限向有关部门和负责同志通报、报送反映干部问题的信访情况。针对申诉求决类事项，进一步细分为六种情形进行处理：一是涉法涉诉事项办理程序，适用于审判机关、检察机关、公安机关；二是仲裁程序，适用于仲裁部门；三是办理党员申诉等事项的党内程序，适用于党的机关；四是办理行政复议等事项的行政程序；五是依法履行查处违法行为职责，适用于行政机关；六是不属于以上情形的事项，听取信访人陈述事实和理由，并调查核实，出具信访处理意见书，适用于所有机关、单位。对属于第六种情形的事项，信访人可以申请复查复核。

问：《条例》构建了怎样的信访工作监督体系？对违反规定的情形如何进行责任追究？

答：有效的监督是确保责任落实的必要条件。《条例》构建了包括监督责任、监督机制、责任追究在内的监督体系。一是强化信访工作督查，规定党委和政府组织专项督查，信访工作联席会议及其办公室、信访部门根据工作需要开展督查，党委和政府督查部门将疑难复杂信访问题列入督查范围。二是强化信访工作考核，规定党委和政府每年对信访工作情况进行考核、通报，注重考核结果运用。三是强化信访部门提出改进工作、完善政策和追究责任“三项建议”的职责，建立信访情况报告制度，做好与巡视巡查工作、干部监督工作的衔接等。

同时，《条例》对需要进行责任追究的情形和方式作出明确规定。对机关、单位，规定引发问题责任、登记转送交办责任、受理问题责任、处理问题责任以及其他责任，对违反责任的机关、单位及人员依规依纪依法严肃处理。对信访人，规定滋事扰序、缠访闹访情节严重，构成违反治安管理行为的，或者违反集会游行示威相关法律法规的，由公安机关依法采取必要的现场处置措施、给予治安管理处罚；构成犯罪的，依法追究刑事责任。

问：如何抓好《条例》的学习宣传和贯彻落实工作？

答：党中央对各地区各部门做好《条例》学习宣传和贯彻落实工作提出了明确要求。中央信访工作联席会议、国家信访局将从以下方面督促指导抓好《条例》的贯彻落实。一是加强学习宣传。认真组织开展学习培训和宣传解读，全面准确把握《条例》基本精神和主要内容，以学习贯彻《条例》为契机，在全社会营造办事依法、遇事找法、解决问题用法、化解矛盾靠法的良好环境。二是健全体制机制。认真落实《条例》规定，完善配套措施，推动形成健全完备、运行有效的信访工作制度体系。推动各地区各部门做好《条例》实施和国务院《信访条例》按法定程序废止前的相关工作衔接，确保顺畅平稳过渡。三是做好落实情况的督促检查。适时开展专题调研和督导，深入了解《条例》贯彻落实情况，强化问题导向，推动解决工作中的困难，把党中央关于信访工作的方针政策和决策部署落到实处。信访工作联席会议、信访部门将牢记为民解难、为党分忧的职责使命，坚持人民至上，主动担当作为，以贯彻实施《条例》为统领，不断提高工作能力和水平，不断提升信访工作规范化法治化水平。

相关法律法规

中华人民共和国宪法（节录）

（1982年12月4日第五届全国人民代表大会第五次会议通过　1982年12月4日全国人民代表大会公告公布施行　根据1988年4月12日第七届全国人民代表大会第一次会议通过的《中华人民共和国宪法修正案》、1993年3月29日第八届全国人民代表大会第一次会议通过的《中华人民共和国宪法修正案》、1999年3月15日第九届全国人民代表大会第二次会议通过的《中华人民共和国宪法修正案》、2004年3月14日第十届全国人民代表大会第二次会议通过的《中华人民共和国宪法修正案》和2018年3月11日第十三届全国人民代表大会第一次会议通过的《中华人民共和国宪法修正案》修正）

……

第二章　公民的基本权利和义务

第三十三条　凡具有中华人民共和国国籍的人都是中华人民共和国公民。

中华人民共和国公民在法律面前一律平等。

国家尊重和保障人权。

任何公民享有宪法和法律规定的权利，同时必须履行宪法和法律规定的义务。

第三十四条　中华人民共和国年满十八周岁的公民，不分民族、种族、性别、职业、家庭出身、宗教信仰、教育程度、财产状况、居住期限，都有选举权和被选举权；但是依照法律被剥夺政治权利的人除外。

第三十五条 中华人民共和国公民有言论、出版、集会、结社、游行、示威的自由。

第三十六条 中华人民共和国公民有宗教信仰自由。

任何国家机关、社会团体和个人不得强制公民信仰宗教或者不信仰宗教，不得歧视信仰宗教的公民和不信仰宗教的公民。

国家保护正常的宗教活动。任何人不得利用宗教进行破坏社会秩序、损害公民身体健康、妨碍国家教育制度的活动。

宗教团体和宗教事务不受外国势力的支配。

第三十七条 中华人民共和国公民的人身自由不受侵犯。

任何公民，非经人民检察院批准或者决定或者人民法院决定，并由公安机关执行，不受逮捕。

禁止非法拘禁和以其他方法非法剥夺或者限制公民的人身自由，禁止非法搜查公民的身体。

第三十八条 中华人民共和国公民的人格尊严不受侵犯。禁止用任何方法对公民进行侮辱、诽谤和诬告陷害。

第三十九条 中华人民共和国公民的住宅不受侵犯。禁止非法搜查或者非法侵入公民的住宅。

第四十条 中华人民共和国公民的通信自由和通信秘密受法律的保护。除因国家安全或者追查刑事犯罪的需要，由公安机关或者检察机关依照法律规定的程序对通信进行检查外，任何组织或者个人不得以任何理由侵犯公民的通信自由和通信秘密。

第四十一条 中华人民共和国公民对于任何国家机关和国家工作人员，有提出批评和建议的权利；对于任何国家机关和国家工作人员的违法失职行为，有向有关国家机关提出申诉、控告或者检举的权利，但是不得捏造或者歪曲事实进行诬告陷害。

对于公民的申诉、控告或者检举，有关国家机关必须查清事实，负责处理。任何人不得压制和打击报复。

由于国家机关和国家工作人员侵犯公民权利而受到损失的人，有依照法律规定取得赔偿的权利。

第四十二条 中华人民共和国公民有劳动的权利和义务。

国家通过各种途径，创造劳动就业条件，加强劳动保护，改善劳动条件，并在发展生产的基础上，提高劳动报酬和福利待遇。

劳动是一切有劳动能力的公民的光荣职责。国有企业和城乡集体经济组织的劳动者都应当以国家主人翁的态度对待自己的劳动。国家提倡社会主义劳动竞赛，奖励劳动模范和先进工作者。国家提倡公民从事义务劳动。

国家对就业前的公民进行必要的劳动就业训练。

第四十三条 中华人民共和国劳动者有休息的权利。

国家发展劳动者休息和休养的设施，规定职工的工作时间和休假制度。

第四十四条 国家依照法律规定实行企业事业组织的职工和国家机关工作人员的退休制度。退休人员的生活受到国家和社会的保障。

第四十五条 中华人民共和国公民在年老、疾病或者丧失劳动能力的情况下，有从国家和社会获得物质帮助的权利。国家发展为公民享受这些权利所需要的社会保险、社会救济和医疗卫生事业。

国家和社会保障残废军人的生活，抚恤烈士家属，优待军人家属。

国家和社会帮助安排盲、聋、哑和其他有残疾的公民的劳动、生活和教育。

第四十六条 中华人民共和国公民有受教育的权利和义务。

国家培养青年、少年、儿童在品德、智力、体质等方面全面发展。

第四十七条 中华人民共和国公民有进行科学研究、文学艺术创作和其他文化活动的自由。国家对于从事教育、科学、技术、文学、艺术和其他文化事业的公民的有益于人民的创造性工作，给以鼓励和帮助。

第四十八条 中华人民共和国妇女在政治的、经济的、文化的、社会的和家庭的生活等各方面享有同男子平等的权利。

国家保护妇女的权利和利益，实行男女同工同酬，培养和选拔妇女干部。

第四十九条 婚姻、家庭、母亲和儿童受国家的保护。

夫妻双方有实行计划生育的义务。

父母有抚养教育未成年子女的义务，成年子女有赡养扶助父母的义务。

禁止破坏婚姻自由，禁止虐待老人、妇女和儿童。

第五十条 中华人民共和国保护华侨的正当的权利和利益，保护归侨和侨眷的合法的权利和利益。

第五十一条 中华人民共和国公民在行使自由和权利的时候，不得损害国家的、社会的、集体的利益和其他公民的合法的自由和权利。

第五十二条 中华人民共和国公民有维护国家统一和全国各民族团结的义务。

第五十三条 中华人民共和国公民必须遵守宪法和法律，保守国家秘密，爱护公共财产，遵守劳动纪律，遵守公共秩序，尊重社会公德。

第五十四条 中华人民共和国公民有维护祖国的安全、荣誉和利益的义务，不得有危害祖国的安全、荣誉和利益的行为。

第五十五条 保卫祖国、抵抗侵略是中华人民共和国每一个公民的神圣职责。

依照法律服兵役和参加民兵组织是中华人民共和国公民的光荣义务。

第五十六条 中华人民共和国公民有依照法律纳税的义务。

……

中国共产党党内监督条例（节录）

（2016年10月27日中国共产党第十八届中央委员会第六次全体会议通过）

第一章　总　　则

……

第四条　党内监督必须贯彻民主集中制，依规依纪进行，强化自上而下的组织监督，改进自下而上的民主监督，发挥同级相互监督作用。坚持惩前毖后、治病救人，抓早抓小、防微杜渐。

……

第九条　建立健全党中央统一领导，党委（党组）全面监督，纪律检查机关专责监督，党的工作部门职能监督，党的基层组织日常监督，党员民主监督的党内监督体系。

……

第四章　党的纪律检查委员会的监督

……

第二十九条　认真处理信访举报，做好问题线索分类处置，早发现早报告，对社会反映突出、群众评价较差的领导干部情况及时报告，对重要检举事项应当集体研究。定期分析研判信访举报情况，对信访反映的典型性、普遍性问题提出有针对性的处置意见，督促信访举报比较集中的地方和部门查找分析原因并认真整改。

……

第六章 党内监督和外部监督相结合

第三十七条 各级党委应当支持和保证同级人大、政府、监察机关、司法机关等对国家机关及公职人员依法进行监督，人民政协依章程进行民主监督，审计机关依法进行审计监督。有关国家机关发现党的领导干部违反党规党纪、需要党组织处理的，应当及时向有关党组织报告。审计机关发现党的领导干部涉嫌违纪的问题线索，应当向同级党组织报告，必要时向上级党组织报告，并按照规定将问题线索移送相关纪律检查机关处理。

在纪律审查中发现党的领导干部严重违纪涉嫌违法犯罪的，应当先作出党纪处分决定，再移送行政机关、司法机关处理。执法机关和司法机关依法立案查处涉及党的领导干部案件，应当向同级党委、纪委通报；该干部所在党组织应当根据有关规定，中止其相关党员权利；依法受到刑事责任追究，或者虽不构成犯罪但涉嫌违纪的，应当移送纪委依纪处理。

……

中国共产党巡视工作条例（节录）

（2015年6月26日中共中央政治局会议审议批准　2015年8月3日中共中央发布　2024年1月31日中共中央政治局会议第二次修订　2024年2月8日中共中央发布）

……

第二章　组织领导和机构职责

……

第十四条　纪检监察机关、组织部门应当协助同级党组织开展巡视工作，宣传、统战、政法、保密、审计、财政、统计、信访等部门和单位应当支持巡视工作，协同做好人员选派、情况通报、政策咨询、问题研判、措施配合、整改监督、成果运用等工作。

纪检监察机关派驻机构应当依据有关规定，协助驻在单位（含综合监督单位）党组、党委开展巡视工作。

……

第四章　工作程序、方式和权限

第二十一条　巡视组开展巡视前，根据工作需要，应当听取同级纪检监察机关和组织、宣传、统战、政法、保密、审计、财政、统计、信访等部门和单位关于被巡视党组织领导班子及其成员的有关情况通报。

……

党政领导干部选拔任用工作条例（节录）

（2019年1月25日中共中央政治局会议审议批准　2019年3月3日中共中央发布）

……

第五章　考　　察

……

第三十一条　考察党政领导职务拟任人选，应当听取考察对象所在单位组织（人事）部门、纪检监察机关、机关党组织的意见，根据需要可以听取巡视巡察机构、审计机关和其他相关部门意见。

组织（人事）部门必须严格审核考察对象的干部人事档案，查核个人有关事项报告，就党风廉政情况听取纪检监察机关意见，对反映问题线索具体、有可查性的信访举报进行核查。对需要进行经济责任审计的考察对象，应当事先按照有关规定进行审计。

考察对象呈报单位或者所在单位党委（党组）必须就考察对象廉洁自律情况提出结论性意见，并由党委（党组）书记、纪委书记（纪检监察组组长）签字。机关内设机构领导职务的拟任人选考察对象，也应当由相关党组织和纪检监察机构出具廉洁自律情况结论性意见。

第三十二条　考察党政领导职务拟任人选，必须形成书面考察材料，建立考察文书档案。已经任职的，考察材料归入本人干部人事档案。考察材料必须写实，评判应当全面、准确、客观，用具体事例反映考察对象的情况，包括下列内容：

（一）德、能、勤、绩、廉方面的主要表现以及主要特长、行为特征；

（二）主要缺点和不足；

（三）民主推荐、民主测评、考察谈话情况；

（四）审核干部人事档案、查核个人有关事项报告、听取纪检监察机关意见、核查信访举报等情况的结论。

……

第六章 讨论决定

……

第三十七条 有下列情形之一的，不得提交会议讨论：

（一）没有按照规定进行民主推荐、考察的；

（二）拟任人选所在单位党委（党组）对廉洁自律情况没有作出结论性意见的，或者纪检监察机关未反馈意见的，或者纪检监察机关有不同意见的；

（三）个人有关事项报告未查核或者经查核存疑尚未查清的；

（四）线索具体、有可查性的信访举报尚未调查清楚的；

（五）干部人事档案中身份、年龄、工龄、党龄、学历、经历等存疑尚未查清的；

（六）巡视巡察、审计等工作中发现重大问题尚未作出结论的；

（七）没有按照规定向上级报告或者报告后未经批复同意的干部任免事项；

（八）其他原因不宜提交会议讨论的。

……

第十一章 纪律和监督

……

第六十三条 实行地方党委组织部门和纪检监察、巡视巡察、机构编制、审计、信访等有关机构联席会议制度，就加强对干部选拔任用工作的监督，沟通信息、交流情况、研究问题，提出意见和建议。联席会议由组织部门召集。

……

中国共产党纪律处分条例

（2003 年 12 月 23 日中共中央政治局会议审议批准 2003 年 12 月 31 日中共中央发布 2023 年 12 月 8 日中共中央政治局会议第三次修订 2023 年 12 月 19 日中共中央发布）

第一编 总 则

第一章 总体要求和适用范围

第一条 为了维护党章和其他党内法规，严肃党的纪律，纯洁党的组织，保障党员民主权利，教育党员遵纪守法，维护党的团结统一，保证党的理论、路线、方针、政策、决议和国家法律法规的贯彻执行，根据《中国共产党章程》，制定本条例。

第二条 党的纪律建设必须坚持以马克思列宁主义、毛泽东思想、邓小平理论、“三个代表”重要思想、科学发展观、习近平新时代中国特色社会主义思想为指导，坚持和加强党的全面领导，坚决维护习近平总书记党中央的核心、全党的核心地位，坚决维护以习近平同志为核心的党中央权威和集中统一领导，弘扬伟大建党精神，坚持自我革命，贯彻全面从严治党战略方针，落实新时代党的建设总要求，推动解决大党独有难题、健全全面从严治党体系，全面加强党的纪律建设，为以中国式现代化全面推进强国建设、民族复兴伟业提供坚强纪律保障。

第三条 党章是最根本的党内法规，是管党治党的总规矩。党的纪律是党的各级组织和全体党员必须遵守的行为规则。党组织和党员必须坚守初心使命，牢固树立政治意识、大局意识、核心意识、看齐意识，始终坚定道路自信、理论自信、制度自信、文化自信，切实践行正确的权力观、政绩观、事业观，自觉遵守和维护党章，严格执行和维护党的纪律，自觉接受党的纪律约束，模范遵守国家法律法规。

第四条 党的纪律处分工作遵循下列原则：

（一）坚持党要管党、全面从严治党。把严的基调、严的措施、严的氛围长期坚持下去，加强对党的各级组织和全体党员的教育、管理和监督，把纪律挺在前面，抓早抓小、防微杜渐。

（二）党纪面前一律平等。对违犯党纪的党组织和党员必须严肃、公正执行纪律，党内不允许有任何不受纪律约束的党组织和党员。

（三）实事求是。对党组织和党员违犯党纪的行为，应当以事实为依据，以党章、其他党内法规和国家法律法规为准绳，执纪执法贯通，准确认定行为性质，区别不同情况，恰当予以处理。

（四）民主集中制。实施党纪处分，应当按照规定程序经党组织集体讨论决定，不允许任何个人或者少数人擅自决定和批准。上级党组织对违犯党纪的党组织和党员作出的处理决定，下级党组织必须执行。

（五）惩前毖后、治病救人。处理违犯党纪的党组织和党员，应当实行惩戒与教育相结合，做到宽严相济。

第五条 深化运用监督执纪“四种形态”，经常开展批评和自我批评，及时进行谈话提醒、批评教育、责令检查、诫勉，让“红红脸、出出汗”成为常态；党纪轻处分、组织调整成为违纪处理的大多数；党纪重处分、重大职务调整的成为少数；严重违纪涉嫌犯罪追究刑事责任的成为极少数。

第六条 本条例适用于违犯党纪应当受到党纪责任追究的党组织和党员。

第二章 违纪与纪律处分

第七条 党组织和党员违反党章和其他党内法规，违反国家法律法规，违反党和国家政策，违反社会主义道德，危害党、国家和人民利益的行为，依照规定应当给予纪律处理或者处分的，都必须受到追究。

重点查处党的十八大以来不收敛、不收手，问题线索反映集中、群众反映强烈，政治问题和经济问题交织的腐败案件，违反中央八项规定精神的问题。

第八条 对党员的纪律处分种类：

（一）警告；

（二）严重警告；

（三）撤销党内职务；

（四）留党察看；

（五）开除党籍。

第九条 对于违犯党纪的党组织，上级党组织应当责令其作出书面检查或者给予通报批评。对于严重违犯党纪、本身又不能纠正的党组织，上一级党的委员会在查明核实后，根据情节严重的程度，可以予以：

（一）改组；

（二）解散。

第十条 党员受到警告处分一年内、受到严重警告处分一年半内，不得在党内提拔职务或者进一步使用，也不得向党外组织推荐担任高于其原任职务的党外职务或者进一步使用。

第十一条 撤销党内职务处分，是指撤销受处分党员由党内选举或者组织任命的党内职务。对于在党内担任两个以上职务的，党组织在作处分决定时，应当明确是撤销其一切职务还是一个或者几个职务。如果决定撤销其一个职务，必须撤销其担任的最高职务。如果决定撤销其两个以上职务，则必须从其担任的最高职务开始依次撤销。对于在党外组织担任职务的，应当建议党外组织撤销其党外职务。

对于在立案审查中因涉嫌违犯党纪被免职的党员，审查后依照本条例规定应当给予撤销党内职务处分的，应当按照其原任职务给予撤销党内职务处分。对于应当受到撤销党内职务处分，但是本人没有担任党内职务的，应当给予其严重警告处分。同时，在党外组织担任职务的，应当建议党外组织撤销其党外职务。

党员受到撤销党内职务处分，或者依照前款规定受到严重警告处分的，二年内不得在党内担任和向党外组织推荐担任与其原任职务相当或者高于其原任职务的职务。

第十二条 留党察看处分，分为留党察看一年、留党察看二年。对于受到留党察看处分一年的党员，期满后仍不符合恢复党员权利条件的，应当延长一年留党察看期限。留党察看期限最长不得超过二年。

党员受留党察看处分期间，没有表决权、选举权和被选举权。留党察看期间，确有悔改表现的，期满后恢复其党员权利；坚持不改或者又发现其他应当受到党纪处分的违纪行为的，应当开除党籍。

党员受到留党察看处分，其党内职务自然撤销。对于担任党外职务的，应当建议党外组织撤销其党外职务。受到留党察看处分的党员，恢复党员权利后二年内，不得在党内担任和向党外组织推荐担任与其原任职务相当或者高于其原任职务的职务。

第十三条 党员受到开除党籍处分，五年内不得重新入党，也不得推荐担任与其原任职务相当或者高于其原任职务的党外职务。另有规定不准重新入党的，依照规定。

第十四条 党员干部受到党纪处分，需要同时进行组织处理的，党组织应当按照规定给予组织处理。

党的各级代表大会的代表受到留党察看以上处分的，党组织应当终止其代表资格。

第十五条 对于受到改组处理的党组织领导机构成员，除应当受到撤销党内职务以上处分的外，均自然免职。

第十六条 对于受到解散处理的党组织中的党员，应当逐个审查。其中，符合党员条件的，应当重新登记，并参加新的组织过党的生活；不符合党员条件的，应当对其进行教育、限期改正，经教育仍无转变的，予以劝退或者除名；有违纪行为的，依照规定予以追究。

第三章 纪律处分运用规则

第十七条 有下列情形之一的，可以从轻或者减轻处分：

（一）主动交代本人应当受到党纪处分的问题；

（二）在组织谈话函询、初步核实、立案审查过程中，能够配合核实审查工作，如实说明本人违纪违法事实；

（三）检举同案人或者其他人应当受到党纪处分或者法律追究的问题，经查证属实，或者有其他立功表现；

（四）主动挽回损失、消除不良影响或者有效阻止危害结果发生；

（五）主动上交或者退赔违纪所得；

（六）党内法规规定的其他从轻或者减轻处分情形。

第十八条　根据案件的特殊情况，由中央纪委决定或者经省（部）级纪委（不含副省级市纪委）决定并呈报中央纪委批准，对违纪党员也可以在本条例规定的处分幅度以外减轻处分。

第十九条　对于党员违犯党纪应当给予警告或者严重警告处分，但是具有本条例第十七条规定的情形之一或者本条例分则中另有规定的，可以给予批评教育、责令检查、诫勉或者组织处理，免予党纪处分。对违纪党员免予处分，应当作出书面结论。

党员有作风纪律方面的苗头性、倾向性问题或者违犯党纪情节轻微的，可以给予谈话提醒、批评教育、责令检查等，或者予以诫勉，不予党纪处分。

党员行为虽然造成损失或者后果，但不是出于故意或者过失，而是由于不可抗力等原因所引起的，不追究党纪责任。

第二十条　有下列情形之一的，应当从重或者加重处分：

（一）强迫、唆使他人违纪；

（二）拒不上交或者退赔违纪所得；

（三）违纪受处分后又因故意违纪应当受到党纪处分；

（四）违纪受处分后，又被发现其受处分前没有交代的其他应当受到党纪处分的问题；

（五）党内法规规定的其他从重或者加重处分情形。

第二十一条　党员在党纪处分影响期内又受到党纪处分的，其影响期为原处分尚未执行的影响期与新处分影响期之和。

第二十二条 从轻处分，是指在本条例规定的违纪行为应当受到的处分幅度以内，给予较轻的处分。

从重处分，是指在本条例规定的违纪行为应当受到的处分幅度以内，给予较重的处分。

第二十三条 减轻处分，是指在本条例规定的违纪行为应当受到的处分幅度以外，减轻一档给予处分。

加重处分，是指在本条例规定的违纪行为应当受到的处分幅度以外，加重一档给予处分。

本条例规定的只有开除党籍处分一个档次的违纪行为，不适用第一款减轻处分的规定。

第二十四条 一人有本条例规定的两种以上应当受到党纪处分的违纪行为，应当合并处理，按其数种违纪行为中应当受到的最高处分加重一档给予处分；其中一种违纪行为应当受到开除党籍处分的，应当给予开除党籍处分。

第二十五条 一个违纪行为同时触犯本条例两个以上条款的，依照处分较重的条款定性处理。

一个条款规定的违纪构成要件全部包含在另一个条款规定的违纪构成要件中，特别规定与一般规定不一致的，适用特别规定。

第二十六条 二人以上共同故意违纪的，对为首者，从重处分，本条例另有规定的除外；对其他成员，按照其在共同违纪中所起的作用和应负的责任，分别给予处分。

对于经济方面共同违纪的，按照个人参与数额及其所起作用，分别给予处分。对共同违纪的为首者，情节严重的，按照共同违纪的总数额处分。

教唆他人违纪的，应当按照其在共同违纪中所起的作用追究党纪责任。

第二十七条 党组织领导机构集体作出违犯党纪的决定或者实施其他违犯党纪的行为，对具有共同故意的成员，按共同违纪处理；对过失违纪的成员，按照各自在集体违纪中所起的作用和应负的责任分别给予处分。

第四章　对违法犯罪党员的纪律处分

第二十八条 对违法犯罪的党员，应当按照规定给予党纪处分，做到适用纪律和适用法律有机融合，党纪政务等处分相匹配。

第二十九条 党组织在纪律审查中发现党员有贪污贿赂、滥用职权、玩忽职守、权力寻租、利益输送、徇私舞弊、浪费国家资财等违反法律涉嫌犯罪行为的，应当给予撤销党内职务、留党察看或者开除党籍处分。

第三十条 党组织在纪律审查中发现党员有刑法规定的行为，虽不构成犯罪但须追究党纪责任的，或者有其他破坏社会主义市场经济秩序、违反治安管理等违法行为，损害党、国家和人民利益的，应当视具体情节给予警告直至开除党籍处分。

违反国家财经纪律，在公共资金收支、税务管理、国有资产管理、政府采购管理、金融管理、财务会计管理等财经活动中有违法行为的，依照前款规定处理。

党员有嫖娼或者吸食、注射毒品等丧失党员条件，严重败坏党的形象行为的，应当给予开除党籍处分。

第三十一条 党组织在纪律审查中发现党员严重违纪涉嫌违法犯罪的，原则上先作出党纪处分决定，并按照规定由监察机关给予政务处分或者由任免机关（单位）给予处分后，再移送有关国家机关依法处理。

第三十二条 党员被依法留置、逮捕的，党组织应当按照管理权限中止其表决权、选举权和被选举权等党员权利。根据监察机关、司法机关处理结果，可以恢复其党员权利的，应当及时予以恢复。

第三十三条 党员犯罪情节轻微，人民检察院依法作出不起诉决定的，或者人民法院依法作出有罪判决并免予刑事处罚的，应当给予撤销党内职务、留党察看或者开除党籍处分。

党员犯罪，被单处罚金的，依照前款规定处理。

第三十四条 党员犯罪，有下列情形之一的，应当给予开除党籍处分：

（一）因故意犯罪被依法判处刑法规定的主刑（含宣告缓刑）；

（二）被单处或者附加剥夺政治权利；

（三）因过失犯罪，被依法判处三年以上（不含三年）有期徒刑。

因过失犯罪被判处三年以下有期徒刑或者被判处管制、拘役的，一般应当开除党籍。对于个别可以不开除党籍的，应当对照处分违纪党员批准权限的规定，报请再上一级党组织批准。

第三十五条 党员依法受到刑事责任追究的，党组织应当根据司法机关的生效判决、裁定、决定及其认定的事实、性质和情节，依照本条例规定给予党纪处分，是公职人员的由监察机关给予相应政务处分或者由任免机关（单位）给予相应处分。

党员依法受到政务处分、任免机关（单位）给予的处分、行政处罚，应当追究党纪责任的，党组织可以根据生效的处分、行政处罚决定认定的事实、性质和情节，经核实后依照规定给予相应党纪处分或者组织处理。其中，党员依法受到撤职以上处分的，应当依照本条例规定给予撤销党内职务以上处分。

党员违反国家法律法规、企事业单位或者其他社会组织的规章制度受到其他处分，应当追究党纪责任的，党组织在对有关方面认定的事实、性质和情节进行核实后，依照规定给予相应党纪处分或者组织处理。

党组织作出党纪处分或者组织处理决定后，监察机关、司法机关、行政机关等依法改变原生效判决、裁定、决定等，对原党纪处分或者组织处理决定产生影响的，党组织应当根据改变后的生效判决、裁定、决定等重新作出相应处理。

第五章 其他规定

第三十六条 预备党员违犯党纪，情节较轻，可以保留预备党员资格的，党组织应当对其批评教育或者延长预备期；情节较重的，应当取消其预备党员资格。

第三十七条 对违纪后下落不明的党员，应当区别情况作出处理：

（一）对有严重违纪行为，应当给予开除党籍处分的，党组织应当作出决定，开除其党籍；

（二）除前项规定的情况外，下落不明时间超过六个月的，党组织应当按照党章规定对其予以除名。

第三十八条　违纪党员在党组织作出处分决定前死亡，或者在死亡之后发现其曾有严重违纪行为，对于应当给予开除党籍处分的，开除其党籍；对于应当给予留党察看以下处分的，作出违犯党纪的书面结论和相应处理。

第三十九条　违纪行为有关责任人员的区分：

（一）直接责任者，是指在其职责范围内，不履行或者不正确履行自己的职责，对造成的损失或者后果起决定性作用的党员或者党员领导干部；

（二）主要领导责任者，是指在其职责范围内，对主管的工作不履行或者不正确履行职责，对造成的损失或者后果负直接领导责任的党员领导干部；

（三）重要领导责任者，是指在其职责范围内，对应管的工作或者参与决定的工作不履行或者不正确履行职责，对造成的损失或者后果负次要领导责任的党员领导干部。

本条例所称领导责任者，包括主要领导责任者和重要领导责任者。

第四十条　本条例所称主动交代，是指涉嫌违纪的党员在组织谈话函询、初步核实前向有关组织交代自己的问题，或者在谈话函询、初步核实和立案审查期间交代组织未掌握的问题。

第四十一条　担任职级、单独职务序列等级的党员干部违犯党纪受到处分，需要对其职级、单独职务序列等级进行调整的，参照本条例关于党外职务的规定执行。

第四十二条　计算经济损失应当计算立案时已经实际造成的全部财产损失，包括为挽回违纪行为所造成损失而支付的各种开支、费用。立案后至处理前持续发生的经济损失，应当一并计算在内。

第四十三条　对于违纪行为所获得的经济利益，应当收缴或者责令退赔。对于主动上交的违纪所得和经济损失赔偿，应当予以接收，并按照规定收缴或者返还有关单位、个人。

对于违纪行为所获得的职务、职级、职称、学历、学位、奖励、资格等其他利益，应当由承办案件的纪检机关或者由其上级纪检机关建议有关组织、部门、单位按照规定予以纠正。

对于依照本条例第三十七条、第三十八条规定处理的党员，经调查确属其实施违纪行为获得的利益，依照本条规定处理。

第四十四条 党纪处分决定作出后，应当在一个月内向受处分党员所在党的基层组织中的全体党员及其本人宣布，是领导班子成员的还应当向所在党组织领导班子宣布，并按照干部管理权限和组织关系将处分决定材料归入受处分者档案；对于受到撤销党内职务以上处分的，还应当在一个月内办理职务、工资、工作及其他有关待遇等相应变更手续；涉及撤销或者调整其党外职务的，应当建议党外组织及时撤销或者调整其党外职务。特殊情况下，经作出或者批准作出处分决定的组织批准，可以适当延长办理期限。办理期限最长不得超过六个月。

第四十五条 执行党纪处分决定的机关或者受处分党员所在单位，应当在六个月内将处分决定的执行情况向作出或者批准处分决定的机关报告。

党员对所受党纪处分不服的，可以依照党章及有关规定提出申诉。

第四十六条 党员因违犯党纪受到处分，影响期满后，党组织无需取消对其的处分。

第四十七条 本条例所称以上、以下，除有特别标明外均含本级、本数。

第四十八条 本条例总则适用于有党纪处分规定的其他党内法规，但是中共中央发布或者批准发布的其他党内法规有特别规定的除外。

第二编 分 则

第六章 对违反政治纪律行为的处分

第四十九条 在重大原则问题上不同党中央保持一致且有实际言论、行为或者造成不良后果的，给予警告或者严重警告处分；情节较重的，给予撤销党内职务或者留党察看处分；情节严重的，给予开除党籍处分。

第五十条 通过网络、广播、电视、报刊、传单、书籍等，或者利用讲座、论坛、报告会、座谈会等方式，公开发表坚持资产阶级自由化立场、反对四项基本原则，反对党的改革开放决策的文章、演说、宣言、声明等的，给予开除党籍处分。

发布、播出、刊登、出版前款所列文章、演说、宣言、声明等或者为上述行为提供方便条件的，对直接责任者和领导责任者，给予严重警告或者撤销党内职务处分；情节严重的，给予留党察看或者开除党籍处分。

第五十一条 通过网络、广播、电视、报刊、传单、书籍等，或者利用讲座、论坛、报告会、座谈会等方式，有下列行为之一，情节较轻的，给予警告或者严重警告处分；情节较重的，给予撤销党内职务或者留党察看处分；情节严重的，给予开除党籍处分：

（一）公开发表违背四项基本原则，违背、歪曲党的改革开放决策，或者其他有严重政治问题的文章、演说、宣言、声明等；

（二）妄议党中央大政方针，破坏党的集中统一；

（三）丑化党和国家形象，或者诋毁、诬蔑党和国家领导人、英雄模范，或者歪曲党的历史、中华人民共和国历史、人民军队历史。

发布、播出、刊登、出版前款所列内容或者为上述行为提供方便条件的，对直接责任者和领导责任者，给予严重警告或者撤销党内职务处分；情节严重的，给予留党察看或者开除党籍处分。

第五十二条 制作、贩卖、传播第五十条、第五十一条所列内容之一的报刊、书籍、音像制品、电子读物，以及网络文本、图片、音频、视频资料等，情节较轻的，给予警告或者严重警告处分；情节较重的，给予撤销党内职务或者留党察看处分；情节严重的，给予开除党籍处分。

私自携带、寄递第五十条、第五十一条所列内容之一的报刊、书籍、音像制品、电子读物等入出境，情节较重的，给予警告或者严重警告处分；情节严重的，给予撤销党内职务、留党察看或者开除党籍处分。

私自阅看、浏览、收听第五十条、第五十一条所列内容之一的报刊、书籍、音像制品、电子读物，以及网络文本、图片、音频、视频资料等，情节严重的，给予警告、严重警告或者撤销党内职务处分。

第五十三条 在党内组织秘密集团或者组织其他分裂党的活动的，给予开除党籍处分。

参加秘密集团或者参加其他分裂党的活动的，给予留党察看或者开除党籍处分。

第五十四条 在党内搞团团伙伙、结党营私、拉帮结派、政治攀附、培植个人势力等非组织活动，或者通过搞利益交换、为自己营造声势等活动捞取政治资本的，给予严重警告或者撤销党内职务处分；导致本地区、本部门、本单位政治生态恶化的，给予留党察看或者开除党籍处分。

第五十五条 搞投机钻营，结交政治骗子或者被政治骗子利用的，给予严重警告或者撤销党内职务处分；情节严重的，给予留党察看或者开除党籍处分。

充当政治骗子的，给予撤销党内职务、留党察看或者开除党籍处分。

第五十六条 党员领导干部在本人主政的地方或者分管的部门自行其是，搞山头主义，拒不执行党中央确定的大政方针，甚至背着党中央另搞一套的，给予撤销党内职务、留党察看或者开除党籍处分。

贯彻党中央决策部署只表态不落实，或者落实党中央决策部署不坚决，打折扣、搞变通，在政治上造成不良影响或者严重后果的，给予警告或者严重警告处分；情节严重的，给予撤销党内职务、留党察看或者开除党籍处分。

不顾党和国家大局，搞部门或者地方保护主义的，依照前款规定处理。

第五十七条 党员领导干部政绩观错位，违背新发展理念、背离高质量发展要求，给党、国家和人民利益造成较大损失的，给予警告或者严重警告处分；情节较重的，给予撤销党内职务或者留党察看处分；情节严重的，给予开除党籍处分。

搞劳民伤财的“形象工程”、“政绩工程”的，从重或者加重处分。

第五十八条 对党不忠诚不老实，表里不一，阳奉阴违，欺上瞒下，搞两面派，做两面人，在政治上造成不良影响的，给予警告或者严重警告处分；情节较重的，给予撤销党内职务或者留党察看处分；情节严重的，给予开除党籍处分。

第五十九条 制造、散布、传播政治谣言，破坏党的团结统一的，给予警告或者严重警告处分；情节较重的，给予撤销党内职务或者留党察看处分；情节严重的，给予开除党籍处分。

政治品行恶劣，匿名诬告，有意陷害或者制造其他谣言，造成损害或者不良影响的，依照前款规定处理。

第六十条　擅自对应当由党中央决定的重大政策问题作出决定、对外发表主张的，对直接责任者和领导责任者，给予严重警告或者撤销党内职务处分；情节严重的，给予留党察看或者开除党籍处分。

第六十一条　不按照有关规定向组织请示、报告重大事项，对直接责任者和领导责任者，情节较重的，给予警告或者严重警告处分；情节严重的，给予撤销党内职务或者留党察看处分。

第六十二条　干扰巡视巡察工作或者不落实巡视巡察整改要求，对直接责任者和领导责任者，情节较轻的，给予警告或者严重警告处分；情节较重的，给予撤销党内职务或者留党察看处分；情节严重的，给予开除党籍处分。

第六十三条　对抗组织审查，有下列行为之一的，给予警告或者严重警告处分；情节较重的，给予撤销党内职务或者留党察看处分；情节严重的，给予开除党籍处分：

（一）串供或者伪造、销毁、转移、隐匿证据；

（二）阻止他人揭发检举、提供证据材料；

（三）包庇同案人员；

（四）向组织提供虚假情况，掩盖事实；

（五）其他对抗组织审查行为。

第六十四条　组织、参加反对党的基本理论、基本路线、基本方略或者重大方针政策的集会、游行、示威等活动的，或者以组织讲座、论坛、报告会、座谈会等方式，反对党的基本理论、基本路线、基本方略或者重大方针政策，造成严重不良影响的，对策划者、组织者和骨干分子，给予开除党籍处分。

对其他参加人员或者以提供信息、资料、财物、场地等方式支持上述活动者，情节较轻的，给予警告或者严重警告处分；情节较重的，给予撤销党内职务或者留党察看处分；情节严重的，给予开除党籍处分。

对不明真相被裹挟参加，经批评教育后确有悔改表现的，可以免予处分或者不予处分。

未经组织批准参加其他集会、游行、示威等活动，情节较轻的，给予警告或者严重警告处分；情节较重的，给予撤销党内职务或者留党察看处分；情节严重的，给予开除党籍处分。

第六十五条 组织、参加旨在反对党的领导、反对社会主义制度或者敌视政府等组织的，对策划者、组织者和骨干分子，给予开除党籍处分。

对其他参加人员，情节较轻的，给予警告或者严重警告处分；情节较重的，给予撤销党内职务或者留党察看处分；情节严重的，给予开除党籍处分。

第六十六条 组织、参加会道门或者邪教组织的，对策划者、组织者和骨干分子，给予开除党籍处分。

对其他参加人员，情节较轻的，给予警告或者严重警告处分；情节较重的，给予撤销党内职务或者留党察看处分；情节严重的，给予开除党籍处分。

对不明真相的参加人员，经批评教育后确有悔改表现的，可以免予处分或者不予处分。

第六十七条 从事、参与挑拨破坏民族关系制造事端或者参加民族分裂活动的，对策划者、组织者和骨干分子，给予开除党籍处分。

对其他参加人员，情节较轻的，给予警告或者严重警告处分；情节较重的，给予撤销党内职务或者留党察看处分；情节严重的，给予开除党籍处分。

对不明真相被裹挟参加，经批评教育后确有悔改表现的，可以免予处分或者不予处分。

有其他违反党和国家民族政策的行为，情节较轻的，给予警告或者严重警告处分；情节较重的，给予撤销党内职务或者留党察看处分；情节严重的，给予开除党籍处分。

第六十八条 组织、利用宗教活动反对党的理论、路线、方针、政策和决议，破坏民族团结的，对策划者、组织者和骨干分子，给予开除党籍处分。

对其他参加人员，给予撤销党内职务或者留党察看处分；情节严重的，给予开除党籍处分。

对不明真相被裹挟参加，经批评教育后确有悔改表现的，可以免予处分或者不予处分。

有其他违反党和国家宗教政策的行为，情节较轻的，给予警告或者严重警告处分；情节较重的，给予撤销党内职务或者留党察看处分；情节严重的，给予开除党籍处分。

第六十九条　对信仰宗教的党员，应当加强思想教育，要求其限期改正；经党组织帮助教育仍没有转变的，应当劝其退党；劝而不退的，予以除名；参与利用宗教搞煽动活动的，给予开除党籍处分。

第七十条　组织迷信活动的，给予撤销党内职务或者留党察看处分；情节严重的，给予开除党籍处分。

参加迷信活动或者个人搞迷信活动，造成不良影响的，给予警告或者严重警告处分；情节较重的，给予撤销党内职务或者留党察看处分；情节严重的，给予开除党籍处分。

对不明真相的参加人员，经批评教育后确有悔改表现的，可以免予处分或者不予处分。

第七十一条　组织、利用宗族势力对抗党和政府，妨碍党和国家的方针政策以及决策部署的实施，或者破坏党的基层组织建设的，对策划者、组织者和骨干分子，给予开除党籍处分。

对其他参加人员，给予撤销党内职务或者留党察看处分；情节严重的，给予开除党籍处分。

对不明真相被裹挟参加，经批评教育后确有悔改表现的，可以免予处分或者不予处分。

第七十二条　在国（境）外、外国驻华使（领）馆申请政治避难，或者违纪后逃往国（境）外、外国驻华使（领）馆的，给予开除党籍处分。

在国（境）外公开发表反对党和政府的文章、演说、宣言、声明等的，依照前款规定处理。

故意为上述行为提供方便条件的，给予留党察看或者开除党籍处分。

第七十三条 在涉外活动中，其言行在政治上造成恶劣影响，损害党和国家尊严、利益的，给予撤销党内职务或者留党察看处分；情节严重的，给予开除党籍处分。

第七十四条 不履行全面从严治党主体责任、监督责任或者履行全面从严治党主体责任、监督责任不力，给党组织造成严重损害或者严重不良影响的，对直接责任者和领导责任者，给予警告或者严重警告处分；情节严重的，给予撤销党内职务或者留党察看处分。

第七十五条 党员领导干部对违反政治纪律和政治规矩等错误思想和行为不报告、不抵制、不斗争，放任不管，搞无原则一团和气，造成不良影响的，给予警告或者严重警告处分；情节严重的，给予撤销党内职务或者留党察看处分。

第七十六条 违反党的优良传统和工作惯例等党的规矩，在政治上造成不良影响或者严重后果的，给予警告或者严重警告处分；情节较重的，给予撤销党内职务或者留党察看处分；情节严重的，给予开除党籍处分。

第七章 对违反组织纪律行为的处分

第七十七条 违反民主集中制原则，有下列行为之一的，给予警告或者严重警告处分；情节严重的，给予撤销党内职务或者留党察看处分：

（一）拒不执行或者擅自改变党组织作出的重大决定；

（二）违反议事规则，个人或者少数人决定重大问题；

（三）故意规避集体决策，决定重大事项、重要干部任免、重要项目安排和大额资金使用；

（四）借集体决策名义集体违规。

第七十八条 下级党组织拒不执行或者擅自改变上级党组织决定的，对直接责任者和领导责任者，给予警告或者严重警告处分；情节严重的，给予撤销党内职务或者留党察看处分。

第七十九条 拒不执行党组织的分配、调动、交流等决定的，给予警告、严重警告或者撤销党内职务处分。

在特殊时期或者紧急状况下，拒不执行党组织上述决定的，给予留党察看或者开除党籍处分。

第八十条 在党组织纪律审查中，依法依规负有作证义务的党员拒绝作证或者故意提供虚假情况，情节较重的，给予警告或者严重警告处分；情节严重的，给予撤销党内职务、留党察看或者开除党籍处分。

第八十一条 有下列行为之一，情节较重的，给予警告或者严重警告处分：

（一）违反个人有关事项报告规定，隐瞒不报；

（二）在组织进行谈话函询时，不如实向组织说明问题；

（三）不按要求报告或者不如实报告个人去向；

（四）不如实填报个人档案资料。

有前款第二项规定的行为，同时向组织提供虚假情况、掩盖事实的，依照本条例第六十三条规定处理。

篡改、伪造个人档案资料的，给予严重警告处分；情节严重的，给予撤销党内职务或者留党察看处分。

隐瞒入党前严重错误的，一般应当予以除名；对入党多年且一贯表现好，或者在工作中作出突出贡献的，给予严重警告、撤销党内职务或者留党察看处分。

第八十二条 党员领导干部违反有关规定组织、参加自发成立的老乡会、校友会、战友会等，情节严重的，给予警告、严重警告或者撤销党内职务处分。

第八十三条 有下列行为之一的，给予警告或者严重警告处分；情节较重的，给予撤销党内职务或者留党察看处分；情节严重的，给予开除党籍处分：

（一）在民主推荐、民主测评、组织考察和党内选举中搞拉票、助选等非组织活动；

（二）在法律规定的投票、选举活动中违背组织原则搞非组织活动，组织、怂恿、诱使他人投票、表决；

（三）在选举中进行其他违反党章、其他党内法规和有关章程活动。

搞有组织的拉票贿选，或者用公款拉票贿选的，从重或者加重处分。

第八十四条 在干部选拔任用工作中，有任人唯亲、排斥异己、封官许愿、说情干预、跑官要官、突击提拔或者调整干部等违反干部选拔任用规定行为，对直接责任者和领导责任者，情节较轻的，给予警告或者严重警告处分；情节较重的，给予撤销党内职务或者留党察看处分；情节严重的，给予开除党籍处分。

用人失察失误造成严重后果的，对直接责任者和领导责任者，依照前款规定处理。

第八十五条 在推进领导干部能上能下工作中，搞好人主义，有下列行为之一，对直接责任者和领导责任者，情节较重的，给予警告或者严重警告处分；情节严重的，给予撤销党内职务或者留党察看处分：

（一）以党纪政务等处分规避组织调整；

（二）以组织调整代替党纪政务等处分；

（三）其他避重就轻作出处理行为。

第八十六条 在干部、职工的录用、考核、职务职级晋升、职称评聘、荣誉表彰，授予学术称号和征兵、安置退役军人等工作中，隐瞒、歪曲事实真相，或者利用职权或者职务上的影响违反有关规定为本人或者其他人谋取利益的，给予警告或者严重警告处分；情节较重的，给予撤销党内职务或者留党察看处分；情节严重的，给予开除党籍处分。

弄虚作假，骗取职务、职级、职称、待遇、资格、学历、学位、荣誉、称号或者其他利益的，依照前款规定处理。

第八十七条 侵犯党员的表决权、选举权和被选举权，情节较重的，给予警告或者严重警告处分；情节严重的，给予撤销党内职务处分。

以强迫、威胁、欺骗、拉拢等手段，妨害党员自主行使表决权、选举权和被选举权的，给予撤销党内职务、留党察看或者开除党籍处分。

第八十八条 有下列行为之一的，对直接责任者和领导责任者，给予警告或者严重警告处分；情节较重的，给予撤销党内职务或者留党察看处分；情节严重的，给予开除党籍处分：

（一）对批评、检举、控告进行阻挠、压制，或者将批评、检举、控告材料私自扣压、销毁，或者故意将其泄露给他人；

（二）对党员的申辩、辩护、作证等进行压制，造成不良后果；

（三）压制党员申诉，造成不良后果，或者不按照有关规定处理党员申诉；

（四）其他侵犯党员权利行为，造成不良后果。

对批评人、检举人、控告人、证人及其他人员打击报复的，从重或者加重处分。

第八十九条　违反党章和其他党内法规的规定，采取弄虚作假或者其他手段把不符合党员条件的人发展为党员，或者为非党员出具党员身份证明的，对直接责任者和领导责任者，给予警告或者严重警告处分；情节严重的，给予撤销党内职务处分。

违反有关规定程序发展党员的，对直接责任者和领导责任者，依照前款规定处理。

第九十条　违反有关规定取得外国国籍或者获取国（境）外永久居留资格、长期居留许可的，给予撤销党内职务、留党察看或者开除党籍处分。

第九十一条　违反有关规定办理因私出国（境）证件、前往港澳通行证，或者未经批准出入国（边）境，情节较轻的，给予警告或者严重警告处分；情节较重的，给予撤销党内职务或者留党察看处分；情节严重的，给予开除党籍处分。

虽经批准因私出国（境）但存在擅自变更路线、无正当理由超期未归等超出批准范围出国（境）行为，情节较重的，给予警告或者严重警告处分；情节严重的，给予撤销党内职务处分。

第九十二条　驻外机构或者临时出国（境）团（组）中的党员擅自脱离组织，或者从事外事、机要、军事等工作的党员违反有关规定同国（境）外机构、人员联系和交往的，给予警告、严重警告或者撤销党内职务处分。

第九十三条　驻外机构或者临时出国（境）团（组）中的党员，脱离组织出走时间不满六个月又自动回归的，给予撤销党内职务或者留党察看处分；脱离组织出走时间超过六个月的，按照自行脱党处理，党内予以除名。

故意为他人脱离组织出走提供方便条件的，给予警告、严重警告或者撤销党内职务处分。

第八章　对违反廉洁纪律行为的处分

第九十四条　党员干部必须正确行使人民赋予的权力，清正廉洁，反对特权思想和特权现象，反对任何滥用职权、谋求私利的行为。

利用职权或者职务上的影响为他人谋取利益，本人的配偶、子女及其配偶等亲属和其他特定关系人收受对方财物，情节较重的，给予警告或者严重警告处分；情节严重的，给予撤销党内职务、留党察看或者开除党籍处分。

第九十五条　相互利用职权或者职务上的影响为对方及其配偶、子女及其配偶等亲属、身边工作人员和其他特定关系人谋取利益搞权权交易的，给予警告或者严重警告处分；情节较重的，给予撤销党内职务或者留党察看处分；情节严重的，给予开除党籍处分。

第九十六条　纵容、默许配偶、子女及其配偶等亲属、身边工作人员和其他特定关系人利用党员干部本人职权或者职务上的影响谋取私利，情节较轻的，给予警告或者严重警告处分；情节较重的，给予撤销党内职务或者留党察看处分；情节严重的，给予开除党籍处分。

党员干部的配偶、子女及其配偶等亲属和其他特定关系人不实际工作而获取薪酬或者虽实际工作但领取明显超出同职级标准薪酬，党员干部知情未予纠正的，依照前款规定处理。

第九十七条　收受可能影响公正执行公务的礼品、礼金、消费卡（券）和有价证券、股权、其他金融产品等财物，情节较轻的，给予警告或者严重警告处分；情节较重的，给予撤销党内职务或者留党察看处分；情节严重的，给予开除党籍处分。

收受其他明显超出正常礼尚往来的财物的，依照前款规定处理。

第九十八条 向从事公务的人员及其配偶、子女及其配偶等亲属和其他特定关系人赠送明显超出正常礼尚往来的礼品、礼金、消费卡（券）和有价证券、股权、其他金融产品等财物，情节较重的，给予警告或者严重警告处分；情节严重的，给予撤销党内职务或者留党察看处分。

以讲课费、课题费、咨询费等名义变相送礼的，依照前款规定处理。

第九十九条 借用管理和服务对象的钱款、住房、车辆等，可能影响公正执行公务，情节较重的，给予警告或者严重警告处分；情节严重的，给予撤销党内职务、留党察看或者开除党籍处分。

通过民间借贷等金融活动获取大额回报，可能影响公正执行公务的，依照前款规定处理。

第一百条 利用职权或者职务上的影响操办婚丧喜庆事宜，造成不良影响的，给予警告或者严重警告处分；情节严重的，给予撤销党内职务处分；借机敛财或者有其他侵犯国家、集体和人民利益行为的，从重或者加重处分，直至开除党籍。

第一百零一条 接受、提供可能影响公正执行公务的宴请或者旅游、健身、娱乐等活动安排，情节较重的，给予警告或者严重警告处分；情节严重的，给予撤销党内职务或者留党察看处分。

第一百零二条 违反有关规定取得、持有、实际使用运动健身卡、会所和俱乐部会员卡、高尔夫球卡等各种消费卡（券），或者违反有关规定出入私人会所，情节较重的，给予警告或者严重警告处分；情节严重的，给予撤销党内职务或者留党察看处分。

第一百零三条 违反有关规定从事营利活动，有下列行为之一，情节较轻的，给予警告或者严重警告处分；情节较重的，给予撤销党内职务或者留党察看处分；情节严重的，给予开除党籍处分：

（一）经商办企业；

（二）拥有非上市公司（企业）的股份或者证券；

（三）买卖股票或者进行其他证券投资；

（四）从事有偿中介活动；

（五）在国（境）外注册公司或者投资入股；

（六）其他违反有关规定从事营利活动的行为。

利用参与企业重组改制、定向增发、兼并投资、土地使用权出让等工作中掌握的信息买卖股票，利用职权或者职务上的影响通过购买信托产品、基金等方式非正常获利的，依照前款规定处理。

违反有关规定在经济组织、社会组织等单位中兼职，或者经批准兼职但获取薪酬、奖金、津贴等额外利益的，依照第一款规定处理。

第一百零四条 利用职权或者职务上的影响，为配偶、子女及其配偶等亲属和其他特定关系人在审批监管、资源开发、金融信贷、大宗采购、土地使用权出让、房地产开发、工程招投标以及公共财政收支等方面谋取利益，情节较轻的，给予警告或者严重警告处分；情节较重的，给予撤销党内职务或者留党察看处分；情节严重的，给予开除党籍处分。

利用职权或者职务上的影响，为配偶、子女及其配偶等亲属和其他特定关系人吸收存款、推销金融产品、经营名贵特产类特殊资源等提供帮助谋取利益的，依照前款规定处理。

第一百零五条 离职或者退（离）休后违反有关规定接受原任职务管辖的地区和业务范围内或者与原工作业务直接相关的企业和中介机构等单位的聘用，或者个人从事与原任职务管辖业务或者与原工作业务直接相关的营利活动，情节较轻的，给予警告或者严重警告处分；情节较重的，给予撤销党内职务处分；情节严重的，给予留党察看处分。

党员领导干部离职或者退（离）休后违反有关规定担任上市公司、基金管理公司独立董事、独立监事等职务，情节较轻的，给予警告或者严重警告处分；情节较重的，给予撤销党内职务处分；情节严重的，给予留党察看处分。

第一百零六条 离职或者退（离）休后利用原职权或者职务上的影响，为配偶、子女及其配偶等亲属和其他特定关系人从事经营活动谋取利益，情节较轻的，给予警告或者严重警告处分；情节较重的，给予撤销党内职务或者留党察看处分；情节严重的，给予开除党籍处分。

离职或者退（离）休后利用原职权或者职务上的影响为他人谋取利益，

本人的配偶、子女及其配偶等亲属和其他特定关系人收受对方财物，情节较重的，给予警告或者严重警告处分；情节严重的，给予撤销党内职务、留党察看或者开除党籍处分。

第一百零七条　党员领导干部的配偶、子女及其配偶，违反有关规定在该党员领导干部管辖的地区和业务范围内从事可能影响其公正执行公务的经营活动，或者有其他违反经商办企业禁业规定行为的，该党员领导干部应当按照规定予以纠正；拒不纠正的，其本人应当辞去现任职务或者由组织予以调整职务；不辞去现任职务或者不服从组织调整职务的，给予撤销党内职务处分。

第一百零八条　党和国家机关违反有关规定经商办企业的，对直接责任者和领导责任者，给予警告或者严重警告处分；情节严重的，给予撤销党内职务处分。

第一百零九条　党员领导干部违反工作、生活保障制度，在交通、医疗、警卫等方面为本人、配偶、子女及其配偶等亲属、身边工作人员和其他特定关系人谋求特殊待遇，情节较重的，给予警告或者严重警告处分；情节严重的，给予撤销党内职务或者留党察看处分。

第一百一十条　在分配、购买住房中侵犯国家、集体利益，情节较轻的，给予警告或者严重警告处分；情节较重的，给予撤销党内职务或者留党察看处分；情节严重的，给予开除党籍处分。

第一百一十一条　利用职权或者职务上的影响，侵占非本人经管的公私财物，或者以象征性地支付钱款等方式侵占公私财物，或者无偿、象征性地支付报酬接受服务、使用劳务，情节较轻的，给予警告或者严重警告处分；情节较重的，给予撤销党内职务或者留党察看处分；情节严重的，给予开除党籍处分。

利用职权或者职务上的影响，将应当由本人、配偶、子女及其配偶等亲属、身边工作人员和其他特定关系人个人支付的费用，由下属单位、其他单位或者他人支付、报销的，依照前款规定处理。

第一百一十二条　利用职权或者职务上的影响，违反有关规定占用公物归个人使用，时间超过六个月，情节较重的，给予警告或者严重警告处分；情节严重的，给予撤销党内职务处分。

占用公物进行营利活动的，给予警告或者严重警告处分；情节较重的，给予撤销党内职务或者留党察看处分；情节严重的，给予开除党籍处分。

将公物借给他人进行营利活动的，依照前款规定处理。

第一百一十三条 违反有关规定组织、参加用公款支付的宴请、娱乐、健身活动，或者用公款购买赠送或者发放礼品、消费卡（券）等，对直接责任者和领导责任者，情节较轻的，给予警告或者严重警告处分；情节较重的，给予撤销党内职务或者留党察看处分；情节严重的，给予开除党籍处分。

第一百一十四条 违反有关规定自定薪酬或者滥发津贴、补贴、奖金、福利等，对直接责任者和领导责任者，情节较轻的，给予警告或者严重警告处分；情节较重的，给予撤销党内职务或者留党察看处分；情节严重的，给予开除党籍处分。

第一百一十五条 有下列行为之一，对直接责任者和领导责任者，情节较轻的，给予警告或者严重警告处分；情节较重的，给予撤销党内职务或者留党察看处分；情节严重的，给予开除党籍处分：

（一）公款旅游或者以学习培训、考察调研、职工疗养等为名变相公款旅游；

（二）改变公务行程，借机旅游；

（三）参加所管理企业、下属单位组织的考察活动，借机旅游。

以考察、学习、培训、研讨、招商、参展等名义变相用公款出国（境）旅游的，对直接责任者和领导责任者，依照前款规定处理。

第一百一十六条 违反接待管理规定，超标准、超范围接待或者借机大吃大喝，对直接责任者和领导责任者，情节较重的，给予警告或者严重警告处分；情节严重的，给予撤销党内职务处分。

第一百一十七条 违反有关规定配备、购买、更换、装饰、使用公务交通工具或者有其他违反公务交通工具管理规定的行为，对直接责任者和领导责任者，情节较重的，给予警告或者严重警告处分；情节严重的，给予撤销党内职务或者留党察看处分。

第一百一十八条 违反会议活动管理规定，有下列行为之一，对直接责任者和领导责任者，情节较重的，给予警告或者严重警告处分；情节严重的，给予撤销党内职务处分：

（一）到禁止召开会议的风景名胜区开会；

（二）决定或者批准举办各类节会、庆典活动；

（三）其他违反会议活动管理规定行为。

擅自举办评比达标表彰、创建示范活动或者借评比达标表彰、创建示范活动收取费用的，对直接责任者和领导责任者，依照前款规定处理。

第一百一十九条 违反办公用房管理等规定，有下列行为之一，对直接责任者和领导责任者，情节较重的，给予警告或者严重警告处分；情节严重的，给予撤销党内职务处分：

（一）决定或者批准兴建、装修办公楼、培训中心等楼堂馆所；

（二）超标准配备、使用办公用房；

（三）未经批准租用、借用办公用房；

（四）用公款包租、占用客房或者其他场所供个人使用；

（五）其他违反办公用房管理等规定行为。

第一百二十条 搞权色交易或者给予财物搞钱色交易的，给予警告或者严重警告处分；情节较重的，给予撤销党内职务或者留党察看处分；情节严重的，给予开除党籍处分。

第一百二十一条 有其他违反廉洁纪律规定行为的，应当视具体情节给予警告直至开除党籍处分。

第九章 对违反群众纪律行为的处分

第一百二十二条 有下列行为之一，对直接责任者和领导责任者，情节较轻的，给予警告或者严重警告处分；情节较重的，给予撤销党内职务或者留党察看处分；情节严重的，给予开除党籍处分：

（一）超标准、超范围向群众筹资筹劳、摊派费用，加重群众负担；

（二）违反有关规定扣留、收缴群众款物或者处罚群众；

（三）克扣群众财物，或者违反有关规定拖欠群众钱款；

（四）在管理、服务活动中违反有关规定收取费用；

（五）在办理涉及群众事务时刁难群众、吃拿卡要；

（六）其他侵害群众利益行为。

在乡村振兴领域有上述行为的，从重或者加重处分。

第一百二十三条 干涉生产经营自主权，致使群众财产遭受较大损失的，对直接责任者和领导责任者，给予警告或者严重警告处分；情节严重的，给予撤销党内职务或者留党察看处分。

第一百二十四条 在社会保障、社会救助、政策扶持、救灾救济款物分配等事项中优亲厚友、明显有失公平的，给予警告或者严重警告处分；情节较重的，给予撤销党内职务或者留党察看处分；情节严重的，给予开除党籍处分。

第一百二十五条 利用宗族或者黑恶势力等欺压群众，或者纵容涉黑涉恶活动、为黑恶势力充当“保护伞”的，给予撤销党内职务或者留党察看处分；情节严重的，给予开除党籍处分。

第一百二十六条 有下列行为之一，对直接责任者和领导责任者，情节较重的，给予警告或者严重警告处分；情节严重的，给予撤销党内职务或者留党察看处分：

（一）对涉及群众生产、生活等切身利益的问题依照政策或者有关规定能解决而不及时解决，庸懒无为、效率低下，造成不良影响；

（二）对符合政策的群众诉求消极应付、推诿扯皮，损害党群、干群关系；

（三）对待群众态度恶劣、简单粗暴，造成不良影响；

（四）弄虚作假，欺上瞒下，损害群众利益；

（五）其他不作为、乱作为、慢作为、假作为等损害群众利益行为。

第一百二十七条 遇到国家财产和群众生命财产受到严重威胁时，能救而不救，情节较重的，给予警告、严重警告或者撤销党内职务处分；情节严重的，给予留党察看或者开除党籍处分。

第一百二十八条　不按照规定公开党务、政务、厂务、村（居）务等，侵犯群众知情权，对直接责任者和领导责任者，情节较重的，给予警告或者严重警告处分；情节严重的，给予撤销党内职务或者留党察看处分。

第一百二十九条　有其他违反群众纪律规定行为的，应当视具体情节给予警告直至开除党籍处分。

第十章　对违反工作纪律行为的处分

第一百三十条　工作中不负责任或者疏于管理，贯彻执行、检查督促落实上级决策部署不力，给党、国家和人民利益以及公共财产造成较大损失的，对直接责任者和领导责任者，给予警告或者严重警告处分；造成重大损失的，给予撤销党内职务、留党察看或者开除党籍处分。

党员领导干部对于到任前已经存在且属于其职责范围内的问题，消极回避、推卸责任，造成严重损害或者严重不良影响的，依照前款规定处理。

第一百三十一条　工作中不敢斗争、不愿担当，面对重大矛盾冲突、危机困难临阵退缩，造成不良影响或者严重后果的，给予警告或者严重警告处分；情节严重的，给予撤销党内职务、留党察看或者开除党籍处分。

第一百三十二条　有下列行为之一，造成严重损害或者严重不良影响的，对直接责任者和领导责任者，给予警告或者严重警告处分；情节较重的，给予撤销党内职务或者留党察看处分；情节严重的，给予开除党籍处分：

（一）热衷于搞舆论造势、浮在表面；

（二）单纯以会议贯彻会议、以文件落实文件，在实际工作中不见诸行动；

（三）脱离实际，不作深入调查研究，搞随意决策、机械执行；

（四）违反精文减会有关规定搞文山会海；

（五）在督查检查考核等工作中搞层层加码、过度留痕，增加基层工作负担；

（六）工作中其他形式主义、官僚主义行为。

第一百三十三条 在公务活动用餐、单位食堂用餐管理工作中不履行或者不正确履行宣传教育、监督管理职责，导致餐饮浪费，造成严重不良影响的，对直接责任者和领导责任者，给予警告或者严重警告处分；情节严重的，给予撤销党内职务处分。

第一百三十四条 在机构编制工作中，有下列行为之一，造成不良影响或者严重后果的，对直接责任者和领导责任者，给予警告或者严重警告处分；情节较重的，给予撤销党内职务或者留党察看处分；情节严重的，给予开除党籍处分：

（一）擅自超出“三定”规定范围调整职责、设置机构、核定领导职数和配备人员；

（二）违规干预地方机构设置；

（三）其他违反机构编制管理规定行为。

第一百三十五条 在信访工作中，有下列行为之一，造成不良影响或者严重后果的，对直接责任者和领导责任者，给予警告或者严重警告处分；情节较重的，给予撤销党内职务或者留党察看处分；情节严重的，给予开除党籍处分：

（一）不按照规定受理、办理信访事项；

（二）对规模性集体访等处置不力，导致事态扩大；

（三）对党委和政府信访部门提出的改进工作、完善政策等建议重视不够、落实不力，导致问题长期得不到解决；

（四）其他不履行或者不正确履行信访工作职责行为。

不履行或者不正确履行职责，导致信访事项发生，造成不良影响或者严重后果的，对直接责任者和领导责任者，依照前款规定处理。

第一百三十六条 党组织有下列行为之一，对直接责任者和领导责任者，情节较重的，给予警告或者严重警告处分；情节严重的，给予撤销党内职务或者留党察看处分：

（一）党员被立案审查期间，擅自批准其出差、出国（境）、辞职，或者对其交流、提拔职务、晋升职级、进一步使用、奖励，或者办理退休手续；

（二）党员被依法追究刑事责任后，不按照规定给予党纪处分，或者对党员违反国家法律法规的行为，应当给予党纪处分而不处分；

（三）党纪处分决定或者申诉复查决定作出后，不按照规定落实决定中关于被处分人党籍、职务、职级、待遇等事项；

（四）党员受到党纪处分后，不按照干部管理权限和组织关系对受处分党员开展日常教育、管理和监督工作。

第一百三十七条 滥用问责，或者在问责工作中严重不负责任，造成不良影响的，对直接责任者和领导责任者，给予警告或者严重警告处分；情节严重的，给予撤销党内职务处分。

第一百三十八条 因工作不负责任致使所管理的人员叛逃的，对直接责任者和领导责任者，给予警告或者严重警告处分；情节严重的，给予撤销党内职务处分。

因工作不负责任致使所管理的人员出逃、出走，对直接责任者和领导责任者，情节较重的，给予警告或者严重警告处分；情节严重的，给予撤销党内职务处分。

第一百三十九条 进行统计造假，对直接责任者和领导责任者，情节较轻的，给予警告或者严重警告处分；情节较重的，给予撤销党内职务或者留党察看处分；情节严重的，给予开除党籍处分。

对统计造假失察，造成严重后果的，对直接责任者和领导责任者，给予警告或者严重警告处分；情节严重的，给予撤销党内职务、留党察看或者开除党籍处分。

第一百四十条 在上级检查、视察工作或者向上级汇报、报告工作时对应当报告的事项不报告或者不如实报告，造成严重损害或者严重不良影响的，对直接责任者和领导责任者，给予警告或者严重警告处分；情节严重的，给予撤销党内职务或者留党察看处分。

在上级检查、视察工作或者向上级汇报、报告工作时纵容、唆使、暗示、强迫下级说假话、报假情的，从重或者加重处分。

第一百四十一条 违反有关规定干预和插手市场经济活动，有下列行为之一，情节较轻的，给予警告或者严重警告处分；情节较重的，给予撤销党内职务或者留党察看处分；情节严重的，给予开除党籍处分：

（一）干预和插手建设工程项目承发包、土地使用权出让、政府采购、房地产开发与经营、矿产资源开发利用、中介机构服务等活动；

（二）干预和插手国有企业重组改制、兼并、破产、产权交易、清产核资、资产评估、资产转让、重大项目投资以及其他重大经营活动等事项；

（三）干预和插手批办各类行政许可和资金借贷等事项；

（四）干预和插手经济纠纷；

（五）干预和插手集体资金、资产和资源的使用、分配、承包、租赁等事项。

第一百四十二条 违反有关规定干预和插手司法活动、执纪执法活动，向有关地方或者部门打听案情、打招呼、说情，或者以其他方式对司法活动、执纪执法活动施加影响，情节较轻的，给予严重警告处分；情节较重的，给予撤销党内职务或者留党察看处分；情节严重的，给予开除党籍处分。

违反有关规定干预和插手公共财政资金分配、项目立项评审、功勋荣誉表彰奖励等活动，造成重大损失或者不良影响的，依照前款规定处理。

第一百四十三条 按照有关规定对干预和插手行为负有报告和登记义务的受请托人，不按照规定报告或者登记，情节较重的，给予警告或者严重警告处分；情节严重的，给予撤销党内职务处分。

第一百四十四条 泄露、扩散或者打探、窃取党组织关于干部选拔任用、纪律审查、巡视巡察等尚未公开事项或者其他应当保密的内容的，给予警告或者严重警告处分；情节较重的，给予撤销党内职务或者留党察看处分；情节严重的，给予开除党籍处分。

私自留存涉及党组织关于干部选拔任用、纪律审查、巡视巡察等方面资料，情节较重的，给予警告或者严重警告处分；情节严重的，给予撤销党内职务处分。

第一百四十五条 在考试、录取工作中，有泄露试题、考场舞弊、涂改考卷、违规录取等违反有关规定行为的，给予警告或者严重警告处分；情节较重的，给予撤销党内职务或者留党察看处分；情节严重的，给予开除党籍处分。

第一百四十六条 以不正当方式谋求本人或者其他人用公款出国（境），情节较轻的，给予警告处分；情节较重的，给予严重警告处分；情节严重的，给予撤销党内职务处分。

第一百四十七条 临时出国（境）团（组）或者人员中的党员，擅自延长在国（境）外期限，或者擅自变更路线的，对直接责任者和领导责任者，给予警告或者严重警告处分；情节严重的，给予撤销党内职务处分。

第一百四十八条 驻外机构或者临时出国（境）团（组）中的党员，触犯驻在国家、地区的法律、法令或者不尊重驻在国家、地区的宗教习俗，情节较重的，给予警告或者严重警告处分；情节严重的，给予撤销党内职务、留党察看或者开除党籍处分。

第一百四十九条 在党的纪律检查、组织、宣传、统一战线工作以及机关工作等其他工作中，不履行或者不正确履行职责，造成损失或者不良影响的，应当视具体情节给予警告直至开除党籍处分。

第十一章 对违反生活纪律行为的处分

第一百五十条 生活奢靡、铺张浪费、贪图享乐、追求低级趣味，造成不良影响的，给予警告或者严重警告处分；情节严重的，给予撤销党内职务处分。

第一百五十一条 与他人发生不正当性关系，造成不良影响的，给予警告或者严重警告处分；情节较重的，给予撤销党内职务或者留党察看处分；情节严重的，给予开除党籍处分。

利用职权、教养关系、从属关系或者其他相类似关系与他人发生性关系的，从重处分。

第一百五十二条 党员领导干部不重视家风建设，对配偶、子女及其配偶失管失教，造成不良影响或者严重后果的，给予警告或者严重警告处分；情节严重的，给予撤销党内职务处分。

第一百五十三条 违背社会公序良俗，在公共场所、网络空间有不当言行，造成不良影响的，给予警告或者严重警告处分；情节较重的，给予撤销党内职务或者留党察看处分；情节严重的，给予开除党籍处分。

第一百五十四条 有其他严重违反社会公德、家庭美德行为的，应当视具体情节给予警告直至开除党籍处分。

第三编 附 则

第一百五十五条 各省、自治区、直辖市党委可以根据本条例，结合各自工作的实际情况，制定单项实施规定。

第一百五十六条 中央军事委员会可以根据本条例，结合中国人民解放军和中国人民武装警察部队的实际情况，制定补充规定或者单项规定。

第一百五十七条 本条例由中央纪委负责解释。

第一百五十八条 本条例自 2024 年 1 月 1 日起施行。

本条例施行前，已结案的案件如需进行复查复议，适用当时的规定或者政策。尚未结案的案件，如果行为发生时的规定或者政策不认为是违纪，而本条例认为是违纪的，依照当时的规定或者政策处理；如果行为发生时的规定或者政策认为是违纪的，依照当时的规定或者政策处理，但是如果本条例不认为是违纪或者处理较轻的，依照本条例规定处理。

中国共产党问责条例

（2019年7月30日中共中央政治局会议审议批准　2019年8月25日中共中央发布）

第一条　为了坚持党的领导，加强党的建设，全面从严治党，保证党的路线方针政策和党中央重大决策部署贯彻落实，规范和强化党的问责工作，根据《中国共产党章程》，制定本条例。

第二条　党的问责工作坚持以马克思列宁主义、毛泽东思想、邓小平理论、“三个代表”重要思想、科学发展观、习近平新时代中国特色社会主义思想为指导，增强“四个意识”，坚定“四个自信”，坚决维护习近平总书记党中央的核心、全党的核心地位，坚决维护党中央权威和集中统一领导，围绕统筹推进“五位一体”总体布局和协调推进“四个全面”战略布局，落实管党治党政治责任，督促各级党组织、党的领导干部负责守责尽责，践行忠诚干净担当。

第三条　党的问责工作应当坚持以下原则：

（一）依规依纪、实事求是；

（二）失责必问、问责必严；

（三）权责一致、错责相当；

（四）严管和厚爱结合、激励和约束并重；

（五）惩前毖后、治病救人；

（六）集体决定、分清责任。

第四条　党委（党组）应当履行全面从严治党主体责任，加强对本地区本部门本单位问责工作的领导，追究在党的建设、党的事业中失职失责党组织和党的领导干部的主体责任、监督责任、领导责任。

纪委应当履行监督专责，协助同级党委开展问责工作。纪委派驻（派出）机构按照职责权限开展问责工作。

党的工作机关应当依据职能履行监督职责，实施本机关本系统本领域的问责工作。

第五条 问责对象是党组织、党的领导干部，重点是党委（党组）、党的工作机关及其领导成员，纪委、纪委派驻（派出）机构及其领导成员。

第六条 问责应当分清责任。党组织领导班子在职责范围内负有全面领导责任，领导班子主要负责人和直接主管的班子成员在职责范围内承担主要领导责任，参与决策和工作的班子成员在职责范围内承担重要领导责任。

对党组织问责的，应当同时对该党组织中负有责任的领导班子成员进行问责。

党组织和党的领导干部应当坚持把自己摆进去、把职责摆进去、把工作摆进去，注重从自身找问题、查原因，勇于担当、敢于负责，不得向下级党组织和干部推卸责任。

第七条 党组织、党的领导干部违反党章和其他党内法规，不履行或者不正确履行职责，有下列情形之一，应当予以问责：

（一）党的领导弱化，“四个意识”不强，“两个维护”不力，党的基本理论、基本路线、基本方略没有得到有效贯彻执行，在贯彻新发展理念，推进经济建设、政治建设、文化建设、社会建设、生态文明建设中，出现重大偏差和失误，给党的事业和人民利益造成严重损失，产生恶劣影响的；

（二）党的政治建设抓得不实，在重大原则问题上未能同党中央保持一致，贯彻落实党的路线方针政策和执行党中央重大决策部署不力，不遵守重大事项请示报告制度，有令不行、有禁不止，阳奉阴违、欺上瞒下，团团伙伙、拉帮结派问题突出，党内政治生活不严肃不健康，党的政治建设工作责任制落实不到位，造成严重后果或者恶劣影响的；

（三）党的思想建设缺失，党性教育特别是理想信念宗旨教育流于形式，意识形态工作责任制落实不到位，造成严重后果或者恶劣影响的；

（四）党的组织建设薄弱，党建工作责任制不落实，严重违反民主集中制原则，不执行领导班子议事决策规则，民主生活会、“三会一课”等党的组织生活制度不执行，领导干部报告个人有关事项制度执行不力，党组织软弱涣散，违规选拔任用干部等问题突出，造成恶劣影响的；

（五）党的作风建设松懈，落实中央八项规定及其实施细则精神不力，“四风”问题得不到有效整治，形式主义、官僚主义问题突出，执行党中央决策部署表态多调门高、行动少落实差，脱离实际、脱离群众，拖沓敷衍、推诿扯皮，造成严重后果的；

（六）党的纪律建设抓得不严，维护党的政治纪律、组织纪律、廉洁纪律、群众纪律、工作纪律、生活纪律不力，导致违规违纪行为多发，造成恶劣影响的；

（七）推进党风廉政建设和反腐败斗争不坚决、不扎实，削减存量、遏制增量不力，特别是对不收敛、不收手，问题线索反映集中、群众反映强烈，政治问题和经济问题交织的腐败案件放任不管，造成恶劣影响的；

（八）全面从严治党主体责任、监督责任落实不到位，对公权力的监督制约不力，好人主义盛行，不负责不担当，党内监督乏力，该发现的问题没有发现，发现问题不报告不处置，领导巡视巡察工作不力，落实巡视巡察整改要求走过场、不到位，该问责不问责，造成严重后果的；

（九）履行管理、监督职责不力，职责范围内发生重特大生产安全事故、群体性事件、公共安全事件，或者发生其他严重事故、事件，造成重大损失或者恶劣影响的；

（十）在教育医疗、生态环境保护、食品药品安全、扶贫脱贫、社会保障等涉及人民群众最关心最直接最现实的利益问题上不作为、乱作为、慢作为、假作为，损害和侵占群众利益问题得不到整治，以言代法、以权压法、徇私枉法问题突出，群众身边腐败和作风问题严重，造成恶劣影响的；

（十一）其他应当问责的失职失责情形。

第八条　对党组织的问责，根据危害程度以及具体情况，可以采取以下方式：

（一）检查。责令作出书面检查并切实整改。

（二）通报。责令整改，并在一定范围内通报。

（三）改组。对失职失责，严重违犯党的纪律、本身又不能纠正的，应当予以改组。

对党的领导干部的问责，根据危害程度以及具体情况，可以采取以下方式：

（一）通报。进行严肃批评，责令作出书面检查、切实整改，并在一定范围内通报。

（二）诫勉。以谈话或者书面方式进行诫勉。

（三）组织调整或者组织处理。对失职失责、危害较重，不适宜担任现职的，应当根据情况采取停职检查、调整职务、责令辞职、免职、降职等措施。

（四）纪律处分。对失职失责、危害严重，应当给予纪律处分的，依照《中国共产党纪律处分条例》追究纪律责任。

上述问责方式，可以单独使用，也可以依据规定合并使用。问责方式有影响期的，按照有关规定执行。

第九条 发现有本条例第七条所列问责情形，需要进行问责调查的，有管理权限的党委（党组）、纪委、党的工作机关应当经主要负责人审批，及时启动问责调查程序。其中，纪委、党的工作机关对同级党委直接领导的党组织及其主要负责人启动问责调查，应当报同级党委主要负责人批准。

应当启动问责调查未及时启动的，上级党组织应当责令有管理权限的党组织启动。根据问题性质或者工作需要，上级党组织可以直接启动问责调查，也可以指定其他党组织启动。

对被立案审查的党组织、党的领导干部问责的，不再另行启动问责调查程序。

第十条 启动问责调查后，应当组成调查组，依规依纪依法开展调查，查明党组织、党的领导干部失职失责问题，综合考虑主客观因素，正确区分贯彻执行党中央或者上级决策部署过程中出现的执行不当、执行不力、不执行等不同情况，精准提出处理意见，做到事实清楚、证据确凿、依据充分、责任分明、程序合规、处理恰当，防止问责不力或者问责泛化、简单化。

第十一条 查明调查对象失职失责问题后，调查组应当撰写事实材料，与调查对象见面，听取其陈述和申辩，并记录在案；对合理意见，应当予以采纳。调查对象应当在事实材料上签署意见，对签署不同意见或者拒不签署意见的，调查组应当作出说明或者注明情况。

调查工作结束后，调查组应当集体讨论，形成调查报告，列明调查对象基本情况、调查依据、调查过程，问责事实，调查对象的态度、认识及其申辩，处理意见以及依据，由调查组组长以及有关人员签名后，履行审批手续。

第十二条 问责决定应当由有管理权限的党组织作出。

对同级党委直接领导的党组织，纪委和党的工作机关报经同级党委或者其主要负责人批准，可以采取检查、通报方式进行问责。采取改组方式问责的，按照党章和有关党内法规规定的权限、程序执行。

对同级党委管理的领导干部，纪委和党的工作机关报经同级党委或者其主要负责人批准，可以采取通报、诫勉方式进行问责；提出组织调整或者组织处理的建议。采取纪律处分方式问责的，按照党章和有关党内法规规定的权限、程序执行。

第十三条 问责决定作出后，应当及时向被问责党组织、被问责领导干部及其所在党组织宣布并督促执行。有关问责情况应当向纪委和组织部门通报，纪委应当将问责决定材料归入被问责领导干部廉政档案，组织部门应当将问责决定材料归入被问责领导干部的人事档案，并报上一级组织部门备案；涉及组织调整或者组织处理的，相应手续应当在 1 个月内办理完毕。

被问责领导干部应当向作出问责决定的党组织写出书面检讨，并在民主生活会、组织生活会或者党的其他会议上作出深刻检查。建立健全问责典型问题通报曝光制度，采取组织调整或者组织处理、纪律处分方式问责的，应当以适当方式公开。

第十四条 被问责党组织、被问责领导干部及其所在党组织应当深刻汲取教训，明确整改措施。作出问责决定的党组织应当加强督促检查，推动以案促改。

第十五条 需要对问责对象作出政务处分或者其他处理的，作出问责决定的党组织应当通报相关单位，相关单位应当及时处理并将结果通报或者报告作出问责决定的党组织。

第十六条 实行终身问责，对失职失责性质恶劣、后果严重的，不论其责任人是否调离转岗、提拔或者退休等，都应当严肃问责。

第十七条 有下列情形之一的，可以不予问责或者免予问责：

（一）在推进改革中因缺乏经验、先行先试出现的失误，尚无明确限制的探索性试验中的失误，为推动发展的无意过失；

（二）在集体决策中对错误决策提出明确反对意见或者保留意见的；

（三）在决策实施中已经履职尽责，但因不可抗力、难以预见等因素造成损失的。

对上级错误决定提出改正或者撤销意见未被采纳，而出现本条例第七条所列问责情形的，依照前款规定处理。上级错误决定明显违法违规的，应当承担相应的责任。

第十八条 有下列情形之一，可以从轻或者减轻问责：

（一）及时采取补救措施，有效挽回损失或者消除不良影响的；

（二）积极配合问责调查工作，主动承担责任的；

（三）党内法规规定的其他从轻、减轻情形。

第十九条 有下列情形之一，应当从重或者加重问责：

（一）对党中央、上级党组织三令五申的指示要求，不执行或者执行不力的；

（二）在接受问责调查和处理中，不如实报告情况，敷衍塞责、推卸责任，或者唆使、默许有关部门和人员弄虚作假，阻扰问责工作的；

（三）党内法规规定的其他从重、加重情形。

第二十条 问责对象对问责决定不服的，可以自收到问责决定之日起1个月内，向作出问责决定的党组织提出书面申诉。作出问责决定的党组织接到书面申诉后，应当在1个月内作出申诉处理决定，并以书面形式告知提出申诉的党组织、领导干部及其所在党组织。

申诉期间，不停止问责决定的执行。

第二十一条 问责决定作出后，发现问责事实认定不清楚、证据不确凿、依据不充分、责任不清晰、程序不合规、处理不恰当，或者存在其他不应当问责、不精准问责情况的，应当及时予以纠正。必要时，上级党组织可以直接纠正或者责令作出问责决定的党组织予以纠正。

党组织、党的领导干部滥用问责，或者在问责工作中严重不负责任，造成不良影响的，应当严肃追究责任。

第二十二条　正确对待被问责干部，对影响期满、表现好的干部，符合条件的，按照干部选拔任用有关规定正常使用。

第二十三条　本条例所涉及的审批权限均指最低审批权限，工作中根据需要可以按照更高层级的审批权限报批。

第二十四条　纪委派驻（派出）机构除执行本条例外，还应当执行党中央以及中央纪委相关规定。

第二十五条　中央军事委员会可以根据本条例制定相关规定。

第二十六条　本条例由中央纪律检查委员会负责解释。

第二十七条　本条例自 2019 年 9 月 1 日起施行。2016 年 7 月 8 日中共中央印发的《中国共产党问责条例》同时废止。此前发布的有关问责的规定，凡与本条例不一致的，按照本条例执行。

中华人民共和国公职人员政务处分法

（2020年6月20日第十三届全国人民代表大会常务委员会第十九次会议通过　2020年6月20日中华人民共和国主席令第46号公布　自2020年7月1日起施行）

第一章　总　　则

第一条　为了规范政务处分，加强对所有行使公权力的公职人员的监督，促进公职人员依法履职、秉公用权、廉洁从政从业、坚持道德操守，根据《中华人民共和国监察法》，制定本法。

第二条　本法适用于监察机关对违法的公职人员给予政务处分的活动。

本法第二章、第三章适用于公职人员任免机关、单位对违法的公职人员给予处分。处分的程序、申诉等适用其他法律、行政法规、国务院部门规章和国家有关规定。

本法所称公职人员，是指《中华人民共和国监察法》第十五条规定的人员。

第三条　监察机关应当按照管理权限，加强对公职人员的监督，依法给予违法的公职人员政务处分。

公职人员任免机关、单位应当按照管理权限，加强对公职人员的教育、管理、监督，依法给予违法的公职人员处分。

监察机关发现公职人员任免机关、单位应当给予处分而未给予，或者给予的处分违法、不当的，应当及时提出监察建议。

第四条　给予公职人员政务处分，坚持党管干部原则，集体讨论决定；坚持法律面前一律平等，以事实为根据，以法律为准绳，给予的政务处分与违法行为的性质、情节、危害程度相当；坚持惩戒与教育相结合，宽严相济。

第五条　给予公职人员政务处分，应当事实清楚、证据确凿、定性准确、处理恰当、程序合法、手续完备。

第六条 公职人员依法履行职责受法律保护，非因法定事由、非经法定程序，不受政务处分。

第二章 政务处分的种类和适用

第七条 政务处分的种类为：

（一）警告；

（二）记过；

（三）记大过；

（四）降级；

（五）撤职；

（六）开除。

第八条 政务处分的期间为：

（一）警告，六个月；

（二）记过，十二个月；

（三）记大过，十八个月；

（四）降级、撤职，二十四个月。

政务处分决定自作出之日起生效，政务处分期自政务处分决定生效之日起计算。

第九条 公职人员二人以上共同违法，根据各自在违法行为中所起的作用和应当承担的法律责任，分别给予政务处分。

第十条 有关机关、单位、组织集体作出的决定违法或者实施违法行为的，对负有责任的领导人员和直接责任人员中的公职人员依法给予政务处分。

第十一条 公职人员有下列情形之一的，可以从轻或者减轻给予政务处分：

（一）主动交代本人应当受到政务处分的违法行为的；

（二）配合调查，如实说明本人违法事实的；

（三）检举他人违纪违法行为，经查证属实的；

（四）主动采取措施，有效避免、挽回损失或者消除不良影响的；

（五）在共同违法行为中起次要或者辅助作用的；

（六）主动上交或者退赔违法所得的；

（七）法律、法规规定的其他从轻或者减轻情节。

第十二条 公职人员违法行为情节轻微，且具有本法第十一条规定的情形之一的，可以对其进行谈话提醒、批评教育、责令检查或者予以诫勉，免予或者不予政务处分。

公职人员因不明真相被裹挟或者被胁迫参与违法活动，经批评教育后确有悔改表现的，可以减轻、免予或者不予政务处分。

第十三条 公职人员有下列情形之一的，应当从重给予政务处分：

（一）在政务处分期内再次故意违法，应当受到政务处分的；

（二）阻止他人检举、提供证据的；

（三）串供或者伪造、隐匿、毁灭证据的；

（四）包庇同案人员的；

（五）胁迫、唆使他人实施违法行为的；

（六）拒不上交或者退赔违法所得的；

（七）法律、法规规定的其他从重情节。

第十四条 公职人员犯罪，有下列情形之一的，予以开除：

（一）因故意犯罪被判处管制、拘役或者有期徒刑以上刑罚（含宣告缓刑）的；

（二）因过失犯罪被判处有期徒刑，刑期超过三年的；

（三）因犯罪被单处或者并处剥夺政治权利的。

因过失犯罪被判处管制、拘役或者三年以下有期徒刑的，一般应当予以开除；案件情况特殊，予以撤职更为适当的，可以不予开除，但是应当报请上一级机关批准。

公职人员因犯罪被单处罚金，或者犯罪情节轻微，人民检察院依法作出不起诉决定或者人民法院依法免予刑事处罚的，予以撤职；造成不良影响的，予以开除。

第十五条 公职人员有两个以上违法行为的，应当分别确定政务处分。应当给予两种以上政务处分的，执行其中最重的政务处分；应当给予撤职以下多个相同政务处分的，可以在一个政务处分期以上、多个政务处分期之和以下确定政务处分期，但是最长不得超过四十八个月。

第十六条 对公职人员的同一违法行为，监察机关和公职人员任免机关、单位不得重复给予政务处分和处分。

第十七条 公职人员有违法行为，有关机关依照规定给予组织处理的，监察机关可以同时给予政务处分。

第十八条 担任领导职务的公职人员有违法行为，被罢免、撤销、免去或者辞去领导职务的，监察机关可以同时给予政务处分。

第十九条 公务员以及参照《中华人民共和国公务员法》管理的人员在政务处分期内，不得晋升职务、职级、衔级和级别；其中，被记过、记大过、降级、撤职的，不得晋升工资档次。被撤职的，按照规定降低职务、职级、衔级和级别，同时降低工资和待遇。

第二十条 法律、法规授权或者受国家机关依法委托管理公共事务的组织中从事公务的人员，以及公办的教育、科研、文化、医疗卫生、体育等单位中从事管理的人员，在政务处分期内，不得晋升职务、岗位和职员等级、职称；其中，被记过、记大过、降级、撤职的，不得晋升薪酬待遇等级。被撤职的，降低职务、岗位或者职员等级，同时降低薪酬待遇。

第二十一条 国有企业管理人员在政务处分期内，不得晋升职务、岗位等级和职称；其中，被记过、记大过、降级、撤职的，不得晋升薪酬待遇等级。被撤职的，降低职务或者岗位等级，同时降低薪酬待遇。

第二十二条 基层群众性自治组织中从事管理的人员有违法行为的，监察机关可以予以警告、记过、记大过。

基层群众性自治组织中从事管理的人员受到政务处分的，应当由县级或者乡镇人民政府根据具体情况减发或者扣发补贴、奖金。

第二十三条 《中华人民共和国监察法》第十五条第六项规定的人员有违法行为的，监察机关可以予以警告、记过、记大过。情节严重的，由所在单位直接给予或者监察机关建议有关机关、单位给予降低薪酬待遇、调离岗位、解除人事关系或者劳动关系等处理。

《中华人民共和国监察法》第十五条第二项规定的人员，未担任公务员、参照《中华人民共和国公务员法》管理的人员、事业单位工作人员或者国有企业人员职务的，对其违法行为依照前款规定处理。

第二十四条 公职人员被开除，或者依照本法第二十三条规定，受到解除人事关系或者劳动关系处理的，不得录用为公务员以及参照《中华人民共和国公务员法》管理的人员。

第二十五条 公职人员违法取得的财物和用于违法行为的本人财物，除依法应当由其他机关没收、追缴或者责令退赔的，由监察机关没收、追缴或者责令退赔；应当退还原所有人或者原持有人的，依法予以退还；属于国家财产或者不应当退还以及无法退还的，上缴国库。

公职人员因违法行为获得的职务、职级、衔级、级别、岗位和职员等级、职称、待遇、资格、学历、学位、荣誉、奖励等其他利益，监察机关应当建议有关机关、单位、组织按规定予以纠正。

第二十六条 公职人员被开除的，自政务处分决定生效之日起，应当解除其与所在机关、单位的人事关系或者劳动关系。

公职人员受到开除以外的政务处分，在政务处分期内有悔改表现，并且没有再发生应当给予政务处分的违法行为的，政务处分期满后自动解除，晋升职务、职级、衔级、级别、岗位和职员等级、职称、薪酬待遇不再受原政务处分影响。但是，解除降级、撤职的，不恢复原职务、职级、衔级、级别、岗位和职员等级、职称、薪酬待遇。

第二十七条 已经退休的公职人员退休前或者退休后有违法行为的，不再给予政务处分，但是可以对其立案调查；依法应当予以降级、撤职、开除的，应当按照规定相应调整其享受的待遇，对其违法取得的财物和用于违法行为的本人财物依照本法第二十五条的规定处理。

已经离职或者死亡的公职人员在履职期间有违法行为的，依照前款规定处理。

第三章 违法行为及其适用的政务处分

第二十八条 有下列行为之一的，予以记过或者记大过；情节较重的，予以降级或者撤职；情节严重的，予以开除：

（一）散布有损宪法权威、中国共产党领导和国家声誉的言论的；

（二）参加旨在反对宪法、中国共产党领导和国家的集会、游行、示威等活动的；

（三）拒不执行或者变相不执行中国共产党和国家的路线方针政策、重大决策部署的；

（四）参加非法组织、非法活动的；

（五）挑拨、破坏民族关系，或者参加民族分裂活动的；

（六）利用宗教活动破坏民族团结和社会稳定的；

（七）在对外交往中损害国家荣誉和利益的。

有前款第二项、第四项、第五项和第六项行为之一的，对策划者、组织者和骨干分子，予以开除。

公开发表反对宪法确立的国家指导思想，反对中国共产党领导，反对社会主义制度，反对改革开放的文章、演说、宣言、声明等的，予以开除。

第二十九条 不按照规定请示、报告重大事项，情节较重的，予以警告、记过或者记大过；情节严重的，予以降级或者撤职。

违反个人有关事项报告规定，隐瞒不报，情节较重的，予以警告、记过或者记大过。

篡改、伪造本人档案资料的，予以记过或者记大过；情节严重的，予以降级或者撤职。

第三十条 有下列行为之一的，予以警告、记过或者记大过；情节严重的，予以降级或者撤职：

（一）违反民主集中制原则，个人或者少数人决定重大事项，或者拒不执行、擅自改变集体作出的重大决定的；

（二）拒不执行或者变相不执行、拖延执行上级依法作出的决定、命令的。

第三十一条 违反规定出境或者办理因私出境证件的，予以记过或者记大过；情节严重的，予以降级或者撤职。

违反规定取得外国国籍或者获取境外永久居留资格、长期居留许可的，予以撤职或者开除。

第三十二条 有下列行为之一的，予以警告、记过或者记大过；情节较重的，予以降级或者撤职；情节严重的，予以开除：

（一）在选拔任用、录用、聘用、考核、晋升、评选等干部人事工作中违反有关规定的；

（二）弄虚作假，骗取职务、职级、衔级、级别、岗位和职员等级、职称、待遇、资格、学历、学位、荣誉、奖励或者其他利益的；

（三）对依法行使批评、申诉、控告、检举等权利的行为进行压制或者打击报复的；

（四）诬告陷害，意图使他人受到名誉损害或者责任追究等不良影响的；

（五）以暴力、威胁、贿赂、欺骗等手段破坏选举的。

第三十三条 有下列行为之一的，予以警告、记过或者记大过；情节较重的，予以降级或者撤职；情节严重的，予以开除：

（一）贪污贿赂的；

（二）利用职权或者职务上的影响为本人或者他人谋取私利的；

（三）纵容、默许特定关系人利用本人职权或者职务上的影响谋取私利的。

拒不按照规定纠正特定关系人违规任职、兼职或者从事经营活动，且不服从职务调整的，予以撤职。

第三十四条 收受可能影响公正行使公权力的礼品、礼金、有价证券等财物的，予以警告、记过或者记大过；情节较重的，予以降级或者撤职；情节严重的，予以开除。

向公职人员及其特定关系人赠送可能影响公正行使公权力的礼品、礼金、有价证券等财物，或者接受、提供可能影响公正行使公权力的宴请、旅游、健身、娱乐等活动安排，情节较重的，予以警告、记过或者记大过；情节严重的，予以降级或者撤职。

第三十五条 有下列行为之一，情节较重的，予以警告、记过或者记大过；情节严重的，予以降级或者撤职：

（一）违反规定设定、发放薪酬或者津贴、补贴、奖金的；

（二）违反规定，在公务接待、公务交通、会议活动、办公用房以及其他工作生活保障等方面超标准、超范围的；

（三）违反规定公款消费的。

第三十六条 违反规定从事或者参与营利性活动，或者违反规定兼任职务、领取报酬的，予以警告、记过或者记大过；情节较重的，予以降级或者撤职；情节严重的，予以开除。

第三十七条 利用宗族或者黑恶势力等欺压群众，或者纵容、包庇黑恶势力活动的，予以撤职；情节严重的，予以开除。

第三十八条 有下列行为之一，情节较重的，予以警告、记过或者记大过；情节严重的，予以降级或者撤职：

（一）违反规定向管理服务对象收取、摊派财物的；

（二）在管理服务活动中故意刁难、吃拿卡要的；

（三）在管理服务活动中态度恶劣粗暴，造成不良后果或者影响的；

（四）不按照规定公开工作信息，侵犯管理服务对象知情权，造成不良后果或者影响的；

（五）其他侵犯管理服务对象利益的行为，造成不良后果或者影响的。

有前款第一项、第二项和第五项行为，情节特别严重的，予以开除。

第三十九条 有下列行为之一，造成不良后果或者影响的，予以警告、记过或者记大过；情节较重的，予以降级或者撤职；情节严重的，予以开除：

（一）滥用职权，危害国家利益、社会公共利益或者侵害公民、法人、其他组织合法权益的；

（二）不履行或者不正确履行职责，玩忽职守，贻误工作的；

（三）工作中有形式主义、官僚主义行为的；

（四）工作中有弄虚作假，误导、欺骗行为的；

（五）泄露国家秘密、工作秘密，或者泄露因履行职责掌握的商业秘密、个人隐私的。

第四十条 有下列行为之一的，予以警告、记过或者记大过；情节较重的，予以降级或者撤职；情节严重的，予以开除：

（一）违背社会公序良俗，在公共场所有不当行为，造成不良影响的；

（二）参与或者支持迷信活动，造成不良影响的；

（三）参与赌博的；

（四）拒不承担赡养、抚养、扶养义务的；

（五）实施家庭暴力，虐待、遗弃家庭成员的；

（六）其他严重违反家庭美德、社会公德的行为。

吸食、注射毒品，组织赌博，组织、支持、参与卖淫、嫖娼、色情淫乱活动的，予以撤职或者开除。

第四十一条 公职人员有其他违法行为，影响公职人员形象，损害国家和人民利益的，可以根据情节轻重给予相应政务处分。

第四章 政务处分的程序

第四十二条 监察机关对涉嫌违法的公职人员进行调查，应当由二名以上工作人员进行。监察机关进行调查时，有权依法向有关单位和个人了解情况，收集、调取证据。有关单位和个人应当如实提供情况。

严禁以威胁、引诱、欺骗及其他非法方式收集证据。以非法方式收集的证据不得作为给予政务处分的依据。

第四十三条 作出政务处分决定前，监察机关应当将调查认定的违法事实及拟给予政务处分的依据告知被调查人，听取被调查人的陈述和申辩，并对其陈述的事实、理由和证据进行核实，记录在案。被调查人提出的事实、理由和证据成立的，应予采纳。不得因被调查人的申辩而加重政务处分。

第四十四条 调查终结后，监察机关应当根据下列不同情况，分别作出处理：

（一）确有应受政务处分的违法行为的，根据情节轻重，按照政务处分决定权限，履行规定的审批手续后，作出政务处分决定；

（二）违法事实不能成立的，撤销案件；

（三）符合免予、不予政务处分条件的，作出免予、不予政务处分决定；

（四）被调查人涉嫌其他违法或者犯罪行为的，依法移送主管机关处理。

第四十五条 决定给予政务处分的，应当制作政务处分决定书。

政务处分决定书应当载明下列事项：

（一）被处分人的姓名、工作单位和职务；

（二）违法事实和证据；

（三）政务处分的种类和依据；

（四）不服政务处分决定，申请复审、复核的途径和期限；

（五）作出政务处分决定的机关名称和日期。

政务处分决定书应当盖有作出决定的监察机关的印章。

第四十六条 政务处分决定书应当及时送达被处分人和被处分人所在机关、单位，并在一定范围内宣布。

作出政务处分决定后，监察机关应当根据被处分人的具体身份书面告知相关的机关、单位。

第四十七条 参与公职人员违法案件调查、处理的人员有下列情形之一的，应当自行回避，被调查人、检举人及其他有关人员也有权要求其回避：

（一）是被调查人或者检举人的近亲属的；

（二）担任过本案的证人的；

（三）本人或者其近亲属与调查的案件有利害关系的；

（四）可能影响案件公正调查、处理的其他情形。

第四十八条 监察机关负责人的回避，由上级监察机关决定；其他参与违法案件调查、处理人员的回避，由监察机关负责人决定。

监察机关或者上级监察机关发现参与违法案件调查、处理人员有应当回避情形的，可以直接决定该人员回避。

第四十九条 公职人员依法受到刑事责任追究的，监察机关应当根据司法机关的生效判决、裁定、决定及其认定的事实和情节，依照本法规定给予政务处分。

公职人员依法受到行政处罚，应当给予政务处分的，监察机关可以根据行政处罚决定认定的事实和情节，经立案调查核实后，依照本法给予政务处分。

监察机关根据本条第一款、第二款的规定作出政务处分后，司法机关、行政机关依法改变原生效判决、裁定、决定等，对原政务处分决定产生影响的，监察机关应当根据改变后的判决、裁定、决定等重新作出相应处理。

第五十条 监察机关对经各级人民代表大会、县级以上各级人民代表大会常务委员会选举或者决定任命的公职人员予以撤职、开除的，应当先依法罢免、撤销或者免去其职务，再依法作出政务处分决定。

监察机关对经中国人民政治协商会议各级委员会全体会议或者其常务委员会选举或者决定任命的公职人员予以撤职、开除的，应当先依章程免去其职务，再依法作出政务处分决定。

监察机关对各级人民代表大会代表、中国人民政治协商会议各级委员会委员给予政务处分的，应当向有关的人民代表大会常务委员会，乡、民族乡、镇的人民代表大会主席团或者中国人民政治协商会议委员会常务委员会通报。

第五十一条 下级监察机关根据上级监察机关的指定管辖决定进行调查的案件，调查终结后，对不属于本监察机关管辖范围内的监察对象，应当交有管理权限的监察机关依法作出政务处分决定。

第五十二条 公职人员涉嫌违法，已经被立案调查，不宜继续履行职责的，公职人员任免机关、单位可以决定暂停其履行职务。

公职人员在被立案调查期间，未经监察机关同意，不得出境、辞去公职；被调查公职人员所在机关、单位及上级机关、单位不得对其交流、晋升、奖励、处分或者办理退休手续。

第五十三条 监察机关在调查中发现公职人员受到不实检举、控告或者诬告陷害，造成不良影响的，应当按照规定及时澄清事实，恢复名誉，消除不良影响。

第五十四条 公职人员受到政务处分的，应当将政务处分决定书存入其本人档案。对于受到降级以上政务处分的，应当由人事部门按照管理权限在作出政务处分决定后一个月内办理职务、工资及其他有关待遇等的变更手续；特殊情况下，经批准可以适当延长办理期限，但是最长不得超过六个月。

第五章 复审、复核

第五十五条 公职人员对监察机关作出的涉及本人的政务处分决定不服的，可以依法向作出决定的监察机关申请复审；公职人员对复审决定仍不服的，可以向上一级监察机关申请复核。

监察机关发现本机关或者下级监察机关作出的政务处分决定确有错误的，应当及时予以纠正或者责令下级监察机关及时予以纠正。

第五十六条 复审、复核期间，不停止原政务处分决定的执行。

公职人员不因提出复审、复核而被加重政务处分。

第五十七条 有下列情形之一的，复审、复核机关应当撤销原政务处分决定，重新作出决定或者责令原作出决定的监察机关重新作出决定：

（一）政务处分所依据的违法事实不清或者证据不足的；

（二）违反法定程序，影响案件公正处理的；

（三）超越职权或者滥用职权作出政务处分决定的。

第五十八条 有下列情形之一的，复审、复核机关应当变更原政务处分决定，或者责令原作出决定的监察机关予以变更：

（一）适用法律、法规确有错误的；

（二）对违法行为的情节认定确有错误的；

（三）政务处分不当的。

第五十九条 复审、复核机关认为政务处分决定认定事实清楚，适用法律正确的，应当予以维持。

第六十条 公职人员的政务处分决定被变更，需要调整该公职人员的职务、职级、衔级、级别、岗位和职员等级或者薪酬待遇等的，应当按照规定予以调整。政务处分决定被撤销的，应当恢复该公职人员的级别、薪酬待遇，按照原职务、职级、衔级、岗位和职员等级安排相应的职务、职级、衔级、岗位和职员等级，并在原政务处分决定公布范围内为其恢复名誉。没收、追缴财物错误的，应当依法予以返还、赔偿。

公职人员因有本法第五十七条、第五十八条规定的情形被撤销政务处分或者减轻政务处分的，应当对其薪酬待遇受到的损失予以补偿。

第六章 法 律 责 任

第六十一条 有关机关、单位无正当理由拒不采纳监察建议的，由其上级机关、主管部门责令改正，对该机关、单位给予通报批评，对负有责任的领导人员和直接责任人员依法给予处理。

第六十二条 有关机关、单位、组织或者人员有下列情形之一的，由其上级机关，主管部门，任免机关、单位或者监察机关责令改正，依法给予处理：

（一）拒不执行政务处分决定的；

（二）拒不配合或者阻碍调查的；

（三）对检举人、证人或者调查人员进行打击报复的；

（四）诬告陷害公职人员的；

（五）其他违反本法规定的情形。

第六十三条 监察机关及其工作人员有下列情形之一的，对负有责任的领导人员和直接责任人员依法给予处理：

（一）违反规定处置问题线索的；

（二）窃取、泄露调查工作信息，或者泄露检举事项、检举受理情况以及检举人信息的；

（三）对被调查人或者涉案人员逼供、诱供，或者侮辱、打骂、虐待、体罚或者变相体罚的；

（四）收受被调查人或者涉案人员的财物以及其他利益的；

（五）违反规定处置涉案财物的；

（六）违反规定采取调查措施的；

（七）利用职权或者职务上的影响干预调查工作、以案谋私的；

（八）违反规定发生办案安全事故，或者发生安全事故后隐瞒不报、报告失实、处置不当的；

（九）违反回避等程序规定，造成不良影响的；

（十）不依法受理和处理公职人员复审、复核的；

（十一）其他滥用职权、玩忽职守、徇私舞弊的行为。

第六十四条　违反本法规定，构成犯罪的，依法追究刑事责任。

第七章　附　　则

第六十五条　国务院及其相关主管部门根据本法的原则和精神，结合事业单位、国有企业等的实际情况，对事业单位、国有企业等的违法的公职人员处分事宜作出具体规定。

第六十六条　中央军事委员会可以根据本法制定相关具体规定。

第六十七条　本法施行前，已结案的案件如果需要复审、复核，适用当时的规定。尚未结案的案件，如果行为发生时的规定不认为是违法的，适用当时的规定；如果行为发生时的规定认为是违法的，依照当时的规定处理，但是如果本法不认为是违法或者根据本法处理较轻的，适用本法。

第六十八条　本法自 2020 年 7 月 1 日起施行。

中华人民共和国治安管理处罚法

（2005年8月28日第十届全国人民代表大会常务委员会第十七次会议通过　根据2012年10月26日第十一届全国人民代表大会常务委员会第二十九次会议《关于修改〈中华人民共和国治安管理处罚法〉的决定》修正）

第一章　总　　则

第一条　为维护社会治安秩序，保障公共安全，保护公民、法人和其他组织的合法权益，规范和保障公安机关及其人民警察依法履行治安管理职责，制定本法。

第二条　扰乱公共秩序，妨害公共安全，侵犯人身权利、财产权利，妨害社会管理，具有社会危害性，依照《中华人民共和国刑法》的规定构成犯罪的，依法追究刑事责任；尚不够刑事处罚的，由公安机关依照本法给予治安管理处罚。

第三条　治安管理处罚的程序，适用本法的规定；本法没有规定的，适用《中华人民共和国行政处罚法》的有关规定。

第四条　在中华人民共和国领域内发生的违反治安管理行为，除法律有特别规定的外，适用本法。

在中华人民共和国船舶和航空器内发生的违反治安管理行为，除法律有特别规定的外，适用本法。

第五条　治安管理处罚必须以事实为依据，与违反治安管理行为的性质、情节以及社会危害程度相当。

实施治安管理处罚，应当公开、公正，尊重和保障人权，保护公民的人格尊严。

办理治安案件应当坚持教育与处罚相结合的原则。

第六条 各级人民政府应当加强社会治安综合治理，采取有效措施，化解社会矛盾，增进社会和谐，维护社会稳定。

第七条 国务院公安部门负责全国的治安管理工作。县级以上地方各级人民政府公安机关负责本行政区域内的治安管理工作。

治安案件的管辖由国务院公安部门规定。

第八条 违反治安管理的行为对他人造成损害的，行为人或者其监护人应当依法承担民事责任。

第九条 对于因民间纠纷引起的打架斗殴或者损毁他人财物等违反治安管理行为，情节较轻的，公安机关可以调解处理。经公安机关调解，当事人达成协议的，不予处罚。经调解未达成协议或者达成协议后不履行的，公安机关应当依照本法的规定对违反治安管理行为人给予处罚，并告知当事人可以就民事争议依法向人民法院提起民事诉讼。

第二章 处罚的种类和适用

第十条 治安管理处罚的种类分为：

（一）警告；

（二）罚款；

（三）行政拘留；

（四）吊销公安机关发放的许可证。

对违反治安管理的外国人，可以附加适用限期出境或者驱逐出境。

第十一条 办理治安案件所查获的毒品、淫秽物品等违禁品，赌具、赌资，吸食、注射毒品的用具以及直接用于实施违反治安管理行为的本人所有的工具，应当收缴，按照规定处理。

违反治安管理所得的财物，追缴退还被侵害人；没有被侵害人的，登记造册，公开拍卖或者按照国家有关规定处理，所得款项上缴国库。

第十二条 已满十四周岁不满十八周岁的人违反治安管理的，从轻或者减轻处罚；不满十四周岁的人违反治安管理的，不予处罚，但是应当责令其监护人严加管教。

第十三条 精神病人在不能辨认或者不能控制自己行为的时候违反治安管理的，不予处罚，但是应当责令其监护人严加看管和治疗。间歇性的精神病人在精神正常的时候违反治安管理的，应当给予处罚。

第十四条 盲人或者又聋又哑的人违反治安管理的，可以从轻、减轻或者不予处罚。

第十五条 醉酒的人违反治安管理的，应当给予处罚。

醉酒的人在醉酒状态中，对本人有危险或者对他人的人身、财产或者公共安全有威胁的，应当对其采取保护性措施约束至酒醒。

第十六条 有两种以上违反治安管理行为的，分别决定，合并执行。行政拘留处罚合并执行的，最长不超过二十日。

第十七条 共同违反治安管理的，根据违反治安管理行为人在违反治安管理行为中所起的作用，分别处罚。

教唆、胁迫、诱骗他人违反治安管理的，按照其教唆、胁迫、诱骗的行为处罚。

第十八条 单位违反治安管理的，对其直接负责的主管人员和其他直接责任人员依照本法的规定处罚。其他法律、行政法规对同一行为规定给予单位处罚的，依照其规定处罚。

第十九条 违反治安管理有下列情形之一的，减轻处罚或者不予处罚：

（一）情节特别轻微的；

（二）主动消除或者减轻违法后果，并取得被侵害人谅解的；

（三）出于他人胁迫或者诱骗的；

（四）主动投案，向公安机关如实陈述自己的违法行为的；

（五）有立功表现的。

第二十条 违反治安管理有下列情形之一的，从重处罚：

（一）有较严重后果的；

（二）教唆、胁迫、诱骗他人违反治安管理的；

（三）对报案人、控告人、举报人、证人打击报复的；

（四）六个月内曾受过治安管理处罚的。

第二十一条 违反治安管理行为人有下列情形之一，依照本法应当给予行政拘留处罚的，不执行行政拘留处罚：

（一）已满十四周岁不满十六周岁的；

（二）已满十六周岁不满十八周岁，初次违反治安管理的；

（三）七十周岁以上的；

（四）怀孕或者哺乳自己不满一周岁婴儿的。

第二十二条 违反治安管理行为在六个月内没有被公安机关发现的，不再处罚。

前款规定的期限，从违反治安管理行为发生之日起计算；违反治安管理行为有连续或者继续状态的，从行为终了之日起计算。

第三章　违反治安管理的行为和处罚

第一节　扰乱公共秩序的行为和处罚

第二十三条 有下列行为之一的，处警告或者二百元以下罚款；情节较重的，处五日以上十日以下拘留，可以并处五百元以下罚款：

（一）扰乱机关、团体、企业、事业单位秩序，致使工作、生产、营业、医疗、教学、科研不能正常进行，尚未造成严重损失的；

（二）扰乱车站、港口、码头、机场、商场、公园、展览馆或者其他公共场所秩序的；

（三）扰乱公共汽车、电车、火车、船舶、航空器或者其他公共交通工具上的秩序的；

（四）非法拦截或者强登、扒乘机动车、船舶、航空器以及其他交通工具，影响交通工具正常行驶的；

（五）破坏依法进行的选举秩序的。

聚众实施前款行为的，对首要分子处十日以上十五日以下拘留，可以并处一千元以下罚款。

第二十四条 有下列行为之一，扰乱文化、体育等大型群众性活动秩序的，处警告或者二百元以下罚款；情节严重的，处五日以上十日以下拘留，可以并处五百元以下罚款：

（一）强行进入场内的；

（二）违反规定，在场内燃放烟花爆竹或者其他物品的；

（三）展示侮辱性标语、条幅等物品的；

（四）围攻裁判员、运动员或者其他工作人员的；

（五）向场内投掷杂物，不听制止的；

（六）扰乱大型群众性活动秩序的其他行为。

因扰乱体育比赛秩序被处以拘留处罚的，可以同时责令其十二个月内不得进入体育场馆观看同类比赛；违反规定进入体育场馆的，强行带离现场。

第二十五条 有下列行为之一的，处五日以上十日以下拘留，可以并处五百元以下罚款；情节较轻的，处五日以下拘留或者五百元以下罚款：

（一）散布谣言，谎报险情、疫情、警情或者以其他方法故意扰乱公共秩序的；

（二）投放虚假的爆炸性、毒害性、放射性、腐蚀性物质或者传染病病原体等危险物质扰乱公共秩序的；

（三）扬言实施放火、爆炸、投放危险物质扰乱公共秩序的。

第二十六条 有下列行为之一的，处五日以上十日以下拘留，可以并处五百元以下罚款；情节较重的，处十日以上十五日以下拘留，可以并处一千元以下罚款：

（一）结伙斗殴的；

（二）追逐、拦截他人的；

（三）强拿硬要或者任意损毁、占用公私财物的；

（四）其他寻衅滋事行为。

第二十七条 有下列行为之一的，处十日以上十五日以下拘留，可以并处一千元以下罚款；情节较轻的，处五日以上十日以下拘留，可以并处五百元以下罚款：

（一）组织、教唆、胁迫、诱骗、煽动他人从事邪教、会道门活动或者利用邪教、会道门、迷信活动，扰乱社会秩序、损害他人身体健康的；

（二）冒用宗教、气功名义进行扰乱社会秩序、损害他人身体健康活动的。

第二十八条　违反国家规定，故意干扰无线电业务正常进行的，或者对正常运行的无线电台（站）产生有害干扰，经有关主管部门指出后，拒不采取有效措施消除的，处五日以上十日以下拘留；情节严重的，处十日以上十五日以下拘留。

第二十九条　有下列行为之一的，处五日以下拘留；情节较重的，处五日以上十日以下拘留：

（一）违反国家规定，侵入计算机信息系统，造成危害的；

（二）违反国家规定，对计算机信息系统功能进行删除、修改、增加、干扰，造成计算机信息系统不能正常运行的；

（三）违反国家规定，对计算机信息系统中存储、处理、传输的数据和应用程序进行删除、修改、增加的；

（四）故意制作、传播计算机病毒等破坏性程序，影响计算机信息系统正常运行的。

第二节　妨害公共安全的行为和处罚

第三十条　违反国家规定，制造、买卖、储存、运输、邮寄、携带、使用、提供、处置爆炸性、毒害性、放射性、腐蚀性物质或者传染病病原体等危险物质的，处十日以上十五日以下拘留；情节较轻的，处五日以上十日以下拘留。

第三十一条　爆炸性、毒害性、放射性、腐蚀性物质或者传染病病原体等危险物质被盗、被抢或者丢失，未按规定报告的，处五日以下拘留；故意隐瞒不报的，处五日以上十日以下拘留。

第三十二条　非法携带枪支、弹药或者弩、匕首等国家规定的管制器具的，处五日以下拘留，可以并处五百元以下罚款；情节较轻的，处警告或者二百元以下罚款。

非法携带枪支、弹药或者弩、匕首等国家规定的管制器具进入公共场所或者公共交通工具的，处五日以上十日以下拘留，可以并处五百元以下罚款。

第三十三条 有下列行为之一的，处十日以上十五日以下拘留：

（一）盗窃、损毁油气管道设施、电力电信设施、广播电视设施、水利防汛工程设施或者水文监测、测量、气象测报、环境监测、地质监测、地震监测等公共设施的；

（二）移动、损毁国家边境的界碑、界桩以及其他边境标志、边境设施或者领土、领海标志设施的；

（三）非法进行影响国（边）界线走向的活动或者修建有碍国（边）境管理的设施的。

第三十四条 盗窃、损坏、擅自移动使用中的航空设施，或者强行进入航空器驾驶舱的，处十日以上十五日以下拘留。

在使用中的航空器上使用可能影响导航系统正常功能的器具、工具，不听劝阻的，处五日以下拘留或者五百元以下罚款。

第三十五条 有下列行为之一的，处五日以上十日以下拘留，可以并处五百元以下罚款；情节较轻的，处五日以下拘留或者五百元以下罚款：

（一）盗窃、损毁或者擅自移动铁路设施、设备、机车车辆配件或者安全标志的；

（二）在铁路线路上放置障碍物，或者故意向列车投掷物品的；

（三）在铁路线路、桥梁、涵洞处挖掘坑穴、采石取沙的；

（四）在铁路线路上私设道口或者平交过道的。

第三十六条 擅自进入铁路防护网或者火车来临时在铁路线路上行走坐卧、抢越铁路，影响行车安全的，处警告或者二百元以下罚款。

第三十七条 有下列行为之一的，处五日以下拘留或者五百元以下罚款；情节严重的，处五日以上十日以下拘留，可以并处五百元以下罚款：

（一）未经批准，安装、使用电网的，或者安装、使用电网不符合安全规定的；

（二）在车辆、行人通行的地方施工，对沟井坎穴不设覆盖物、防围和警示标志的，或者故意损毁、移动覆盖物、防围和警示标志的；

（三）盗窃、损毁路面井盖、照明等公共设施的。

第三十八条　举办文化、体育等大型群众性活动，违反有关规定，有发生安全事故危险的，责令停止活动，立即疏散；对组织者处五日以上十日以下拘留，并处二百元以上五百元以下罚款；情节较轻的，处五日以下拘留或者五百元以下罚款。

第三十九条　旅馆、饭店、影剧院、娱乐场、运动场、展览馆或者其他供社会公众活动的场所的经营管理人员，违反安全规定，致使该场所有发生安全事故危险，经公安机关责令改正，拒不改正的，处五日以下拘留。

第三节　侵犯人身权利、财产权利的行为和处罚

第四十条　有下列行为之一的，处十日以上十五日以下拘留，并处五百元以上一千元以下罚款；情节较轻的，处五日以上十日以下拘留，并处二百元以上五百元以下罚款：

（一）组织、胁迫、诱骗不满十六周岁的人或者残疾人进行恐怖、残忍表演的；

（二）以暴力、威胁或者其他手段强迫他人劳动的；

（三）非法限制他人人身自由、非法侵入他人住宅或者非法搜查他人身体的。

第四十一条　胁迫、诱骗或者利用他人乞讨的，处十日以上十五日以下拘留，可以并处一千元以下罚款。

反复纠缠、强行讨要或者以其他滋扰他人的方式乞讨的，处五日以下拘留或者警告。

第四十二条　有下列行为之一的，处五日以下拘留或者五百元以下罚款；情节较重的，处五日以上十日以下拘留，可以并处五百元以下罚款：

（一）写恐吓信或者以其他方法威胁他人人身安全的；

（二）公然侮辱他人或者捏造事实诽谤他人的；

（三）捏造事实诬告陷害他人，企图使他人受到刑事追究或者受到治安

管理处罚的；

（四）对证人及其近亲属进行威胁、侮辱、殴打或者打击报复的；

（五）多次发送淫秽、侮辱、恐吓或者其他信息，干扰他人正常生活的；

（六）偷窥、偷拍、窃听、散布他人隐私的。

第四十三条 殴打他人的，或者故意伤害他人身体的，处五日以上十日以下拘留，并处二百元以上五百元以下罚款；情节较轻的，处五日以下拘留或者五百元以下罚款。

有下列情形之一的，处十日以上十五日以下拘留，并处五百元以上一千元以下罚款：

（一）结伙殴打、伤害他人的；

（二）殴打、伤害残疾人、孕妇、不满十四周岁的人或者六十周岁以上的人的；

（三）多次殴打、伤害他人或者一次殴打、伤害多人的。

第四十四条 猥亵他人的，或者在公共场所故意裸露身体，情节恶劣的，处五日以上十日以下拘留；猥亵智力残疾人、精神病人、不满十四周岁的人或者有其他严重情节的，处十日以上十五日以下拘留。

第四十五条 有下列行为之一的，处五日以下拘留或者警告：

（一）虐待家庭成员，被虐待人要求处理的；

（二）遗弃没有独立生活能力的被扶养人的。

第四十六条 强买强卖商品，强迫他人提供服务或者强迫他人接受服务的，处五日以上十日以下拘留，并处二百元以上五百元以下罚款；情节较轻的，处五日以下拘留或者五百元以下罚款。

第四十七条 煽动民族仇恨、民族歧视，或者在出版物、计算机信息网络中刊载民族歧视、侮辱内容的，处十日以上十五日以下拘留，可以并处一千元以下罚款。

第四十八条 冒领、隐匿、毁弃、私自开拆或者非法检查他人邮件的，处五日以下拘留或者五百元以下罚款。

第四十九条 盗窃、诈骗、哄抢、抢夺、敲诈勒索或者故意损毁公私财物的，处五日以上十日以下拘留，可以并处五百元以下罚款；情节较重的，处十日以上十五日以下拘留，可以并处一千元以下罚款。

第四节 妨害社会管理的行为和处罚

第五十条 有下列行为之一的，处警告或者二百元以下罚款；情节严重的，处五日以上十日以下拘留，可以并处五百元以下罚款：

（一）拒不执行人民政府在紧急状态情况下依法发布的决定、命令的；

（二）阻碍国家机关工作人员依法执行职务的；

（三）阻碍执行紧急任务的消防车、救护车、工程抢险车、警车等车辆通行的；

（四）强行冲闯公安机关设置的警戒带、警戒区的。

阻碍人民警察依法执行职务的，从重处罚。

第五十一条 冒充国家机关工作人员或者以其他虚假身份招摇撞骗的，处五日以上十日以下拘留，可以并处五百元以下罚款；情节较轻的，处五日以下拘留或者五百元以下罚款。

冒充军警人员招摇撞骗的，从重处罚。

第五十二条 有下列行为之一的，处十日以上十五日以下拘留，可以并处一千元以下罚款；情节较轻的，处五日以上十日以下拘留，可以并处五百元以下罚款：

（一）伪造、变造或者买卖国家机关、人民团体、企业、事业单位或者其他组织的公文、证件、证明文件、印章的；

（二）买卖或者使用伪造、变造的国家机关、人民团体、企业、事业单位或者其他组织的公文、证件、证明文件的；

（三）伪造、变造、倒卖车票、船票、航空客票、文艺演出票、体育比赛入场券或者其他有价票证、凭证的；

（四）伪造、变造船舶户牌，买卖或者使用伪造、变造的船舶户牌，或者涂改船舶发动机号码的。

第五十三条 船舶擅自进入、停靠国家禁止、限制进入的水域或者岛屿的，对船舶负责人及有关责任人员处五百元以上一千元以下罚款；情节严重的，处五日以下拘留，并处五百元以上一千元以下罚款。

第五十四条 有下列行为之一的，处十日以上十五日以下拘留，并处五百元以上一千元以下罚款；情节较轻的，处五日以下拘留或者五百元以下罚款：

（一）违反国家规定，未经注册登记，以社会团体名义进行活动，被取缔后，仍进行活动的；

（二）被依法撤销登记的社会团体，仍以社会团体名义进行活动的；

（三）未经许可，擅自经营按照国家规定需要由公安机关许可的行业的。

有前款第三项行为的，予以取缔。

取得公安机关许可的经营者，违反国家有关管理规定，情节严重的，公安机关可以吊销许可证。

第五十五条 煽动、策划非法集会、游行、示威，不听劝阻的，处十日以上十五日以下拘留。

第五十六条 旅馆业的工作人员对住宿的旅客不按规定登记姓名、身份证件种类和号码的，或者明知住宿的旅客将危险物质带入旅馆，不予制止的，处二百元以上五百元以下罚款。

旅馆业的工作人员明知住宿的旅客是犯罪嫌疑人员或者被公安机关通缉的人员，不向公安机关报告的，处二百元以上五百元以下罚款；情节严重的，处五日以下拘留，可以并处五百元以下罚款。

第五十七条 房屋出租人将房屋出租给无身份证件的人居住的，或者不按规定登记承租人姓名、身份证件种类和号码的，处二百元以上五百元以下罚款。

房屋出租人明知承租人利用出租房屋进行犯罪活动，不向公安机关报告的，处二百元以上五百元以下罚款；情节严重的，处五日以下拘留，可以并处五百元以下罚款。

第五十八条 违反关于社会生活噪声污染防治的法律规定，制造噪声干扰他人正常生活的，处警告；警告后不改正的，处二百元以上五百元以下罚款。

第五十九条 有下列行为之一的，处五百元以上一千元以下罚款；情节严重的，处五日以上十日以下拘留，并处五百元以上一千元以下罚款：

（一）典当业工作人员承接典当的物品，不查验有关证明、不履行登记手续，或者明知是违法犯罪嫌疑人、赃物，不向公安机关报告的；

（二）违反国家规定，收购铁路、油田、供电、电信、矿山、水利、测量和城市公用设施等废旧专用器材的；

（三）收购公安机关通报寻查的赃物或者有赃物嫌疑的物品的；

（四）收购国家禁止收购的其他物品的。

第六十条 有下列行为之一的，处五日以上十日以下拘留，并处二百元以上五百元以下罚款：

（一）隐藏、转移、变卖或者损毁行政执法机关依法扣押、查封、冻结的财物的；

（二）伪造、隐匿、毁灭证据或者提供虚假证言、谎报案情，影响行政执法机关依法办案的；

（三）明知是赃物而窝藏、转移或者代为销售的；

（四）被依法执行管制、剥夺政治权利或者在缓刑、暂予监外执行中的罪犯或者被依法采取刑事强制措施的人，有违反法律、行政法规或者国务院有关部门的监督管理规定的行为。

第六十一条 协助组织或者运送他人偷越国（边）境的，处十日以上十五日以下拘留，并处一千元以上五千元以下罚款。

第六十二条 为偷越国（边）境人员提供条件的，处五日以上十日以下拘留，并处五百元以上二千元以下罚款。

偷越国（边）境的，处五日以下拘留或者五百元以下罚款。

第六十三条 有下列行为之一的，处警告或者二百元以下罚款；情节较重的，处五日以上十日以下拘留，并处二百元以上五百元以下罚款：

（一）刻划、涂污或者以其他方式故意损坏国家保护的文物、名胜古迹的；

（二）违反国家规定，在文物保护单位附近进行爆破、挖掘等活动，危及文物安全的。

第六十四条 有下列行为之一的，处五百元以上一千元以下罚款；情节严重的，处十日以上十五日以下拘留，并处五百元以上一千元以下罚款：

（一）偷开他人机动车的；

（二）未取得驾驶证驾驶或者偷开他人航空器、机动船舶的。

第六十五条 有下列行为之一的，处五日以上十日以下拘留；情节严重的，处十日以上十五日以下拘留，可以并处一千元以下罚款：

（一）故意破坏、污损他人坟墓或者毁坏、丢弃他人尸骨、骨灰的；

（二）在公共场所停放尸体或者因停放尸体影响他人正常生活、工作秩序，不听劝阻的。

第六十六条 卖淫、嫖娼的，处十日以上十五日以下拘留，可以并处五千元以下罚款；情节较轻的，处五日以下拘留或者五百元以下罚款。

在公共场所拉客招嫖的，处五日以下拘留或者五百元以下罚款。

第六十七条 引诱、容留、介绍他人卖淫的，处十日以上十五日以下拘留，可以并处五千元以下罚款；情节较轻的，处五日以下拘留或者五百元以下罚款。

第六十八条 制作、运输、复制、出售、出租淫秽的书刊、图片、影片、音像制品等淫秽物品或者利用计算机信息网络、电话以及其他通讯工具传播淫秽信息的，处十日以上十五日以下拘留，可以并处三千元以下罚款；情节较轻的，处五日以下拘留或者五百元以下罚款。

第六十九条 有下列行为之一的，处十日以上十五日以下拘留，并处五百元以上一千元以下罚款：

（一）组织播放淫秽音像的；

（二）组织或者进行淫秽表演的；

（三）参与聚众淫乱活动的。

明知他人从事前款活动，为其提供条件的，依照前款的规定处罚。

第七十条 以营利为目的，为赌博提供条件的，或者参与赌博赌资较大的，处五日以下拘留或者五百元以下罚款；情节严重的，处十日以上十五日以下拘留，并处五百元以上三千元以下罚款。

第七十一条 有下列行为之一的，处十日以上十五日以下拘留，可以并处三千元以下罚款；情节较轻的，处五日以下拘留或者五百元以下罚款：

（一）非法种植罂粟不满五百株或者其他少量毒品原植物的；

（二）非法买卖、运输、携带、持有少量未经灭活的罂粟等毒品原植物种子或者幼苗的；

（三）非法运输、买卖、储存、使用少量罂粟壳的。

有前款第一项行为，在成熟前自行铲除的，不予处罚。

第七十二条　有下列行为之一的，处十日以上十五日以下拘留，可以并处二千元以下罚款；情节较轻的，处五日以下拘留或者五百元以下罚款：

（一）非法持有鸦片不满二百克、海洛因或者甲基苯丙胺不满十克或者其他少量毒品的；

（二）向他人提供毒品的；

（三）吸食、注射毒品的；

（四）胁迫、欺骗医务人员开具麻醉药品、精神药品的。

第七十三条　教唆、引诱、欺骗他人吸食、注射毒品的，处十日以上十五日以下拘留，并处五百元以上二千元以下罚款。

第七十四条　旅馆业、饮食服务业、文化娱乐业、出租汽车业等单位的人员，在公安机关查处吸毒、赌博、卖淫、嫖娼活动时，为违法犯罪行为人通风报信的，处十日以上十五日以下拘留。

第七十五条　饲养动物，干扰他人正常生活的，处警告；警告后不改正的，或者放任动物恐吓他人的，处二百元以上五百元以下罚款。

驱使动物伤害他人的，依照本法第四十三条第一款的规定处罚。

第七十六条　有本法第六十七条、第六十八条、第七十条的行为，屡教不改的，可以按照国家规定采取强制性教育措施。

第四章　处罚程序

第一节　调　查

第七十七条　公安机关对报案、控告、举报或者违反治安管理行为人主动投案，以及其他行政主管部门、司法机关移送的违反治安管理案件，应当及时受理，并进行登记。

第七十八条 公安机关受理报案、控告、举报、投案后，认为属于违反治安管理行为的，应当立即进行调查；认为不属于违反治安管理行为的，应当告知报案人、控告人、举报人、投案人，并说明理由。

第七十九条 公安机关及其人民警察对治安案件的调查，应当依法进行。严禁刑讯逼供或者采用威胁、引诱、欺骗等非法手段收集证据。

以非法手段收集的证据不得作为处罚的根据。

第八十条 公安机关及其人民警察在办理治安案件时，对涉及的国家秘密、商业秘密或者个人隐私，应当予以保密。

第八十一条 人民警察在办理治安案件过程中，遇有下列情形之一的，应当回避；违反治安管理行为人、被侵害人或者其法定代理人也有权要求他们回避：

（一）是本案当事人或者当事人的近亲属的；

（二）本人或者其近亲属与本案有利害关系的；

（三）与本案当事人有其他关系，可能影响案件公正处理的。

人民警察的回避，由其所属的公安机关决定；公安机关负责人的回避，由上一级公安机关决定。

第八十二条 需要传唤违反治安管理行为人接受调查的，经公安机关办案部门负责人批准，使用传唤证传唤。对现场发现的违反治安管理行为人，人民警察经出示工作证件，可以口头传唤，但应当在询问笔录中注明。

公安机关应当将传唤的原因和依据告知被传唤人。对无正当理由不接受传唤或者逃避传唤的人，可以强制传唤。

第八十三条 对违反治安管理行为人，公安机关传唤后应当及时询问查证，询问查证的时间不得超过八小时；情况复杂，依照本法规定可能适用行政拘留处罚的，询问查证的时间不得超过二十四小时。

公安机关应当及时将传唤的原因和处所通知被传唤人家属。

第八十四条 询问笔录应当交被询问人核对；对没有阅读能力的，应当向其宣读。记载有遗漏或者差错的，被询问人可以提出补充或者更正。被询问人确认笔录无误后，应当签名或者盖章，询问的人民警察也应当在笔录上签名。

被询问人要求就被询问事项自行提供书面材料的，应当准许；必要时，人民警察也可以要求被询问人自行书写。

询问不满十六周岁的违反治安管理行为人，应当通知其父母或者其他监护人到场。

第八十五条　人民警察询问被侵害人或者其他证人，可以到其所在单位或者住处进行；必要时，也可以通知其到公安机关提供证言。

人民警察在公安机关以外询问被侵害人或者其他证人，应当出示工作证件。

询问被侵害人或者其他证人，同时适用本法第八十四条的规定。

第八十六条　询问聋哑的违反治安管理行为人、被侵害人或者其他证人，应当有通晓手语的人提供帮助，并在笔录上注明。

询问不通晓当地通用的语言文字的违反治安管理行为人、被侵害人或者其他证人，应当配备翻译人员，并在笔录上注明。

第八十七条　公安机关对与违反治安管理行为有关的场所、物品、人身可以进行检查。检查时，人民警察不得少于二人，并应当出示工作证件和县级以上人民政府公安机关开具的检查证明文件。对确有必要立即进行检查的，人民警察经出示工作证件，可以当场检查，但检查公民住所应当出示县级以上人民政府公安机关开具的检查证明文件。

检查妇女的身体，应当由女性工作人员进行。

第八十八条　检查的情况应当制作检查笔录，由检查人、被检查人和见证人签名或者盖章；被检查人拒绝签名的，人民警察应当在笔录上注明。

第八十九条　公安机关办理治安案件，对与案件有关的需要作为证据的物品，可以扣押；对被侵害人或者善意第三人合法占有的财产，不得扣押，应当予以登记。对与案件无关的物品，不得扣押。

对扣押的物品，应当会同在场见证人和被扣押物品持有人查点清楚，当场开列清单一式二份，由调查人员、见证人和持有人签名或者盖章，一份交给持有人，另一份附卷备查。

对扣押的物品，应当妥善保管，不得挪作他用；对不宜长期保存的物品，按照有关规定处理。经查明与案件无关的，应当及时退还；经核实属于他人合法财产的，应当登记后立即退还；满六个月无人对该财产主张权利或者无法查清权利人的，应当公开拍卖或者按照国家有关规定处理，所得款项上缴国库。

第九十条 为了查明案情，需要解决案件中有争议的专门性问题的，应当指派或者聘请具有专门知识的人员进行鉴定；鉴定人鉴定后，应当写出鉴定意见，并且签名。

第二节 决 定

第九十一条 治安管理处罚由县级以上人民政府公安机关决定；其中警告、五百元以下的罚款可以由公安派出所决定。

第九十二条 对决定给予行政拘留处罚的人，在处罚前已经采取强制措施限制人身自由的时间，应当折抵。限制人身自由一日，折抵行政拘留一日。

第九十三条 公安机关查处治安案件，对没有本人陈述，但其他证据能够证明案件事实的，可以作出治安管理处罚决定。但是，只有本人陈述，没有其他证据证明的，不能作出治安管理处罚决定。

第九十四条 公安机关作出治安管理处罚决定前，应当告知违反治安管理行为人作出治安管理处罚的事实、理由及依据，并告知违反治安管理行为人依法享有的权利。

违反治安管理行为人有权陈述和申辩。公安机关必须充分听取违反治安管理行为人的意见，对违反治安管理行为人提出的事实、理由和证据，应当进行复核；违反治安管理行为人提出的事实、理由或者证据成立的，公安机关应当采纳。

公安机关不得因违反治安管理行为人的陈述、申辩而加重处罚。

第九十五条 治安案件调查结束后，公安机关应当根据不同情况，分别作出以下处理：

（一）确有依法应当给予治安管理处罚的违法行为的，根据情节轻重及具体情况，作出处罚决定；

（二）依法不予处罚的，或者违法事实不能成立的，作出不予处罚决定；

（三）违法行为已涉嫌犯罪的，移送主管机关依法追究刑事责任；

（四）发现违反治安管理行为人有其他违法行为的，在对违反治安管理行为作出处罚决定的同时，通知有关行政主管部门处理。

第九十六条　公安机关作出治安管理处罚决定的，应当制作治安管理处罚决定书。决定书应当载明下列内容：

（一）被处罚人的姓名、性别、年龄、身份证件的名称和号码、住址；

（二）违法事实和证据；

（三）处罚的种类和依据；

（四）处罚的执行方式和期限；

（五）对处罚决定不服，申请行政复议、提起行政诉讼的途径和期限；

（六）作出处罚决定的公安机关的名称和作出决定的日期。

决定书应当由作出处罚决定的公安机关加盖印章。

第九十七条　公安机关应当向被处罚人宣告治安管理处罚决定书，并当场交付被处罚人；无法当场向被处罚人宣告的，应当在二日内送达被处罚人。决定给予行政拘留处罚的，应当及时通知被处罚人的家属。

有被侵害人的，公安机关应当将决定书副本抄送被侵害人。

第九十八条　公安机关作出吊销许可证以及处二千元以上罚款的治安管理处罚决定前，应当告知违反治安管理行为人有权要求举行听证；违反治安管理行为人要求听证的，公安机关应当及时依法举行听证。

第九十九条　公安机关办理治安案件的期限，自受理之日起不得超过三十日；案情重大、复杂的，经上一级公安机关批准，可以延长三十日。

为了查明案情进行鉴定的期间，不计入办理治安案件的期限。

第一百条　违反治安管理行为事实清楚，证据确凿，处警告或者二百元以下罚款的，可以当场作出治安管理处罚决定。

第一百零一条　当场作出治安管理处罚决定的，人民警察应当向违反治安管理行为人出示工作证件，并填写处罚决定书。处罚决定书应当当场交付被处罚人；有被侵害人的，并将决定书副本抄送被侵害人。

前款规定的处罚决定书，应当载明被处罚人的姓名、违法行为、处罚依据、罚款数额、时间、地点以及公安机关名称，并由经办的人民警察签名或者盖章。

当场作出治安管理处罚决定的，经办的人民警察应当在二十四小时内报所属公安机关备案。

第一百零二条 被处罚人对治安管理处罚决定不服的，可以依法申请行政复议或者提起行政诉讼。

第三节 执　　行

第一百零三条 对被决定给予行政拘留处罚的人，由作出决定的公安机关送达拘留所执行。

第一百零四条 受到罚款处罚的人应当自收到处罚决定书之日起十五日内，到指定的银行缴纳罚款。但是，有下列情形之一的，人民警察可以当场收缴罚款：

（一）被处五十元以下罚款，被处罚人对罚款无异议的；

（二）在边远、水上、交通不便地区，公安机关及其人民警察依照本法的规定作出罚款决定后，被处罚人向指定的银行缴纳罚款确有困难，经被处罚人提出的；

（三）被处罚人在当地没有固定住所，不当场收缴事后难以执行的。

第一百零五条 人民警察当场收缴的罚款，应当自收缴罚款之日起二日内，交至所属的公安机关；在水上、旅客列车上当场收缴的罚款，应当自抵岸或者到站之日起二日内，交至所属的公安机关；公安机关应当自收到罚款之日起二日内将罚款缴付指定的银行。

第一百零六条 人民警察当场收缴罚款的，应当向被处罚人出具省、自治区、直辖市人民政府财政部门统一制发的罚款收据；不出具统一制发的罚款收据的，被处罚人有权拒绝缴纳罚款。

第一百零七条 被处罚人不服行政拘留处罚决定，申请行政复议、提起行政诉讼的，可以向公安机关提出暂缓执行行政拘留的申请。公安机关认为暂缓执行行政拘留不致发生社会危险的，由被处罚人或者其近亲属提出符合本法第一百零八条规定条件的担保人，或者按每日行政拘留二百元的标准交纳保证金，行政拘留的处罚决定暂缓执行。

第一百零八条　担保人应当符合下列条件：

（一）与本案无牵连；

（二）享有政治权利，人身自由未受到限制；

（三）在当地有常住户口和固定住所；

（四）有能力履行担保义务。

第一百零九条　担保人应当保证被担保人不逃避行政拘留处罚的执行。

担保人不履行担保义务，致使被担保人逃避行政拘留处罚的执行的，由公安机关对其处三千元以下罚款。

第一百一十条　被决定给予行政拘留处罚的人交纳保证金，暂缓行政拘留后，逃避行政拘留处罚的执行的，保证金予以没收并上缴国库，已经作出的行政拘留决定仍应执行。

第一百一十一条　行政拘留的处罚决定被撤销，或者行政拘留处罚开始执行的，公安机关收取的保证金应当及时退还交纳人。

第五章　执法监督

第一百一十二条　公安机关及其人民警察应当依法、公正、严格、高效办理治安案件，文明执法，不得徇私舞弊。

第一百一十三条　公安机关及其人民警察办理治安案件，禁止对违反治安管理行为人打骂、虐待或者侮辱。

第一百一十四条　公安机关及其人民警察办理治安案件，应当自觉接受社会和公民的监督。

公安机关及其人民警察办理治安案件，不严格执法或者有违法违纪行为的，任何单位和个人都有权向公安机关或者人民检察院、行政监察机关检举、控告；收到检举、控告的机关，应当依据职责及时处理。

第一百一十五条 公安机关依法实施罚款处罚，应当依照有关法律、行政法规的规定，实行罚款决定与罚款收缴分离；收缴的罚款应当全部上缴国库。

第一百一十六条 人民警察办理治安案件，有下列行为之一的，依法给予行政处分；构成犯罪的，依法追究刑事责任：

（一）刑讯逼供、体罚、虐待、侮辱他人的；

（二）超过询问查证的时间限制人身自由的；

（三）不执行罚款决定与罚款收缴分离制度或者不按规定将罚没的财物上缴国库或者依法处理的；

（四）私分、侵占、挪用、故意损毁收缴、扣押的财物的；

（五）违反规定使用或者不及时返还被侵害人财物的；

（六）违反规定不及时退还保证金的；

（七）利用职务上的便利收受他人财物或者谋取其他利益的；

（八）当场收缴罚款不出具罚款收据或者不如实填写罚款数额的；

（九）接到要求制止违反治安管理行为的报警后，不及时出警的；

（十）在查处违反治安管理活动时，为违法犯罪行为人通风报信的；

（十一）有徇私舞弊、滥用职权，不依法履行法定职责的其他情形的。

办理治安案件的公安机关有前款所列行为的，对直接负责的主管人员和其他直接责任人员给予相应的行政处分。

第一百一十七条 公安机关及其人民警察违法行使职权，侵犯公民、法人和其他组织合法权益的，应当赔礼道歉；造成损害的，应当依法承担赔偿责任。

第六章 附 则

第一百一十八条 本法所称以上、以下、以内，包括本数。

第一百一十九条 本法自 2006 年 3 月 1 日起施行。1986 年 9 月 5 日公布、1994 年 5 月 12 日修订公布的《中华人民共和国治安管理处罚条例》同时废止。

图书在版编目（CIP）数据

信访工作条例辅导读本 / 中央信访工作联席会议办公室，国家信访局编．—北京：中国法制出版社，2022.6（2025.12重印）

ISBN 978 -7 -5216 -2739 -8

Ⅰ．①信… Ⅱ．①中… ②国… Ⅲ．①信访工作 - 条例 - 中国 - 学习参考资料 Ⅳ．①D922.182.1

中国版本图书馆 CIP 数据核字（2022）第 105087 号

策划编辑/责任编辑　马　颖　　　　封面设计　李　宁

信访工作条例辅导读本

XINFANG GONGZUO TIAOLI FUDAO DUBEN

编/中央信访工作联席会议办公室，国家信访局

经销/新华书店

印刷/保定市中画美凯印刷有限公司

开本/710 毫米 ×1000 毫米　16 开　　　　印张/ 23　字数/ 316 千

版次/2022 年 6 月第 1 版　　　　2025 年 12 月第 8 次印刷

中国法制出版社出版

书号 ISBN 978 -7 -5216 -2739 -8　　　　定价：69.00 元

北京市西城区西便门西里甲 16 号西便门办公区

邮政编码：100053　　　　传真：010 -63141600

网址：http：//www.zgfzs.com　　　　**编辑部电话：010 -63141828**

市场营销部电话：010 -63141612　　　　**总编室电话：010 -63141606**

（如有印装质量问题，请与本社总编室联系。）